COURS
DE
TOPOGRAPHIE

LEVER DES PLANS DE SURFACE
ET DES PLANS DE MINES

PAR

Alfred HABETS,

INGÉNIEUR HONORAIRE DES MINES,

PROFESSEUR ORDINAIRE A L'UNIVERSITÉ DE LIÉGE.

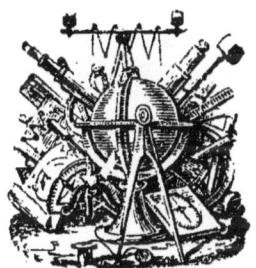

PARIS
LIBRAIRIE CENTRALE DES SCIENCES
J. MICHELET
Quai des Grands Augustins, 25

LIÉGE
LIBRAIRIE POLYTECHNIQUE
Émile DECQ & Marcel NIERSTRASZ
Rue de l'Université, 46

LIÉGE
IMPRIMERIE H. VAILLANT-CARMANNE.
Rue St-Adalbert, 8.

1884

12ᵉ/143016

COURS DE TOPOGRAPHIE

COURS
DE
TOPOGRAPHIE

LEVER DES PLANS DE SURFACE

ET DES PLANS DE MINES

PAR

Alfred HABETS,

INGÉNIEUR HONORAIRE DES MINES,

PROFESSEUR ORDINAIRE A L'UNIVERSITÉ DE LIÉGE.

LIÉGE
Librairie Polytechnique E. DECQ & M. NIERSTRASZ
46, Rue de l'Université, 46.

IMPRIMERIE H. VAILLANT-CARMANNE,
Rue St-Adalbert, 8.

1883

COURS DE TOPOGRAPHIE

INTRODUCTION.

Si l'on considère un ensemble quelconque de points appartenant au globe terrestre, la détermination mathématique des positions relatives de ces points constitue l'objet de la *géodésie* ou de la *topographie*. Cette détermination a généralement pour but la représentation cartographique de l'ensemble considéré à une échelle réduite.

On se borne souvent à déterminer les projections des points sur un certain plan, car il est alors facile de représenter ces projections sur le papier. Si le plan de projection choisi est le plan horizontal, les projetantes sont des verticales et l'on peut admettre qu'elles sont parallèles, lorsque l'étendue de terrain considérée n'est pas très vaste. C'est alors par les procédés de la topographie que l'on calculera les positions relatives des points et le dessin obtenu sera un *plan topographique*.

La géodésie devrait au contraire intervenir, s'il fallait tenir compte de la figure de la terre. En déterminant mathématiquement la position relative d'un certain nombre de points, elle fournirait un canevas que la topographie viendrait ensuite remplir par des opérations de détail. Cette marche devrait être suivie si l'on avait à exécuter soit une *carte topographique*, soit une *carte géographique*.

En géodésie, l'opérateur a donc en vue la surface même du globe terrestre, il en mesure la forme et la grandeur, tandis qu'en topographie, il n'envisage que le plan tangent à cette surface.

La terre a la forme d'un *sphéroïde*, c'est-à-dire d'une sphère aplatie vers les pôles. Le problème de la mesure exacte du sphéroïde terrestre est posé depuis Newton, et cette partie purement scientifique de la géodésie a été créée en 1615 par Snellius. La question reste pendante depuis lors. On est parfaitement d'accord aujourd'hui sur la forme générale de la terre; mais la mesure d'un méridien et la valeur de l'aplatissement ne sont pas encore exactement déterminées.

La question est assez importante pour qu'il se soit créé, entre la plupart des états du continent européen, une *Association géodésique internationale* dans le but de la résoudre.

Quelle erreur commet-on en substituant le plan tangent à la surface du sphéroïde ?

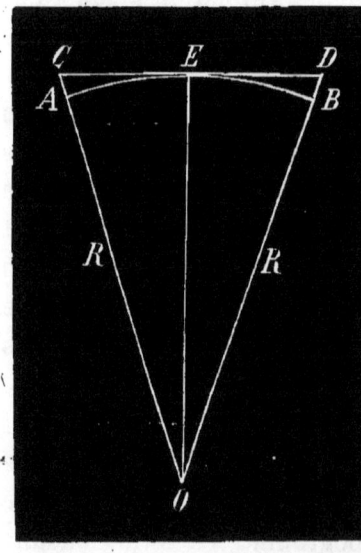

Fig. 1.

Soit A B, fig. 1, un arc de cercle de 100 kilomètres de longueur. En supposant la circonférence divisée en 400 grades, cet arc correspond à un grade, puisque le méridien terrestre est égal à 40 millions de mètres.

C E = R *tg* ½ grade.

En substituant à R la valeur du rayon moyen de la terre = 6.366.198^m, on trouve C E = 50,001^{m}01. En substituant la tangente C D à l'arc de 100 kil., on fera donc une erreur de 2^{m}02 sur 100,000^m. Cette erreur est moindre que celles que rend inévitables l'emploi des appareils même les plus perfectionnés.

Remarquons toutefois que s'il s'agissait de comparer les aires du plan tangent et de la surface qui s'y projette, l'erreur serait beaucoup plus grande. Elle serait de 600,000 mètres carrés pour un carré de 100 kil. de côté, mesuré sur le plan tangent.

La position topographique d'un point sera entièrement déterminée, quand on connaîtra ses distances à trois plans fixes se coupant à angles droits, l'un horizontal et les deux autres verticaux. Les coordonnées du point portent, comme en géodésie, les noms de *longitude*, *latitude* et *altitude*; mais en géodésie, l'origine des coordonnées est au centre de la terre, la longitude et la latitude sont des arcs de grand cercle. Il en résulte que l'emploi des mathématiques supérieures y est plus fréquent qu'en topographie ; la trigonométrie sphérique, notamment, y joue un rôle important.

Les calculs astronomiques sont indispensables pour résoudre le problème de la mesure d'un arc terrestre. Cet arc échappe en effet à toute mesure directe et l'on ne peut aborder ce problème qu'en calculant le déplacement de l'observateur par rapport aux étoiles.

Il en est encore de même lorsqu'il s'agit de faire la carte d'un pays. C'est par l'observation des astres que l'on arrive à déterminer par le calcul, les longitudes et les latitudes géographiques.

Même en topographie, nous serons obligé de faire intervenir quelques notions d'astronomie pour l'orientation des plans.

Si les calculs sont différents en topographie et en géodésie, il n'en est pas de même des procédés de mesurage. Les procédés usités en topographie se rapprochent de plus en plus aujourd'hui des procédés suivis en géodésie.

Cette tendance se remarque surtout en Allemagne, et elle trouve sa raison d'être dans les perfectionnements incessants que les constructeurs apportent aux appareils. Les géomètres se servent aujourd'hui couramment d'appareils qui, il y a un siècle, n'étaient employés que pour les recherches géodésiques de l'ordre le plus élevé. C'est un grand progrès qui réagit naturellement sur l'exactitude des plans levés à l'aide de ces appareils.

A côté de ce progrès, il faut signaler un écueil, c'est celui d'introduire en topographie certaines méthodes de calcul compliquées, usitées couramment en géodésie. Nous voulons spécialement parler de la méthode des moindres carrés qu'un grand nombre d'auteurs allemands appliquent en topographie pour corriger et compenser les erreurs de mesure.

Sans vouloir nier l'utilité de cette méthode dans des cas spéciaux, nous croyons qu'elle n'est pas du domaine de la topographie qui doit, pour les opérations courantes, se contenter de l'exactitude que peuvent donner des appareils bien choisis, sans chercher une exactitude plus grande par des méthodes de calcul compliquées. Ceci nous paraît d'autant moins nécessaire que les perfectionnements des instruments de mesure permettront presque toujours aujourd'hui de mettre le procédé en rapport avec le but poursuivi, en choisissant des appareils dont l'exactitude est en rapport avec l'importance du plan qu'on se propose de lever et avec la dépense qu'on peut se permettre eu égard au but à atteindre.

C'est depuis un demi-siècle environ que les appareils et les procédés topographiques ont acquis le degré d'exactitude qui fait aujourd'hui leur valeur.

Ces appareils et ces procédés diffèrent tellement des anciens que J. Weisbach, à cette époque professeur de topographie théorique à Freiberg, publia, en 1859, un ouvrage intitulé *La nouvelle topographie*, spécialement appliquée aux mines (1). Un grand nombre d'ouvrages ont été publiés depuis en Allemagne, nous citerons :

BAUERNFEIND. *Elemente der Vermessungskunde*, 4ᵉ édit. Stuttgardt, 1873.

---

(1) *Die Neue Markscheidekunst und ihrer Anwendung auf bergmännische Anlagen.* Brunswick, F. Vieweg und Sohn, 1859.

Hunæus. *Die geometrischen Instrumente.* Hanovre, 1864.
    id.   *Praktische Geometrie*, 1868.
Jordan. *Handbuch der Vermessungskunde*, 1878.
Borchers. *Die praktische Markscheidekunst.* Hanovre, 1870.

Les procédés de la topographie allemande sont peu connus des lecteurs français. C'est ce qui nous a engagé à publier un résumé de ce cours que nous professons depuis 1867 à l'Ecole des Mines et des Arts et Manufactures de Liége. Nous nous sommes efforcé d'y faire connaître les procédés suivis à l'étranger, sans négliger pour cela les méthodes plus élémentaires qui, dans un grand nombre de cas, doivent être appliquées de préférence à toutes autres.

Erreurs négligeables (1). — Les opérations sur le terrain peuvent avoir pour objet de se procurer directement des *éléments graphiques* ou bien de rechercher des données *numériques* destinées à être transformées en éléments graphiques.

Le degré d'exactitude qu'il faut obtenir est très différent, suivant qu'il s'agit des uns ou des autres.

Lorsqu'on cherche à recueillir directement des éléments graphiques, l'erreur que l'on peut se permettre et qui décidera du choix des appareils, dépend essentiellement de l'échelle du plan que l'on veut lever; l'échelle elle-même dépend, comme nous le verrons, du travail que l'on a en vue.

Nous devons distinguer les erreurs que l'on commet sur une ligne droite et sur un angle. Soit l'échelle du plan exprimée par $\frac{1}{m}$. S'il s'agit d'une ligne droite, on peut admettre que sur le dessin une erreur de $1/6$ à $1/10$ de millimètre est inappréciable; à l'école militaire de Belgique, on admet comme inappréciable une erreur de $1/8$ de millimètre. On pourra donc négliger sur le terrain toute longeur L qui, réduite à l'échelle de $\frac{1}{m}$, égalera $\frac{1}{8}$ de millimètre. On aura donc

---

(1) Voir Maes et Hannot, *Traité de Topographie*, Bruxelles et Liége, 1870.

$$\frac{L}{m} = \frac{1}{8000}; \text{ d'où } L = \frac{m}{8000}.$$

S'il s'agit d'un angle, l'erreur négligeable dépend non seulement de l'échelle du plan, mais encore de la longueur des côtés de cet angle.

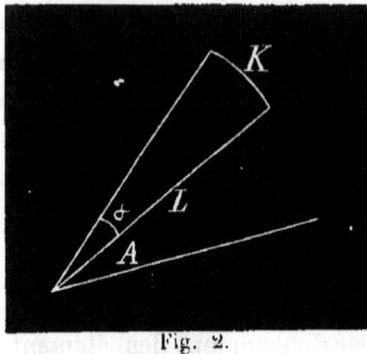

Fig. 2.

Soit A cet angle, fig. 2, et α l'erreur ; pour que α soit négligeable, il faut que l'arc K soit négligeable. Si L est le côté de l'angle, on a :
$$\frac{K}{2\pi L} = \frac{\alpha^{min.}}{360 \times 60}$$

D'où $K = \dfrac{\pi L \alpha}{360 \times 30}$

Si $K = \dfrac{m}{8000}$, on peut négliger α ; en substituant à K la valeur $\dfrac{m}{8000}$, on obtient $\dfrac{L\alpha}{m} = 0.43$.

Cette relation indique la valeur de l'angle que l'on pourra négliger pour une longueur donnée de côté L; à l'aide de cette formule, on pourra construire un tableau d'où l'on déduira l'erreur d'angle négligeable, connaissant la longueur maximum des alignements compris dans le lever.

Lorsqu'on cherche à recueillir des éléments numériques, ces raisonnements ne sont plus applicables. On doit alors opérer avec la plus grande rigueur, quelle que soit l'échelle du plan, parce que la transformation des éléments numériques en éléments graphiques peut amplifier les erreurs d'une manière considérable. Il faut donc se borner à recourir dans ce cas aux appareils les plus précis, eu égard au but qu'on se propose.

Il est à remarquer d'ailleurs que le travail topographique n'a pas toujours pour but une représentation cartographique. Ce but peut être simplement d'obtenir certains éléments numériques, tels que les coordonnées d'un point ou la direction d'un alignement.

Définitions. — On entend par *plan* la projection horizontale d'un terrain et par *profil* une coupe verticale faite dans ce terrain suivant une certaine ligne.

Pour se procurer les éléments d'un profil, il faut faire un *nivellement*.

Dans les travaux souterrains, on fait de même des *plans*, des *coupes* et de plus des *projections verticales*.

Les opérations topographiques peuvent avoir un double objet : 1° celui de faire un plan ; 2° celui de reporter sur le terrain certains points indiqués sur un plan de projet.

Dans les études de tracés de chemins de fer, ces deux buts correspondent aux deux phases principales du travail.

Lorsque le but des opérations topographiques est de mesurer des surfaces, ces opérations prennent le nom *d'arpentage*.

Dans l'arpentage, on se propose d'évaluer la projection horizontale d'une aire de terrrain, ou de diviser cette projection suivant des rapports donnés, ou encore de la transformer en une surface de même aire, mais de forme différente. Tous ces problèmes se résolvent par la méthode générale de la décomposition en triangles ou en trapèzes. Il est indispensable que toutes les lignes entrant dans les calculs soient directement mesurées sur le terrain ; car on ne peut se fier à des mesures prises sur les plans cadastraux qui, levés à une époque où les méthodes étaient très peu précises, exposeraient à des erreurs sensibles.

Il en est autrement, lorsqu'il s'agit de mesurer de grandes surfaces sur un plan ou sur une carte topographique levée d'après les nouvelles méthodes ; on peut dans ce cas se servir simplement du *planimètre* pour mesurer graphiquement la surface que l'on considère.

PREMIÈRE PARTIE

LEVER DES PLANS DE SURFACE

1re SECTION

PLANIMÉTRIE.

La *planimétrie* a pour but de tracer une figure semblable à la projection horizontale d'une figure géométrique que l'on trace sur le terrain. Celle-ci sera généralement un polygone dont les angles sont des *points* du terrain. Les points sont *naturels*, angles de bâtiments, flèches de clocher, paratonnerres, girouettes, etc., ou *artificiels*, c'est-à-dire déterminés par des piquets, jalons ou balises, comme nous le verrons ci-après.

Les figures semblables ayant les côtés homologues proportionnels et les angles égaux, la planimétrie s'occupe de la mesure des côtés et des angles.

L'art de l'ingénieur consiste à bien choisir les côtés et les angles, en procédant toujours de l'ensemble au détail.

CHAPITRE I.

Méthodes générales de lever des plans.

Les méthodes générales de lever des plans de surface se divisent en méthodes *géométriques* et *trigonométriques*. Les premières s'appliquent en général aux levers d'étendue restreinte ; les secondes, aux levers de grande étendue.

Toute méthode de lever comprend :

1° Le lever à vue ou la reconnaissance du terrain
2° Le lever d'une figure géométrique.
3° Le lever des détails.

MÉTHODES GÉOMÉTRIQUES.

Lever à vue. Avant de procéder aux opérations du lever, il est indispensable de faire un lever à vue ou une reconnaissance du terrain, pour déterminer les points fondamentaux sur lesquels s'appuieront les opérations topographiques. Ces points seront marqués au moyen de piquets. Plus cette reconnaissance est faite avec soin, plus les opérations subséquentes deviennent faciles. En pays accidenté, il ne faudra pas craindre d'y consacrer un temps assez long. Sur le croquis du lever, on trace la figure géométrique, c'est-à-dire le polygone irrégulier qui doit servir de base au lever et dont le choix ne peut être fait qu'en possédant à fond la configuration du terrain. Dans tous les cas, il faut éviter de trop multiplier le nombre des côtés. Ce polygone sera inscrit ou circonscrit au terrain à lever et ses limites coïncideront autant que possible avec celles du terrain. Une ou plusieurs lignes polygonales accessoires peuvent se rattacher au polygone principal. L'ensemble de ces constructions géométriques prend le nom de *canevas topographique*.

Lever du canevas topographique. Pour lever ce canevas, on peut employer trois méthodes :
1° Celle du *cheminement périmétrique*.
2° Celle de la *décomposition en triangles*.
3° Celle des *coordonnées*.

1. *Cheminement périmétrique.* On mesure successivement tous les côtés et tous les angles en faisant le tour du polygone. On pourrait cependant construire un polygone semblable, en se passant de mesurer un angle et les deux côtés adjacents, ou un côté et les deux angles adjacents ; mais il est nécessaire de mesurer tous les éléments du polygone, pour se ménager des éléments de vérification.

Les vérifications peuvent se faire de différentes manières :
1° En dessinant le polygone, il faut qu'il *ferme* sous un

angle égal à celui mesuré sur le terrain et dont les côtés adjacents soient proportionnels à leurs homologues du terrain.

Il arrive rarement que ces conditions soient rigoureusement remplies pour un polygone de quelque étendue. On admet que l'écart de fermeture est le résultat d'erreurs d'observation inévitables, lorsqu'il n'est que de 1/800 du périmètre total dans un terrain facile, et de 1/400 dans un terrain difficile. Il existe dans ce cas des procédés de dessin, pour faire fermer le polygone en sacrifiant le moins possible à l'exactitude. Lorsque l'écart de fermeture est plus considérable, il existe aussi des procédés graphiques qui permettent de reconnaître l'erreur, lorsque celle-ci est unique ; mais si l'écart de fermeture provient de la combinaison de plusieurs erreurs, on doit recommencer le travail (1).

Afin de diminuer les chances d'erreurs, on conseille de ne pas fermer le polygone au point de départ, mais de lever le polygone en deux portions successives, en partant chaque fois du même point, mais en sens inverse.

Chacun de ces levers partiels s'arrête en un point diamétralement opposé au point de départ, et c'est en ce point diamétralement opposé que l'on ferme le polygone. Les erreurs qui peuvent être faites sur l'une des branches du polygone ne se répercutent pas ainsi sur l'autre.

2° On peut vérifier si la somme des angles mesurés est égale à autant de fois 180° qu'il y a de côtés moins deux. Si la différence obtenue était très faible, on pourrait admettre qu'elle provient d'erreurs d'observation inévitables et la répartir sur tous les angles pour corriger le polygone.

3° Un 3ᵉ moyen de vérification consiste à prendre des *points de repère*, c'est-à-dire à choisir des objets qui sont visibles de plusieurs sommets du polygone et qui sont compris dans l'étendue du plan. En mesurant en chacun de ces sommets l'angle fait par la ligne de visée dirigée vers un point

---

(1) Voir BAUERNFEIND, *Elemente der Vermessungskunde*, 4ᵉ Ed. 1873. T, II, p. 134.

de repère et l'un des côtés adjacents du polygone, on déterminera chacun de ces points par l'intersection de plusieurs droites. Si ces droites reportées sur le dessin ne se coupaient pas au même point, cela dénoterait des erreurs de mesure dans le polygone. Si plusieurs de ces droites se coupent en un même point et qu'une autre ne passe pas en ce point d'intersection, il y a de grandes probabilités pour que le sommet d'où cette droite a été tracée, soit fautif :

On prend ordinairement comme points de repère des objets qui doivent être figurés au plan.

4° Si les points de repère manquaient complètement, on pourrait aussi mesurer de distance en distance une diagonale ou les angles d'un triangle appartenant à la décomposition du polygone.

La méthode par cheminement périmétrique a l'inconvénient d'être longue; les erreurs s'y propagent facilement. Cependant elle est fréquemment appliquée, parce qu'elle peut l'être dans toute espèce de terrains.

2. *Décomposition en triangles.*—En décomposant le polygone en triangles, il suffit de déterminer les éléments nécessaires à la construction de chacun d'eux pour pouvoir construire un polygone semblable. De là trois cas qui correspondent aux trois modes de construction des triangles.

A. *Un triangle est déterminé si l'on connaît ses trois côtés.* — Il suffira donc de mesurer tous les côtés des triangles dans lesquels se décompose le polygone. Pour vérifier, on fait la décomposition à partir d'un autre sommet. L'avantage de cette méthode est de ne pas mesurer d'angles, mais la mesure des alignements prenant beaucoup de temps et étant sujette à de nombreuses erreurs, elle ne s'applique qu'à de petites surfaces, par exemple en *arpentage* ou dans les levers d'architectes. Au point de vue de l'arpentage, elle a l'avantage de mesurer directement les éléments des calculs.

B. *Un triangle est déterminé, si l'on en connaît un côté et deux angles adjacents*. — On choisit un côté du polygone et l'on fait la décomposition en mesurant toutes les diagonales à partir de chacune des extrémités de ce côté. On mesure ce côté et tous les angles adjacents. Les sommets du polygone sont ainsi déterminés par l'intersection de deux droites, d'où le nom de *méthode des intersections* fréquemment donné à ce procédé.

Pour vérifier, on choisit un point sur le même côté du polygone et l'on vise de ce point tous les sommets qui doivent alors être déterminés par l'intersection de trois droites. Au lieu d'un côté on pourrait choisir une ligne quelconque pour déterminer les sommets par intersections à partir de ses extrémités.

L'exactitude de la méthode dépend essentiellement du choix de cette ligne. Elle doit être telle que les intersections ne se fassent sous des angles ni trop aigus, ni trop obtus. Cette méthode est la seule que l'on puisse employer quand certains sommets du polygone sont inaccessibles ; elle est d'ailleurs très rapide, mais elle exige que le polygone soit entièrement découvert.

C. *Un triangle est déterminé, si l'on en connaît deux côtés et l'angle compris.* — On choisit un point intérieur ou extérieur au polygone d'où l'on puisse découvrir tous les sommets. On fait la décomposition à partir de ce point, en visant successivement tous les sommets. On mesure les droites ainsi obtenues et les angles qu'elles font entre elles. Pour vérifier, on fait la décomposition à partir d'un autre point.

Cette méthode, qui porte quelquefois le nom de méthode du *rayonnement* ou des *coordonnées polaires*, exige que le polygone soit découvert ; elle est peu exacte, parce que l'erreur faite sur la mesure d'un angle au centre va en s'amplifiant à l'extrémité du rayon.

3. *Coordonnées.* On peut déterminer les sommets du polygone par rapport à des axes de coordonnées rectangulaires ou obliques, en employant les appareils servant à tracer des per-

pendiculaires ou des obliques d'inclinaison déterminée. Il suffit de tracer l'un des axes sur le terrain, soit l'axe des abscisses, en mesurant directement chacune des ordonnées. On choisit souvent pour axe l'une des lignes du polygone, par exemple la plus grande diagonale; on peut aussi tracer les deux axes, sur lesquels on mesure les abscisses et les ordonnées; les sommets sont alors déterminés par intersections.

Cette méthode exige un grand nombre de mesures, elle n'est pour ainsi dire plus employée que dans le lever des détails.

Lever des détails. Le lever des détails se rattache à celui du polygone par différents procédés qui rentrent dans les méthodes précédentes; soit par cheminement périmétrique, par intersections, par rayonnement, par coordonnées, etc. C'est cette dernière qui est appliquée dans le plus grand nombre de cas, notamment lorsqu'il s'agit de lever des limites de terrain représentées par des courbes; dans ce cas une même ordonnée peut donner plusieurs points de détail.

La tenue du carnet a ici une importance considérable. Le carnet se compose d'une série de croquis sur lesquels on inscrit les mesures avec beaucoup d'ordre et de soin. Celui qui lève le croquis doit opérer comme si son dessin devait passer en d'autres mains pour être rapporté au plan.

MÉTHODE TRIGONOMÉTRIQUE.

Quand il s'agit d'une vaste étendue de terrain, les méthodes géométriques ne sont plus applicables. On pourrait sans doute représenter une grande étendue de terrain, en levant successivement un certain nombre de polygones qui seraient ensuite juxtaposés; mais cette manière de procéder ne concorderait pas avec le principe général en topographie qui est *d'aller toujours de l'ensemble au détail.* Or c'est ce système que l'on adopterait, en relevant une série de polygones qui seraient juxtaposés par la suite. Les erreurs faites sur l'un d'eux affecteraient nécessairement tout l'ensemble du travail.

La méthode trigonométrique obvie à cet inconvénient.

Elle consiste à faire une *triangulation*, c'est-à-dire à couvrir la surface à lever d'un *réseau* de triangles dont les sommets sont des points naturels ou des points quelconques déterminés par des signaux.

Dans les travaux topographiques, il suffit généralement d'un seul réseau. Quand les triangles sont très grands, on fait quelquefois un second réseau qui prend le nom de *réseau de second ordre*.

Pour déterminer la position des sommets, on mesure dans le réseau une seule longueur qui prend le nom de *base*; on mesure ensuite *tous* les angles. On possède ainsi les données nécessaires pour résoudre trigonométriquement et de proche en proche tous les triangles. On ne mesure qu'une seule base, parce que la mesure des alignements expose toujours à plus d'erreurs et prend plus de temps que la mesure des angles.

Pour résoudre trigonométriquement chaque triangle, il suffirait de connaître deux angles dans chacun, mais on n'aurait pas ainsi les moyens de vérification qu'on obtient, en mesurant tous les angles.

On peut encore vérifier, en calculant certains côtés par deux triangles différents.

C'est dans ce but que l'on mesure quelquefois deux bases situées aux extrémités du réseau. Chaque côté aura ainsi deux valeurs calculées en partant de l'une ou de l'autre de ces bases et dans le cas où la différence sera comprise dans les limites admises, on pourra se contenter de prendre une moyenne.

C'est également dans ce but qu'on recommande, quand le terrain le permet, de choisir la base de manière à pouvoir viser plusieurs points, de chacune de ses extrémités. Certains côtés seront ainsi déterminés dans deux triangles différents et l'on pourra encore prendre des moyennes.

Pour vérifier, on fait aussi la somme des angles de chaque triangle, qui doit égaler 180°. L'erreur que l'on peut tolérer sur la somme des angles, dépend du but qu'on se propose, de même que le degré d'exactitude du travail doit aussi concorder avec ce but. Par exemple, dans les travaux de triangulation qui ont pour objet le lever des concessions minières, on admet que l'approximation dans la somme des angles doit être poussée jusqu'à une minute dans les triangles de premier ordre et jusqu'à deux minutes dans ceux de second ordre. Si la différence se maintient dans ces limites, on la répartit uniformément sur les trois angles du triangle.

Si les triangles étaient très grands, ils pourraient être affectés par la forme de la terre ; or dans un triangle sphérique la somme des trois angles est égale à 180° plus *l'excès sphérique*.

Un autre moyen de vérification consiste à voir si la somme des angles autour d'un sommet est égale à 360°.

C'est dans la correction des angles que l'on peut faire intervenir la méthode des moindres carrés. C'est ce qu'on appelle faire la *compensation* du réseau.

Dans le lever des concessions minières, on admet que l'on peut tolérer une erreur de 1/2000 sur la longueur d'un côté de triangle de premier ordre et de 1/1000 sur la longueur d'un côté de triangle de 2° ordre.

Choix de la base et des sommets. — Le choix du réseau a une importance capitale.

Il faut que la base soit suffisamment longue et qu'entre ses extrémités le terrain soit plat, sinon même horizontal.

Dans le cas où l'on reconnaîtrait l'impossibilité de trouver une base convenable, on pourrait prendre comme base la distance calculée de deux points déterminés géodésiquement, comme on l'a fait dans les triangulations préalables aux percements du Mont-Cenis et du Gothard.

Les sommets du réseau seront choisis de telle sorte que de

chaque sommet la vue soit libre vers les sommets voisins. Dans ce choix, il faut porter son attention sur la végétation qui peut venir obstruer la ligne de visée pendant le cours des opérations.

Les sommets seront choisis autant que possible en des points qui doivent être figurés au plan. Ils doivent être aussi éloignés les uns des autres que possible, eu égard aux appareils dont on dispose. Il faut qu'ils permettent l'installation de ces appareils, sinon l'on est obligé de faire une opération spéciale qui porte le nom de *réduction au centre de station*.

Les sommets des triangles sont généralement représentés par des balises. Lorsqu'on transporte l'instrument en un sommet, il faut enlever la balise pour la replacer ensuite.

Il est très important que les angles du réseau ne soient ni trop aigus, ni trop obtus, les erreurs auxquels de tels angles exposent étant plus considérables. La forme la plus avantageuse est donc celle du triangle équilatéral.

Quant aux appareils, il ne peut être question que d'instruments de précision, puisque la méthode trigonométrique repose sur la résolution numérique des triangles.

Lever des détails. — Le lever des détails ne présente pas de particularités dans la méthode trigonométrique. Le détail sera toujours proportionné à l'échelle du plan et levé par des méthodes dont l'exactitude doit être en rapport avec son importance.

Application de la triangulation en géodésie.— *Cartes topographiques.* — En géodésie, la triangulation est la méthode générale, mais les triangles de premier ordre au moins sont sphériques. Par la considération de l'excès sphérique, on ramène la résolution de ces triangles à celle de triangles rectilignes.

La construction de la carte topographique d'un pays a

toujours pour base un lever géodésique. Voici, comme exemple, les phases successives par lesquelles a passé la construction de la nouvelle carte topographique de Belgique.

Lorsque les bases de ce travail furent jetées en 1847, on adopta la projection dite de Sanson. Dans ce système, le méridien milieu de la carte, qui est celui de l'observatoire de Bruxelles, est développé en ligne droite, YY, fig. 3, les parallèles étant figurés par des circonférences concentriques dont le centre commun C est fourni par l'intersection de l'axe de la terre avec la tangente au méridien principal menée au point O, hauteur du parallèle moyen du pays (parallèle de 56 grades passant un peu au sud de Charleroi). Les méridiens sont figurés par des courbes transcendantes (sinusoïdes) menées par les points de même longitude.

Le réseau est rapporté à des axes de coordonnées recti-

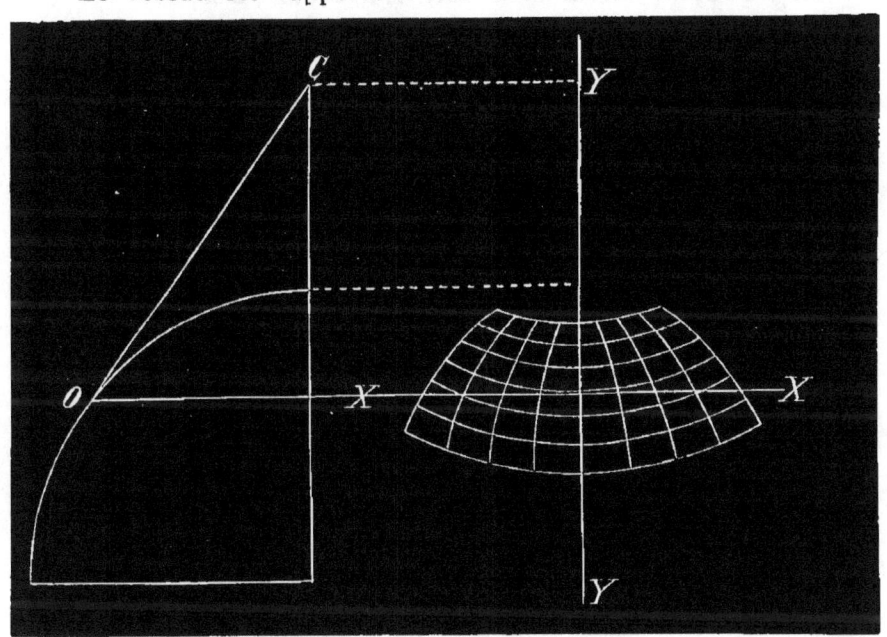

Fig. 3.

lignes qui sont fournis par le méridien principal YY et la tangente XX au parallèle moyen. On transforme pour cela les coordonnées géographiques en coordonnées rectilignes, en appliquant les formules de la trigonométrie sphérique.

Le lever de la carte topographique a passé par les diverses phases suivantes :

1° *Travaux astronomiques.* Ces travaux comprennent la détermination de la position du méridien principal par rapport à celle des méridiens fondamentaux des pays voisins ; la détermination de la latitude de deux ou de plusieurs points et enfin celle de l'orientation de quelques côtés par rapport au méridien vrai. Ces côtés font partie de la triangulation.

2° *Travaux géodésiques.* Ces travaux comprennent l'établissement d'un réseau de triangles de premier, de deuxième et de troisième ordre. En Belgique, on a choisi deux bases, l'une près de Lommel en Campine, l'autre près d'Ostende. Ces bases avaient environ 2,500 m. de longueur. Entre ces bases, fut jeté un réseau de 19 triangles de premier ordre, ayant de 25 à 30 kil. de côté. Après calculs et compensation, on a trouvé l'accord à 1 m/m près entre la longueur des deux bases. On se propose de mesurer une troisième base près d'Arlon comme moyen de vérification. Les réseaux de deuxième et de troisième ordre ont déterminé rigoureusement la position d'un grand nombre de points dont les distances ne dépassent pas 2 à 3 kilomètres

3° *Travaux topographiques.* Ces travaux consistent à lever tous les détails et à les rattacher aux points principaux déterminés géodésiquement. Ces levers de détail peuvent dès lors s'exécuter par plusieurs sections indépendantes, dont la juxtaposition n'entraînera pas d'erreurs, par suite de la détermination rigoureuse des points autour desquels les détails viennent se grouper.

Chaque section forme une *planchette* ou *feuille*. Le cadre de cette feuille est rectangulaire et ses côtés sont parallèles aux axes de coordonnées. Les deux côtés les plus voisins de l'origine deviennent à leur tour axes de coordonnées par rapport à la feuille. Celle-ci mesure 0^m.50 sur 0^m.40. La feuille remise à l'officier chargé du lever porte les points géodésiques et la réduction au 20000ᵉ du parcellaire cadastral. Le travail topographique a pour but de vérifier ce tracé sur le terrain et d'y porter tous les détails qui doivent figurer sur la carte.

Ce travail est suivi de la représentation du relief au moyen de courbes de niveau, travail qui appartient à l'*hypsométrie*.

4° *Travaux cartographiques*. Indépendamment de la mise au net, ces travaux comprennent la réduction des planchettes au 40000ᵉ, échelle de la carte. Nous y reviendrons.

La carte de Belgique au 40000ᵉ se compose de 72 feuilles de 0ᵐ.80 sur 0ᵐ.50 (1).

CHAPITRE II.

Tracé et mesure des alignements.

TRACÉ DES ALIGNEMENTS.

Les extrémités des alignements sont déterminées soit par des points naturels du terrain, soit par des *jalons* ou *balises*.

Les jalons sont simplement plantés dans le sol, ou plus rarement dans la tête d'un piquet enfoncé au maillet à ras du sol. Ce piquet sert à retrouver le sommet pendant toute la durée des opérations, dans le cas où une vérification serait nécessaire. On vise tangentiellement aux jalons et vers leur pied, les alignements sont mesurés suivant la trace horizontale du plan vertical tangent aux jalons extrêmes. Ceux-ci doivent en conséquence être bien verticaux.

Les jalons intermédiaires doivent être plantés à des distances sensiblement égales les unes des autres.

---

(1) Voir *Notice sur les travaux géodésiques du dépôt de la guerre de Belgique*, par E. A., sous-directeur, Bruxelles-Gand, 1876.

Pour des alignements de peu d'importance, on emploie souvent les *jalonnettes*, baguettes droites dont la tête est fendue pour recevoir un morceau de papier.

Lorsqu'on doit jalonner des alignements dépassant 100 mètres, il est presque indispensable de se servir d'une lunette pour viser. Le réticule de la lunette donne alors une précision que l'on ne saurait obtenir à l'œil à de très grandes distances.

Le jalonneur doit lui-même être muni d'une lunette pour observer les signes qu'on lui fait. Les signes de la main ne suffisant plus, il faut alors agiter de petits drapeaux, sonner de la corne, etc. Dans ce cas, il est important aussi de choisir l'heure la plus favorable de la journée pour que les signaux soient bien éclairés. On emploie quelquefois pour cela des *héliotropes* ; ce sont des miroirs auxquels un mouvement d'horlogerie fait suivre le mouvement apparent du soleil, de manière à projeter constamment un rayon lumineux sur le signal.

Les balises mesurent ordinairement 4^m, mais elles atteignent exceptionnellement 10 à 12 mètres ; on les termine généralement par des drapeaux ou mieux par des ballons d'étoffe rouge bourrés de foin. Lorsqu'elles sont très élevées, on est obligé de les maintenir par des cordes et des supports obliques.

Tracer un alignement entre deux points A et B. — L'opérateur s'installe en A avec un bon instrument à lunette. Il dirige celle-ci vers le jalon ou la balise plantée en B. La lunette étant bien calée, un aide part du point B et après avoir compté un certain nombre de pas, il plante un jalon dans l'alignement, en se dirigeant, dans cette opération, d'après les signes que lui fait l'opérateur avec les bras. L'aide s'assure au moyen d'un fil à plomb, que le jalon est vertical. Il n'abandonne le jalon que quand l'opérateur lui en donne le signal. Il se dirige alors vers l'opérateur pour planter un second jalon et l'opération continue.

Le soleil n'éclairant qu'une partie du jalon, l'œil pourrait se tromper sur la position de l'axe, ce qui transformerait l'alignement en une courbe.

Parmi les cas de jalonnement qui peuvent présenter quelque difficulté, on peut citer les suivants.

1° *Les extrémités quoique visibles l'une de l'autre peuvent ne pas être accessibles.* — Pour placer un jalon intermédiaire, il faut dans ce cas agir par tâtonnement (fig.4). On se place au point C supposé en dehors, mais à proximité de l'alignement AB ; on vise A et l'on fait planter un jalon en D; de D on vise B et l'on fait planter un jalon en E ; de E on vise A, etc.; on se rapproche ainsi de plus en plus de l'alignement A B.

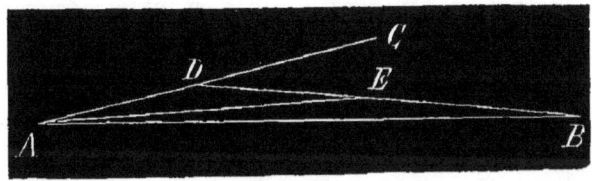

Fig. 4.

2° *Jalonner un alignement à travers une vallée resserrée.* — Soient, fig. 5, A et B les points extrêmes de l'alignement; on peut à l'aide de ces points planter le jalon intermédiaire C voisin de A. En visant suivant les jalons A et C on peut plan-

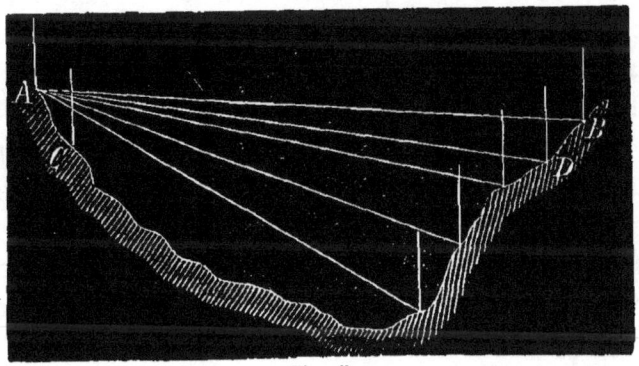

Fig. 5.

ter plusieurs jalons sur le versant opposé. De même on se servira de deux jalons de ce versant pour achever de tracer l'alignement.

3° Un cas plus compliqué est celui où l'on doit *jalonner un alignement par dessus une montagne*, c'est-à-dire un alignement dont les extrémités ne sont pas visibles l'une de l'autre. Dans ce cas, il faut agir par tâtonnement ou employer des appareils à mesurer les angles. Nous verrons dans la suite comment on résout ce problème.

MESURE DES ALIGNEMENTS.

Les appareils servant à mesurer les alignements se divisent en deux catégories suivant qu'ils servent à mesurer *directement* ou *indirectement* les alignements.

1. — Mesure directe des alignements.

Les appareils sont la règle, le cordeau, la chaîne, la roue, le podomètre, etc.

Règle. — L'appareil le plus précis est la règle, c'est celui dont on se sert généralement pour la mesure d'une base de triangulation.

La règle est en bois, quelquefois en acier. Mais la règle en acier n'est ordinairement employée que pour la mesure des bases géodésiques. La règle en bois est en sapin très sec et bouilli dans l'huile; elle doit être conservée à l'abri de l'humidité et recouverte d'un enduit. Elle est souvent formée de quatre pièces juxtaposées pour éviter le déjettement et porte des plaques métalliques à ses extrémités.

La règle a ordinairement 4 mètres, elle est divisée en décimètres par des traits ou des clous en laiton, mais on emploie des règles de 2 mètres pour mesurer les extrémités des alignements. Ces dernières sont seules divisées en centimètres, les millimètres se mesurant au moyen d'une petite règle en métal.

Il est nécessaire de les comparer de temps à autre à une règle étalon.

En Allemagne, on construit des règles de 3 à 4 mètres terminées par deux pointes et munies en leur milieu d'un petit niveau de maçon et d'une poignée. C'est ce qu'on appelle le compas de campagne (*Feldzirkel*). Cet appareil est souvent employé en Allemagne dans le lever des détails.

La mesure d'un alignement nécessite l'emploi d'au moins deux règles. Ces règles seront juxtaposées le long de l'alignement en ayant soin, dans cette juxtaposition, de ne pas leur faire éprouver de choc. Pour l'éviter complètement, on ne les met pas toujours en contact et l'on mesure leur écartement au moyen d'un coin divisé.

Il est rare qu'on puisse déposer directement les règles sur le sol qui est ordinairement trop inégal.

Pour des opérations très précises, on pourrait construire un plancher horizontal le long de la base à mesurer (1). Ce plancher n'étant pas rigoureusement horizontal, on amène les règles à l'horizontalité au moyen de coins et d'équerres. C'est un système très coûteux qui ne sera employé que très exceptionnellement.

Pour réduire la dépense, on peut se contenter de tendre un cordon de soie ou de chanvre très solide le long de l'alignement. On mesure alors l'alignement en portant la règle le long de ce cordon et en marquant l'extrémité de chaque règle au moyen d'un fil de soie très fin. Mais le cordon ne peut être tendu horizontalement. Il affecte toujours la forme de la courbe de chaînette. Pour le tendre au moins par parties, M. Borchers (2) emploie une série de petits chevalets en

---

(1) WEISBACH. *Die neue Markscheidekunst*, 1ᵉ partie, p. 7, § 10.
(2) BORCHERS. *Die practische Markscheidekunst*, p. 86.

bois (fig. 6), sur lesquels se fixe le cordon au moyen d'une broche. L'alignement est ainsi déterminé par plusieurs portions de cordon tendu sous des inclinaisons différentes. On prend l'inclinaison de chaque partie du cordon, afin de pouvoir réduire à l'horizon.

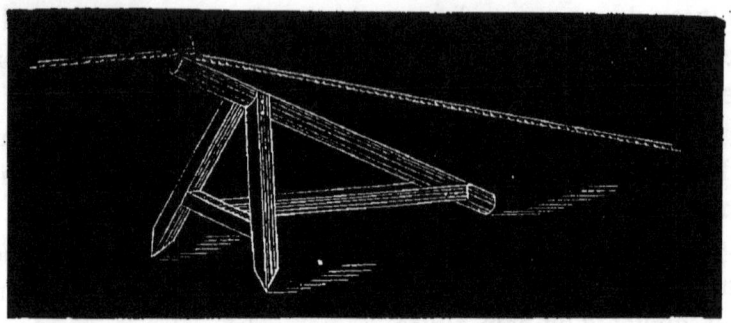

Fig. 6.

M. Borchers conseille aussi de planter simplement des piquets dans le sol à des distances de 4 mètres rigoureusement contrôlées; on marque sur la tête de ces piquets la direction de l'alignement et la règle vient se déposer directement sur la tête de ces piquets; on y marque exactement l'extrémité des règles par un trait de crayon. C'est un procédé simple et pratique. M. Borchers emploie pour cet usage des règles spéciales terminées par deux appendices métalliques à arête vive et munies d'un niveau de pente.

Lorsqu'il s'agit simplement d'élever la règle au-dessus des aspérités du sol ou de la végétation, on peut employer l'appareil connu sous le nom de *niveau à béquilles*; c'est une règle pouvant glisser sur deux pieux verticaux et maintenue à la hauteur voulue au moyen de vis de pression.

M. Sarran (1) a proposé dans le même but de monter la règle sur un trépied, ce qui a l'inconvénient de constituer un appareil d'un maniement peu commode.

---

(1) SARRAN. *Manuel du géomètre souterrain*, p. 94.

Lorsque l'alignement à mesurer est sur une pente régulière, on peut mesurer directement sa projection horizontale, en établissant horizontalement la règle et en déterminant la projection de son extrémité sur le sol au moyen d'un fil à plomb. Il convient de faire cette mesure en descendant la pente.

On peut aussi réduire à l'horizon. Il existe différents moyens de réduire à l'horizon une mesure faite suivant une pente régulière : on multiplie la longueur mesurée par le cosinus naturel de l'angle de pente. On peut se servir pour cela de *tables de projection* où l'on trouve calculées de minute en minute les projections horizontales d'une longueur de 100^m mesurée suivant la pente. Par une simple proportion, on obtient la projection d'une longueur quelconque. Ces tables sont composées de trois colonnes. La première donne les angles de pente ; la seconde, la projection de 100 mètres, et la troisième, l'excès de cette longueur sur sa projection.

Cette dernière colonne permet de reconnaître si, eu égard à l'échelle du plan, il est nécessaire de faire la réduction à l'horizon. Cette réduction est évidemment superflue, dès que l'excès de la longueur sur la projection est assez petite pour rentrer dans la catégorie des erreurs négligeables.

Il existe des tables de projection calculées par M. M. Zuaznavar, ingénieur au corps des mines d'Espagne, qui donnent les projections des longueurs de 1 à 10^m, de minute en minute, avec plusieurs décimales, de sorte qu'il est facile de l'obtenir pour tous les multiples décimaux de 1 à 10, en déplaçant la virgule ; on obtient la projection d'une longueur quelconque par une simple addition (1).

A défaut de tables, on peut faire une construction graphique.

On trace une droite A B ; en un point quelconque C, on élève la perpendiculaire C D ; du point C comme centre, avec

---

(1) *Tables de projections pour la levée des plans de mines calculées de minute en minute,* par M. MARIANO ZUAZNAVAR. — Saint-Sébastien 1878.

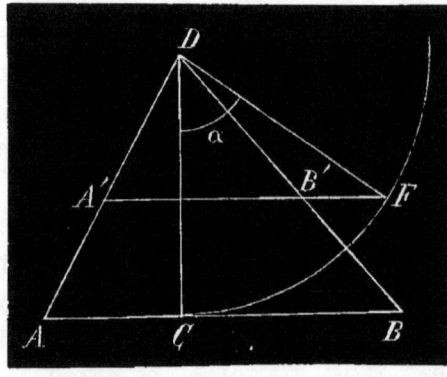
Fig. 7.

C D comme rayon, on décrit un arc de cercle, fig. 7. On mène au point D une droite faisant avec C D un angle α égal à l'angle de pente. Cette droite coupe l'arc de cercle en F ; si par ce point on trace une parallèle à A B, on trouve en A'B' la projection de A B suivant l'angle α (1).

S'il s'agit d'une simple approximation, on peut encore mesurer sur le terrain la projection d'une longueur de règle et déduire par une proportion la projection d'une longueur quelconque.

Chaîne. — La chaîne est un *décamètre* ou un double *décamètre*. Les divisions y sont marquées par les anneaux qui réunissent les chaînons. Les mètres sont marqués par des anneaux en laiton ; le milieu de la chaîne, par un anneau de forme spéciale. Pour prévenir l'allongement par ovalisation des anneaux, certains constructeurs ont remplacé ceux-ci par des disques elliptiques pourvus de deux trous.

Cet allongement produit ce qu'on appelle *l'erreur par défaut*; il faut vérifier de temps en temps la chaîne en la comparant à un décamètre tracé sur un dallage ou une muraille. Cette vérification devra se faire, chaque fois que l'on procède à un mesurage qui doit être fait avec soin.

Avec la chaîne, de même qu'avec le cordeau, on se sert de onze *fiches*. Ce sont des petites tiges en fer destinées à marquer sur le sol la longueur des portées de chaîne.

Pour chaîner, l'aide marche en avant, porteur des onze fiches et d'une extrémité de la chaîne ; l'opérateur le suit en

---

(1) MAES et HANNOT. *Traité de Topographie.*

portant l'autre extrémité. Il le dirige strictement dans l'alignement. A chaque portée de chaîne, l'aide pique une fiche dans le sol.

L'opérateur ramasse les fiches au fur et à mesure qu'il les rencontre; quand il a ramassé dix fiches, il compte 100 ou 200 mètres et la onzième fiche reste sur le sol pour indiquer le point de départ d'une nouvelle portée.

Si l'on veut opérer avec très grand soin, on plante des piquets tous les dix mètres et sur la tête de ces piquets, on trace un trait au crayon qui marque l'extrémité de chaque portée de chaîne. Pendant que la chaîne est tendue, un ou deux aides la supportent vers le milieu pour l'empêcher de se courber. Faite de cette manière, l'opération est lente, mais c'est le seul moyen de se servir de la chaîne, par exemple dans le cas de la mesure d'une base de triangulation topographique. Il faut dans ce cas recommencer plusieurs fois l'opération.

Il arrive quelquefois qu'un des anneaux se replie et s'accroche sur l'un des maillons voisins et produit ainsi ce qu'on appelle un *voleur* qui vient diminuer la longueur de la chaîne; on s'en aperçoit facilement, en ayant soin de faire glisser toute la chaîne dans la main de l'opérateur, avant de commencer le chaînage.

Lorsque le chaînage se fait sur une pente régulière, on emploiera les procédés de réduction à l'horizon indiqués ci-dessus. Mais si l'échelle du dessin est petite ou si l'on ne recherche pas une grande exactitude, on peut se contenter de tendre la chaîne horizontalement en descendant la pente; mais il faut tenir compte de la courbure de la chaîne qui donne une erreur de 0^m05 sur 20 mètres.

Lorsqu'on doit chaîner dans un terrain inégal, on peut élever la chaîne au-dessus du sol, en passant deux piquets dans les anneaux extrêmes.

En résumé, la chaîne est un appareil très peu précis, parce

que la plupart des erreurs auxquelles elle donne lieu sont dans le même sens. Les erreurs d'alignement, d'horizontalité, de courbure, ont toutes pour effet de donner une longueur mesurée plus grande que la longueur réelle. L'allongement de la chaîne donne seul une erreur en sens contraire. Les compensations d'erreurs ne sont donc pas possibles.

Levers à la chaîne. — Nous avons vu qu'une des méthodes de décomposition en triangles permet de se passer d'appareils à mesurer les angles. On se sert uniquement de la chaîne dans ce genre de levers qui sont d'ailleurs peu précis. On peut appliquer cette méthode pour lever des parcelles agricoles en pays plat.

On aura soin de noter sur le croquis à vue les intersections de toutes les lignes mesurées avec les lignes qui doivent être figurées au plan : haies, fossés, chemins, limites ; on abrégera ainsi le lever des détails. On ne tiendra pas de carnet spécial, on se contentera d'inscrire sur le croquis les mesures prises, à condition toutefois de ne pas nuire à sa clarté.

On peut d'ailleurs se servir de la chaîne pour mesurer un angle : on porte pour cela sur les côtés de cet angle des longueurs égales, de 50 mètres par exemple, de manière à tracer sur le terrain un triangle isocèle. On mesure la base de ce triangle. On peut ainsi obtenir graphiquement l'angle au sommet, mais ce système n'est pratiquement applicable qu'aux angles compris entre 30 et 150°. Il existe d'ailleurs des tables qui donnent les angles au sommet correspondant à une base donnée dans un triangle isocèle de 50 mètres de côté.

On peut aussi calculer le sinus de la moitié de cet angle A connaissant la base B et le côté a du triangle isocèle :

$$\text{Sin } \tfrac{1}{2} A = \frac{B}{2a}$$

On peut résoudre un grand nombre de problèmes en ne se servant que de la chaîne : on peut tracer des perpendiculaires, des parallèles, mesurer des distances inaccessibles, prolonger un alignement au delà d'un obstacle, etc.

Cordeau. Après la règle, l'appareil le plus précis est le cordeau d'acier de dix mètres. Ce cordeau est terminé par des poignées et porte des divisions marquées par de petits rivets en laiton. Il s'enroule sur un croisillon en bois et s'emploie absolument comme la chaîne; il présente, comme celle-ci, l'avantage de la rapidité, mais il a sur elle l'avantage d'avoir une longueur dont les variations ne dépendent guère que de la température.

En Allemagne, on emploie quelquefois un cordeau en fils de bronze tressés. Cet instrument a le même inconvénient que la chaîne. Quand il est neuf, il s'allonge par l'effet de la traction.

Les cordeaux en étoffe ont l'inconvénient d'être sensibles à l'humidité ; on ne s'en sert que pour les levers de bâtiments.

Roue.—On se sert quelquefois en Allemagne, pour mesurer les alignements, d'une roue de 1 à 2 mètres de circonférence. On promène pour cela la roue sur l'alignement, à l'aide d'un manche fixé sur son axe et portant un compteur qui enregistre le nombre de tours.

Cet appareil donne une grande rapidité d'exécution et réduit le personnel. Il ne peut, en aucun cas, s'employer que sur une surface plane. C'est un appareil qui doit être réservé aux levers agricoles.

On s'en sert aussi sur les chemins de fer pour mesurer les distances le long des rails ; la roue est alors munie d'une gorge.

On a construit de petits appareils fondés sur le même principe pour mesurer le développement des courbes tracées sur le papier ; ce sont le *curvéomètre*, le *campylomètre*, etc.

Podomètre.—Le podomètre est un compteur de la forme d'une montre, qui enregistre le nombre de pas du marcheur qui le porte. On peut régler la graduation de cet appareil suivant le pas du marcheur et s'en servir pour mesurer approximativement les distances dans les levers à vue, les études préliminaires, etc.

Exactitude des mesures directes de longueur. — M. Lorbeer, professeur à l'Académie des mines de Leoben, a fait de longues études comparatives sur l'exactitude des mesures de longueur[1]. De 7460 opérations de mesurage, il a déduit le tableau suivant qui fait connaître l'erreur moyenne de chaque système. Cette erreur est proportionnelle à la racine carrée de la longueur, comme l'indique d'ailleurs le calcul des probabilités.

Il ne s'agit, bien entendu, ni des erreurs d'inattention, ni des erreurs dites *normales*, soumises à des lois régulières. Il ne s'agit que des erreurs fortuites qui sont inévitables avec quelque soin que l'on opère.

	En terrain facile.	Difficile.	Moyen.
1° *Règle.* Mesure faite avec 2 règles le long d'un cordon tendu. — 2 aides.	$0.000535 \sqrt{L}$	id.	id.
2° Idem, sans cordon.	$0.0009 \sqrt{L}$	$0.0041 \sqrt{L}$	$0.0025 \sqrt{L}$
3° *Compas de campagne.*	$0.0021 \sqrt{L}$	$0.0095 \sqrt{L}$	$0.006 \sqrt{L}$
4° *Cordeau d'acier*	$0.0022 \sqrt{L}$	$0.0095 \sqrt{L}$	$0.006 \sqrt{L}$
5° *Chaîne*	$0.0030 \sqrt{L}$	$0.0130 \sqrt{L}$	$0.008 \sqrt{L}$
6° *Roue*	$0.0036 \sqrt{L}$	—	—

En terrain facile, l'erreur moyenne est donc environ comme
$$1 : 2 : 4 : 4 : 6 : 7,$$
suivant le système employé.

On voit, d'après ce tableau, que la chaîne est un appareil peu exact auquel devrait, dans tous les cas, être préféré le

---

[1] *Annuaire des Académies des mines de Leoben, Przibram et Schemnitz,* 1877 et 1878.

cordeau d'acier, mais on doit se demander avec quels soins l'observateur a opéré en se servant de la chaîne; car avec des soins convenables, on peut, comme nous l'avons vu, en obtenir de très bons résultats.

Les erreurs normales, telles que celles qui proviennent par exemple d'un défaut d'étalonnage de l'appareil de mesurage, d'un défaut d'alignement, etc., sont proportionnelles à la longueur mesurée. L'erreur totale est égale à la somme des erreurs fortuites et des erreurs normales. M. Lorbeer a trouvé pour ces dernières les chiffres suivants :

1° Règle sans cordon tendu . . — 0.000085 L.
2° Compas de campagne . . . — 0.00079 L.
3° Cordeau d'acier . . . . . — 0.00032 L.
4° Chaîne . . . . + 0.00046 L.

On voit que l'erreur due à l'emploi de la chaîne est seule positive, c'est-à-dire que la longueur mesurée est plus grande que la longueur réelle.

La rapidité du mesurage est exprimée par les chiffres suivants :

	Nombre d'aides.	Vitesse moyenne par minute: absolue.	par aide.
1° Règle	2	14^m	7^m
2° Chaîne	2	18	9
3° Cordeau d'acier. . .	2	20	10
4° Compas de campagne.	1	26	26

2° Mesure indirecte des alignements.

Les appareils servant à la mesure indirecte des longueurs reposent sur la résolution d'un triangle, fig. 8.

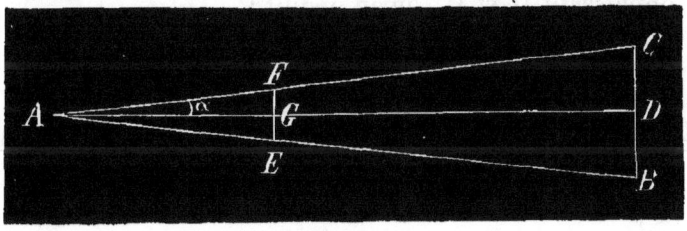

Fig. 8.

Soit l'appareil en A et une mire en BC; la longueur AD sera connue, si l'on connaît l'angle α et la hauteur DC.

De là, deux catégories d'appareils.

Dans les uns, et c'est le plus grand nombre, l'angle α est constant et la hauteur de mire DC est variable avec la distance.

Dans les autres, la hauteur de mire est constante et l'angle α variable.

Première catégorie.

Stadia. — Le type des appareils de la première catégorie est la *stadia* (inventée par Green, opticien à Londres, en 1778).

L'appareil primitif se composait d'un tube, muni d'un réticule

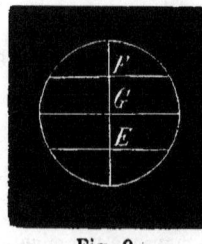

Fig. 9.

à 3 fils (fig. 9.), qui sont désignés sous les noms de fil *axial* et de fils *extrêmes*. Soit, fig. 8, le réticule en EF, la lettre G désigne le fil axial, les lettres E et F représentent les fils extrêmes. L'angle constant α sera déterminé par la hauteur $GF = h$ et par la distance $AG = r$ de l'oculaire au réticule.

Soit à mesurer la distance $AD = D$, et soit H la hauteur de mire DC, interceptée par les fils G et F, on aura la relation :

$$D = \frac{r}{h} H.$$

Les quantités r et h sont très petites. Dans le but de ne pas les mesurer directement, on fait une opération d'étalonnage sur une distance connue D' pour laquelle on obtient $D' = \frac{r}{h} H'$.

Connaissant D' et H', on en déduit :

$$\frac{r}{h} = \frac{D'}{H'}.$$

La stadia n'est plus employée sous cette forme primitive. Mais on trouvait à l'Exposition de Paris de 1878, dans la section autrichienne, un appareil fondé sur le même principe (fig. 10). Le tube y est remplacé par une règle à *pinules* (1).

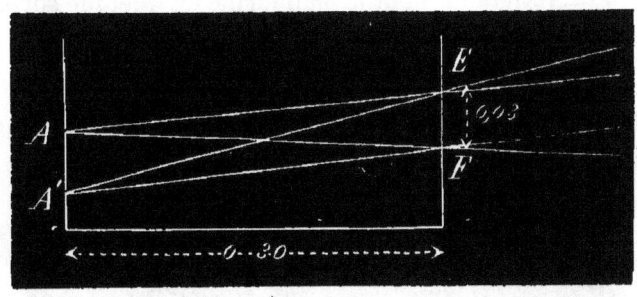

Fig. 10.

Sur la pinule objective, sont tendus deux fils transversaux à l'écartement de 0^{m}03. La longueur de la règle étant de 0^{m}30, le rapport $\dfrac{r}{h} = 10$. En employant avec cet appareil une mire graduée en décimètres, pour mesurer la distance en mètres, on lira simplement le nombre de décimètres interceptés sur la mire. Cet appareil est employé en Autriche pour les levers de profils en travers dans les études de chemin de fer ; il a l'avantage de dispenser de toute réduction à l'horizon, car il est facile de démontrer que les hauteurs de mire interceptées seront les mêmes pour une même hauteur E F, quelle que soit l'obliquité des lignes de visée.

Les distances sont généralement trop considérables pour qu'on puisse les évaluer à la simple vue. Il faut donc employer des lunettes.

Les lunettes employées en topographie sont des *lunettes astronomiques*.

---

(1) On entend par *pinules* des plaques percées d'ouvertures à travers lesquelles s'effectue la visée ; on distingue la pinule *oculaire* et la pinule *objective*.

Ces appareils se composent : (fig. 11)
1° D'un objectif O ;
2° D'un réticule R dont le plan forme en quelque sorte l'écran sur lequel doit se produire l'image ;
3° D'un oculaire O'.

Ces trois parties de la lunette correspondant à trois tubes susceptibles chacun d'un certain tirage.

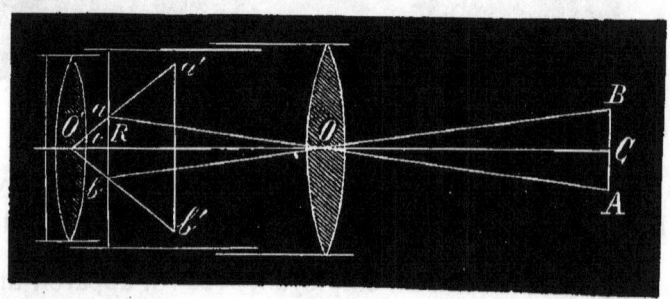

Fig. 11.

Le tirage de l'oculaire a pour but de mettre le réticule à la distance de la vue distincte de l'observateur.

Le tirage du réticule a pour but de placer ce dernier au *foyer conjugué* de la mire. On s'aperçoit que cette image est au foyer, lorsqu'elle est bien nette et qu'en déplaçant l'œil on n'observe pas de *parallaxe*, c'est-à-dire que le réticule ne semble pas changer de place par rapport à l'image.

Les triangles semblables A O B, a O b donnent :

$$D : H = r : h$$

r désignant ici la distance du réticule au centre de l'objectif, D la distance du centre de l'objectif à la mire, h la hauteur du réticule, H la hauteur interceptée de la mire.

$$D = \frac{r}{h} H,$$

comme dans le cas de la stadia. Mais ici r n'est pas constant, il varie avec D suivant la relation :

$$\frac{1}{r} + \frac{1}{D} = \frac{1}{f}$$

f désignant la distance focale de la lentille objective.

Dans les lunettes employées en topographie, $f = 0^m30$ à 0^m40 et r en diffère au maximum de 0^m006 pour des distances de 20 à 700 mètres. Pour des distances de 100 mètres, la variation de r, par rapport à la distance focale, est donc très faible, mais il faut néanmoins en tenir compte, parce que r intervient comme multiplicateur.

Il existe trois moyens de remédier à la variabilité de r :

1° *Procédé de M. Liagre* (1).

Cette méthode consiste à se servir de la lunette astronomique comme de l'ancienne stadia, en ayant soin de choisir la longueur d'étalonnage de telle sorte que toute correction soit négligeable. Cette méthode ne peut toutefois s'appliquer, comme nous le verrons, que pour une échelle assez petite.

Calculons d'abord le maximum de la correction à faire subir à la mesure d'une distance pour tenir compte de la variation de r.

Soit D la distance d'étalonnage qui a servi à déterminer le rapport $\dfrac{r}{h}$.

$$D = \frac{r}{h} H \quad \text{et l'on a} \quad \frac{1}{D} + \frac{1}{r} = \frac{1}{f} \quad (1).$$

Soit D' la distance réelle à mesurer.

$$D' = \frac{r'}{h} H' \quad (2).$$

Au lieu de cette valeur, on obtient une valeur Δ donnée par

$$\Delta = \frac{r}{h} H' \quad (3),$$

en appliquant le rapport constant $\dfrac{r}{h}$ à la hauteur H'.

---

(1) *Bulletin de l'Académie royale de Belgique*, 1re série, t. XX et XXI.

On peut imaginer que cette valeur Δ corresponde à une distance focale conjuguée représentée par ρ et donnée par :

$$\frac{1}{\Delta} + \frac{1}{\rho} = \frac{1}{f} \quad (4).$$

En divisant membre à membre les équations (2) et (3), il vient :

$$\frac{D'}{\Delta} = \frac{r'}{r}$$

d'où $\dfrac{D' - \Delta}{\Delta} = \dfrac{r' - r}{r}$

$$D' - \Delta = \Delta \frac{r' - r}{r}.$$

$D' - \Delta$ est la valeur de la correction à apporter à Δ pour avoir D'. A cause de la faible différence des valeurs r, r' et ρ, nous pouvons sans inconvénient substituer l'une à l'autre dans l'expression de cette différence et nous écrirons par approximation :

$$D' - \Delta = \Delta \frac{\rho - r}{r}.$$

Les équations (1) et (4) donnent :

$$\frac{1}{D} + \frac{1}{r} = \frac{1}{\Delta} + \frac{1}{\rho}$$

$$\frac{1}{r} - \frac{1}{\rho} = \frac{1}{\Delta} - \frac{1}{D}$$

d'où $\dfrac{\rho - r}{r} = \rho \dfrac{D - \Delta}{D\Delta}$

En substituant dans la valeur de la correction, il vient :

$$D' - \Delta = \rho \frac{D - \Delta}{D}$$

et nous pourrons écrire par approximation la valeur suivante de la correction, qui pourra être aisément calculée.

$$D' - \Delta = r \frac{D - \Delta}{D}$$

Dans cette expression, r diffère très peu de f, soit donc de 0^m40. Si l'on a eu soin de choisir la distance d'étalonnage D plus grande que toutes celles que l'on aura à mesurer, la fraction $\dfrac{D - \Delta}{D}$ sera toujours plus petite que l'unité et la correction sera toujours plus petite que r. Si nous prenons $r = 0^m40$, l'erreur sera donc toujours inférieure à 0^m40, ce qui indique dans quel cas on pourra employer cet instrument et ce qui fait connaître aussi l'échelle du plan.

On pourra, en effet, négliger la correction pour toute échelle pour laquelle la longueur de 0^m40 est négligeable sur le terrain. La longueur négligeable sur le terrain étant représentée par $\dfrac{m}{8000}$, nous poserons $\dfrac{m}{8000} = 0^m40$, pour déterminer l'échelle $\dfrac{1}{m}$ à partir de laquelle nous pourrons nous passer de correction et employer la lunette astronomique, comme si c'était une stadia sans lentilles.

En tirant la valeur de m, on obtient $m = 3200$; donc pour toute échelle inférieure à $\dfrac{1}{3200}$ la correction ainsi calculée est négligeable.

C'est notamment le cas des cartes topographiques. Mais pour les études de chemins de fer, on travaille généralement à des échelles plus grandes et l'emploi de la lunette astronomique n'est plus applicable sans corrections.

La réduction des distances à l'horizon se fait de la manière suivante : soit l'appareil installé au pied d'une pente (fig. 12). On vise, sur une mire verticale, une hauteur $ab = H$ interceptée par les fils extrêmes du réticule. Soit α l'inclinaison de l'axe optique.

En supposant la mire disposée en cd perpendiculairement à l'axe optique, la distance oblique $\overline{oe}$ est donnée $\overline{oe} = \overline{cd} \times \dfrac{r}{h}$

On peut, par approximation, poser $\overline{cd} = \overline{ab}\cos\alpha = H\cos\alpha$.

$$\overline{oe} = \frac{r}{h} H \cos\alpha$$

et $\overline{of} = \frac{r}{h} H \cos^2\alpha$.

On peut se servir de tables donnant la projection horizontale des multiples de 10 mètres, de degré en degré.

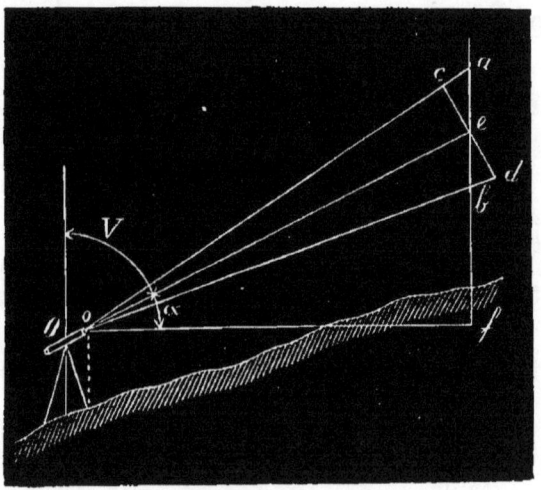

Fig. 12.

2° *Procédé de Reichenbach*.

La méthode de Reichenbach, ingénieur bavarois, mort en 1826, a été employée dès 1840 à 1850 dans l'étude des chemins de fer bavarois et elle est encore souvent appliquée en Allemagne, telle que Reichenbach l'a conçue.

Reichenbach fait l'élimination de r entre les équations :

$$\frac{1}{D} + \frac{1}{r} = \frac{1}{f}.$$

et $D = \frac{r}{h} H$

On obtient ainsi :
$$D = \frac{f}{h} H + f.$$

On voit que la valeur de D se compose de deux termes ; l'un est proportionnel à H, l'autre est la distance focale f.

La distance mesurée à partir du foyer principal antérieur de l'objectif est donc proportionnelle à H.

La distance D est mesurée à partir de l'objectif, ce qui est incommode ; on la ramène à l'axe de l'appareil, en ajoutant une constante que le constructeur peut rendre égale à $0,5\,f$.

La distance E comptée à partir de l'axe de l'appareil est ainsi :
$$E = \frac{f}{h} H + 1.5 f = c H + c'$$

c et c' représentant deux constantes.

On peut déterminer ces constantes en opérant sur deux distances connues.

On peut ensuite graduer une mire de manière à y lire directement la distance E, mais cette mire ne peut servir qu'à la mesure des distances et non au nivellement qui doit s'opérer simultanément. Il est préférable d'employer une mire ordinaire et une lunette dans laquelle le constructeur a choisi pour $\frac{f}{h}$ un multiple de 100.

Soit, par exemple, $\frac{f}{h} = 100$.

On aura :
$$E = 100\,H + c'.$$
D'où $E^{\text{mètres}} = H^{\text{centimètres}} + c'$.

Le calcul des distances est ainsi beaucoup simplifié, car on n'a plus qu'une constante à ajouter à l'indication de la mire.

La réduction à l'horizon peut se faire de deux manières.

1° En tenant la mire verticalement (fig. 13). Soit $\overline{ab} = H$ et $cd = H'$. On a par approximation $H' = H \cos \alpha$.

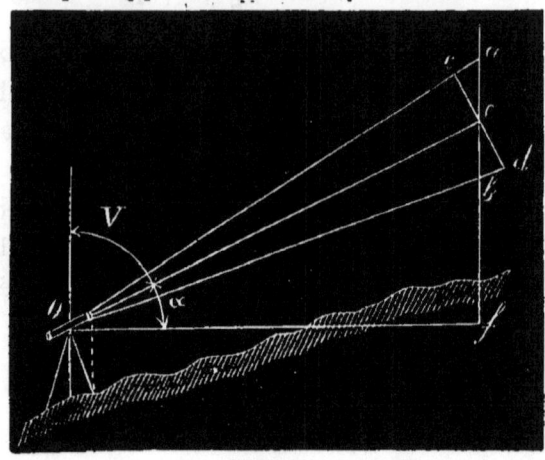

Fig. 13.

La distance oblique $\overline{Oe} = 100 \, H \cos \alpha + c'$.

Sa projection $Of = E' = 100 \, H \cos^2 \alpha + c' \cos \alpha$, mais c' étant au maximum égal à 0^m60, et l'angle α étant compris dans des limites peu étendues, on peut prendre c' pour sa projection et écrire simplement :

$$E' = 100 \, H \cos^2 \alpha + c',$$

de sorte que le coefficient de réduction à l'horizon n'affecte que le premier terme.

2° En Allemagne, on opère généralement en inclinant la mire perpendiculairement à l'axe optique (fig. 14). La mire porte pour cela une petite règle à pinules, fixée à la hauteur de 1^m50, qui permet de viser vers l'appareil.

On aura pour la distance oblique $\overline{Oe} = E = 100 \, H + c'$.

La projection horizontale E' doit être mesurée jusqu'au pied de la mire ; elle se compose de deux parties $\overline{Og}$ et $\overline{gh}$.

$$\overline{Og} = E \cos \alpha$$

$\overline{ae} = V$ est la hauteur de pointage du fil axial.

$$\overline{gh} = V \sin \alpha.$$

D'où $E' = E \cos \alpha + V \sin \alpha$.

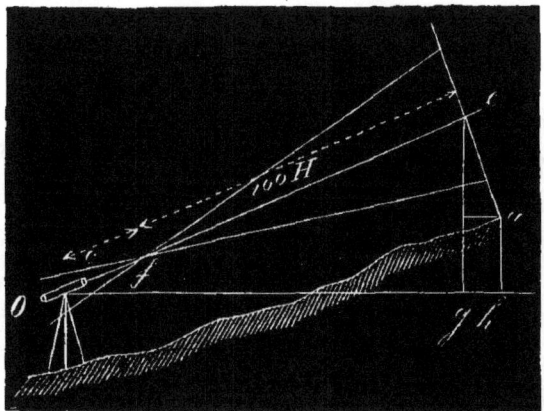

Fig. 14.

3° *Procédé de Porro.*

Porro, officier piémontais, puis professeur à Milan, a imaginé de modifier la lunette astronomique de manière à supprimer l'addition de toute constante et à rendre directement proportionnelles à H les distances mesurées à partir de l'axe de l'appareil.

Nous avons vu ci-dessus que dans une lunette astronomique (fig. 15), il existe un point idéal F, à partir duquel les distances sont proportionnelles à H ; c'est le foyer antérieur de l'objectif.

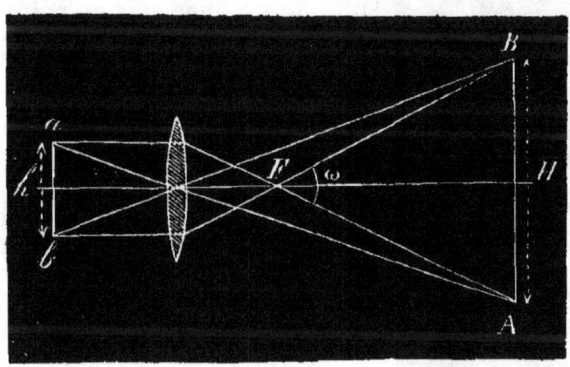

Fig. 15.

Porro appelle un tel point le *centre anallatique* du système. Ce point jouit de la propriété suivante :

— 46 —

Pour une image de hauteur donnée h, la hauteur de mire H est vue de ce point sous un angle ω constant.

Cet angle est dit : *angle diastimométrique.*

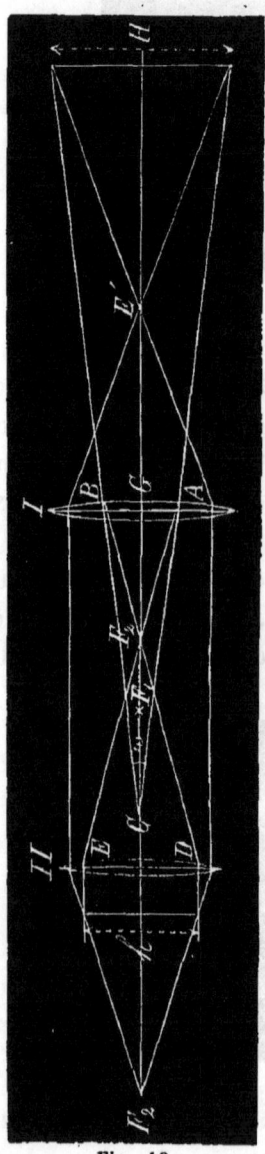

Fig. 16

Porro est parvenu, en 1823, à déplacer ce point de manière à le ramener dans l'axe vertical de l'appareil par l'intercalation d'une seconde lentille du côté de l'objectif. Cette lentille est dite *anallatique* et l'on donne également ce nom à la lunette de Porro (fig. 16).

Soit en I l'objectif proprement dit et en II la lentille anallatique. Cette lentille est placée de telle sorte que son foyer principal F_2 soit situé entre la lentille I et le foyer principal F_1 de celle-ci.

Les rayons passant au point F_2 donneront naissance, par rapport à la lentille I, à un foyer conjugué virtuel, situé en C.

Le point C est le centre anallatique du système.

Pour démontrer cette proposition, il suffit de prouver que ce point jouit de la propriété ci-dessus ; c'est-à-dire que pour une image de hauteur h donnée, l'objet H est vu du point C sous un angle ω constant.

Dans le triangle A B C, en désignant la base A B par x et la hauteur C G par y, on a :

$$2 \, tg \frac{\omega}{2} = \frac{x}{y} \quad (1).$$

Soit a la distance des lentilles I et II. Soit f_1 et f_2 les distances focales de ces lentilles.

Les triangles semblables A B F_2 et E D F_2 donnent :
$$\frac{x}{a-f_2} = \frac{h}{f_2}$$
d'où $x = \dfrac{h(a-f_2)}{f_2}$.

D'après la propriété des foyers conjugués virtuels, on a :
$$\frac{1}{a-f_2} - \frac{1}{y} = \frac{1}{f_1}$$
d'où $y = \dfrac{f_1(a-f_2)}{f_2+f_1-a}$.

En remplaçant dans (1), il vient :
$$2\,tg\frac{\omega}{2} = \frac{h(f_1+f_2-a)}{f_1 f_2}$$
expression qui montre que ω est une quantité constante.

La distance C H est donc exprimée par $\dfrac{H}{2\,tg\dfrac{\omega}{2}}$.

Remarquons que cette valeur est absolument indépendante du tirage du réticule, en effet, ce tirage s'effectue dans la région de la lunette où les rayons sont parallèles à l'axe. Ce tirage ne cesse pas toutefois d'être nécessaire, car l'image se formera plus ou moins loin, suivant la distance à laquelle se trouve l'objet H.

La valeur $2\,tg\dfrac{\omega}{2}$ dépend de a, de h et des distances focales. Le constructeur peut disposer de ces éléments pour donner à $2\,tg\dfrac{\omega}{2}$ la valeur la plus convenable.

On fait généralement $2\,tg\dfrac{\omega}{2} = \dfrac{1}{200}$.

Le constructeur doit, de plus, avoir égard à la valeur de y pour placer le centre anallatique dans l'axe de l'appareil; y égale alors environ $\dfrac{a}{2}$.

Posons $y = \dfrac{a}{2}$ et reportons-nous à l'équation :

$$\frac{1}{a-f_2} - \frac{1}{y} = \frac{1}{f_1} ;$$

f_1 étant positif, le premier membre doit être positif.

$$\frac{1}{a-f_2} \text{ est donc } > \frac{1}{y} \text{ ou } > \frac{2}{a}$$

$$f_2 \text{ est donc } > \frac{a}{2} \text{ ou } > y,$$

conditions que le constructeur pourra remplir, mais qui l'obligeront à n'employer que des lentilles à distance focale limitée.

C'est pourquoi certains constructeurs allemands rejettent la méthode de Porro pour prôner celle de Reichenbach. Cependant la méthode de Porro n'exige l'addition d'aucune constante; elle est par cela même beaucoup plus simple et plus pratique que la méthode allemande.

Si la construction de la lunette a présenté quelque complication, l'opérateur n'a plus à s'en préoccuper et il se sert de la lunette anallatique comme de l'ancienne stadia, en appliquant pour la mesure des distances une formule des plus simples.

Les appareils primitifs de Porro qui ont été l'objet de rapports très élogieux de la part de l'Académie des Sciences de Paris et d'une Commission nommée par le Gouvernement français (1), étaient très soignés au point de vue de la construction, mais ils étaient très délicats et leur prix élevé (4,000 fr.) les rendait peu pratiques.

La lunette anallatique de Porro était à peu près oubliée, lorsque M. Moinot, ingénieur à la Compagnie de Paris-Lyon-Méditerranée, fit construire, en 1856, un appareil fondé sur le même principe, mais beaucoup moins délicat, moins coûteux, tout en permettant une approximation suffisante pour les études de chemins de fer.

---

(1) V. *Annales des Ponts et Chaussées*, Tome IV. 1852.

L'appareil construit par M. Moinot sous le nom de *tachéomètre* permet, d'ailleurs, comme l'appareil primitif de Porro, outre la mesure des distances, celle des angles et celle des différences de niveau ; son emploi a conduit à une nouvelle méthode d'études de chemins de fer, dont la règle à calculs est devenue l'accessoire obligé. Cette méthode est connue sous le nom de *tachéométrie* ou de *tachymétrie* et n'est pas moins exacte que l'ancienne méthode par profils en long et en travers, qui exigeait de nombreux chaînages. Par sa rapidité plus grande et par la réduction de personnel qu'elle permet, la nouvelle méthode a certainement contribué pour sa part au grand développement des chemins de fer et notamment des chemins de fer de montagnes. Depuis sa première application faite en 1856 par M. Moinot sur la ligne de Nice à Gênes, elle a été successivement employée dans la plupart des pays de l'Europe, sauf, peut-être, dans l'Allemagne du Nord. C'est alors, qu'en présence du succès du *tachéomètre*, on s'est souvenu, dans ce dernier pays, de la méthode de Reichenbach qui y était à peu près délaissée et que l'on y a construit, sous le nom de *tachymètres*, des appareils plus ou moins analogues au tachéomètre, mais sans lunette anallatique.

Nous avons vu précédemment que le constructeur dispose de divers éléments pour faire $2\,tg\,\dfrac{\omega}{2} = \dfrac{1}{200}$.

Dès lors D = 200 H.

En se servant d'une mire parlante (¹), graduée en demi-centimètres, on lira donc directement la distance sur cette mire. Il suffit d'ailleurs que la mire porte des divisions de un centimètre, pourvu que sa graduation soit en demi-centimètres.

Ainsi le chiffre **1** inscrit sur la mire correspond à 100 demi-

---

(¹) On appelle *mire parlante* une mire sur laquelle l'opérateur lit directement les graduations à l'aide de la lunette de l'appareil.

centimètres, le chiffre **2** à 200 demi-centimètres et ainsi de suite.

On amène généralement le fil inférieur du réticule sur la division 1, le fil supérieur tombe alors sur une division quelconque, soit la division 110. La hauteur H est donc égale à 110 — 100 = 10 demi-centimètres et la distance supposée horizontale sera de 10 mètres.

La différence entre les deux graduations marquées par les fils extrêmes du réticule porte, en tachéométrie, le nom de *nombre générateur* et se désigne par la lettre g.

Si l'on fait usage du fil axial et d'un des fils extrêmes, h sera réduit de moitié, de même que $2\,tg\,\dfrac{\omega}{2}$ qui est proportionnel à h. Le coefficient $\dfrac{1}{2\,tg\,\dfrac{\omega}{2}}$ sera donc doublé ; il suffira de doubler le nombre générateur g, en conservant le coefficient 200.

Pour réduire à l'horizon, on opère toujours avec la mire tenue verticalement et l'on détermine l'angle zénithal V de l'axe optique (fig. 17). En admettant que $\overline{cd}$ est la projection de $\overline{ab}$, la distance oblique $\overline{oe} = H\,sin\,V = g\,sin\,V$ et sa projection $\overline{of} = g\,sin^2\,V$ (1).

Il est plus avantageux de considérer l'angle zénithal V que l'angle de pente α, parce que, pour ce dernier, il faut tenir compte du signe, suivant que la pente est au-dessus ou au-dessous de l'horizon, tandis que l'angle zénithal est toujours positif.

---

(1) La formule exacte serait $\overline{of} = \dfrac{H}{sin\,\omega}\,(sin^2\,V - sin^2\,\dfrac{\omega}{2})$ au lieu de $\dfrac{H\,sin^2\,V}{2\,tg\,\dfrac{\omega}{2}}$. Dans le cas le plus défavorable, on peut démontrer que cette dernière formule ne donne pas une erreur de plus de $\dfrac{1}{10000}$ de la valeur de $\overline{of}$.

La valeur $g \sin^2 V$ se détermine soit au moyen de tables, soit au moyen de la règle à calculs, sans laquelle la méthode tachéométrique ne saurait présenter le caractère de rapidité qu'elle doit posséder.

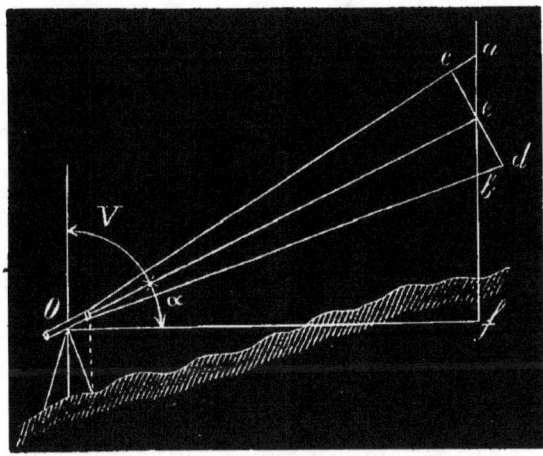

Fig. 17.

Si la lunette devait recevoir une trop grande inclinaison pour viser la division 1, on pourrait sans inconvénient viser la division 2 ou 3.

Voyons quelles sont les limites d'approximation de cette méthode.

La lecture de g peut donner lieu à une erreur maximum de $1/4$ de centimètre à 100 mètres de distance. En terrain horizontal, il en résultera une erreur de $0^m 50$ sur la distance; transportée à l'échelle de 1/2000, cette erreur sera de $1/4$ de millimètre sur le papier. A 200 mètres de distance, l'erreur serait de $1/2$ millimètre.

Pour des distances réduites à l'horizon, l'erreur serait moindre.

Pour les études de chemins de fer, il n'est pas nécessaire d'obtenir une plus grande exactitude.

L'erreur est toutefois plus grande, si l'on se sert du fil axial et d'un des extrêmes, parce qu'en doublant le nombre générateur, on double aussi l'erreur.

— 52 —

Il est très important que la mire soit tenue bien verticalement, elle est généralement munie pour cela d'un fil à plomb. Une faible inclinaison de la mire en avant ou en arrière, donne lieu à une erreur qui croit rapidement avec l'obliquité de l'axe optique, avec le nombre générateur et avec la hauteur de pointage du fil axial (1).

La lunette anallatique doit présenter un moyen de rectification pour le cas où la mesure des distances ne satisferait plus exactement à l'expression $D = 200\,H$.

La constante 200 dépend de la distance a des deux lentilles; c'est pourquoi la lentille anallatique se trouve placée à l'intérieur de la lunette dans un tube spécial susceptible d'un petit mouvement en avant ou en arrière.

Pour vérifier la lunette, on mesure soigneusement une longueur de 200 mètres en terrain horizontal et l'on vérifie à la lunette, si pour cette distance on obtient exactement $g = 200$. Sinon l'on déplace le tube anallatique jusqu'à ce qu'on ait cette valeur. On peut, à vrai dire, déplacer ainsi le centre anallatique qui ne sera plus exactement dans l'axe de l'appareil; mais l'amplitude du déplacement ne dépassant en aucun cas 2 à 3 centimètres, il est sans influence sur la mesure des distances dans les limites d'approximation de la méthode.

Le réticule est gravé sur une lentille faisant partie de l'oculaire ; ce genre de construction est de beaucoup préférable aux réticules en fils d'araignée qui se déchirent facilement et sont soumis à l'influence de l'humidité, ce qui altère la valeur de $1/_2\,tg\,\dfrac{\omega}{2}$ (2).

---

(1) *Zeitschrift des Œsterreichischen Ingenieur und Architektenvereins*, t. XXXII, p. 65.

(2) On peut consulter sur la méthode tachéométrique les ouvrages suivants :
G. PETITBOIS. *Note sur les études de tracés de chemins de fer au tachéomètre. Revue universelle des mines*, t. XXXIX, 1876.
WERNER *Die Tacheometrie*. Vienne, 1873.
MOINOT. *Levé de plans à la stadia*, etc.

On a cherché à supprimer tous calculs dans la mesure tachéométrique des distances.

Dans une première classe d'appareils, on a remplacé les calculs par des constructions graphiques. A cette classe appartiennent le *tachygraphomètre* de M. Wagner (1868) et le *tachymètre* de M. Stern (1880). Nous y reviendrons.

Dans d'autres appareils, on obtient directement sur la mire la distance réduite à l'horizon. Tel est l'appareil de MM. Tichy et Starke de Vienne (1880). Dans cet appareil, le fil supérieur du réticule est mobile et l'on dispose de la hauteur de l'image que l'on fait varier suivant l'angle zénithal V, de telle sorte que la distance réduite à l'horizon soit toujours mesurée par $D = 100\,H$.

Pour cela le limbe vertical qui sert à mesurer V, porte une seconde graduation qui donne la valeur de H correspondante et qui indique de combien il faut relever ou abaisser le fil supérieur du réticule.

M. Kasimirski a proposé, dans le *Génie civil*, t. I, 1881, une autre méthode ayant le même but. Elle consiste à se servir d'un limbe vertical gradué suivant les tangentes des angles au centre, de telle sorte que ces tangentes diffèrent entre elles de 0,01.

Soit, fig. 18, le fil axial dirigé sur une division R de la mire,

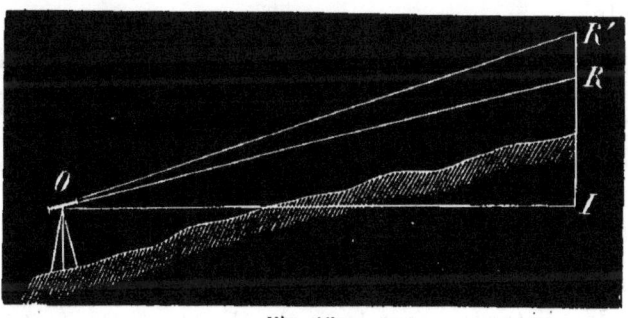

Fig. 18.

soit D la distance à mesurer réduite à l'horizon, on a :
$$RI = D\,tg\,ROI.$$

Si je dirige ensuite l'axe optique sur la division suivante du limbe, je pointerai sur la mire une division R' et j'aurai :

$$R'I = D \, tg \, R'OI$$
$$\text{d'où } R'I - RI = RR' = D \, (tg \, R'OI - tg \, ROI) = 0.01 \, D$$
$$\text{d'où } D = 100 \, RR'.$$

Il suffit donc de mesurer RR' sur la mire et de multiplier par 100 pour obtenir la distance réduite à l'horizon.

L'avantage que l'on cherche à tirer de ces appareils est de supprimer l'emploi de la règle à calculs dans la mesure des distances; cet avantage est peu sérieux, car l'emploi de la règle à calculs est indispensable dans la suite des opérations pour rapporter le plan par la méthode des coordonnées. Tout au plus pourrait-il être utile de pouvoir déterminer rapidement quelques distances sur le terrain. A ce point de vue, la méthode de M. Kasimirsky présente une grande simplicité et il est utile d'avoir sur le limbe vertical la graduation en tangentes à côté de la graduation en grades, comme cela se fait dans certains appareils construits en Angleterre.

Remarquons toutefois que la méthode de M. Kasimirsky expose à plus d'erreurs que la méthode de Porro, car elle exige deux lectures sur la mire et deux lectures sur le limbe. De plus, il faut tenir compte du signe de la tangente de l'angle de pente.

On cherche en un mot à l'aide de ces appareils à diminuer le travail de bureau, mais l'on n'y parvient qu'en allongeant le travail sur le terrain.

Seconde catégorie.

Appareil de Stampfer. — Les appareils à mesurer indirectement les distances pour lesquels H est constant et l'angle α variable, sont moins nombreux et moins importants.

Le type en est l'appareil de Stampfer, qui se compose d'une

lunette susceptible d'un mouvement de 8° d'amplitude autour

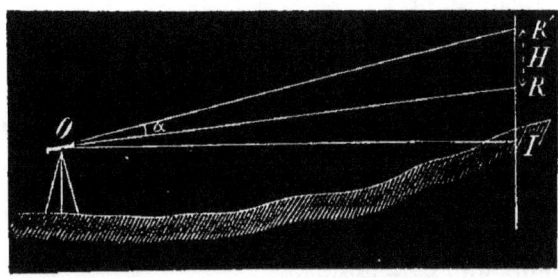

Fig. 19.

d'un axe de rotation horizontal. On vise successivement sur deux divisions de la mire RR', embrassant une hauteur constante H et l'on détermine, au moyen d'une vis micrométrique, l'angle dont s'est déplacée la lunette pour passer de l'une à l'autre de ces divisions; soit α cet angle qui est égal au nombre de tours n de la vis multiplié par une constante C. Cet angle étant petit, on écrira par approximation :

$$tg\,\alpha = Cn \text{ et } OR = \frac{H}{tg\,\alpha} = \frac{H}{Cn}.$$

La constante C se détermine par étalonnage. On a d'ailleurs des tables qui donnent la distance OR pour un nombre de tours déterminé de la vis.

Pour réduire à l'horizon, on se sert également de tables.

La lecture du nombre de tours de la vis est fort gênante, elle exige chaque fois une soustraction de deux nombres de 5 chiffres. Cet appareil est fort peu employé.

On emploie dans le lever des cartes topographiques à petite échelle un appareil de ce genre, connu sous le nom de *chorismomètre*. C'est une lunette astronomique munie d'un réticule à fils mobiles dont l'écartement se mesure à l'aide d'une vis micrométrique ; la hauteur h est alors proportionnelle à n, nombre de tours de cette vis, et la formule de la stadia peut être remplacée par :

$$D = \frac{r}{n} H.$$

Si D est une distance connue, on aura de même pour une distance inconnue D'.

$$D' = \frac{r'}{n'} H,$$

mais en admettant par approximation que $r' = r$, on pourra écrire :

$$D' = \frac{Dn\,H}{n'\,H} = \frac{Dn}{n'}$$

ou, Dn étant une constante C,

$$D' = \frac{C}{n'},$$

Ces appareils approximatifs ne peuvent dans tous les cas s'employer que pour des travaux à petite échelle.

CHAPITRE III.

Tracé et mesure des angles.

A. — TRACÉ DES ANGLES.

Les appareils dont on se sert pour tracer sur le terrain des angles donnés, sont les *équerres*. On distingue les équerres à *pinules*, à *miroirs* et à *prismes*.

Equerre à pinules. — L'équerre à pinules se composait autrefois de deux règles à angle droit, munies de pinules en leurs extrémités. C'était l'*équerre allemande* ou *équerre-cercle*. Elle se fixait au moyen d'une douille sur un bâton. Cette équerre ne pouvait servir qu'au tracé des angles droits. En remplaçant les équerres par des pointes et en disposant convenablement l'intersection des règles, on pouvait tracer des angles de 30, 45, 60, 75, 90 et 120° à l'aide de cet appareil (fig. 20).

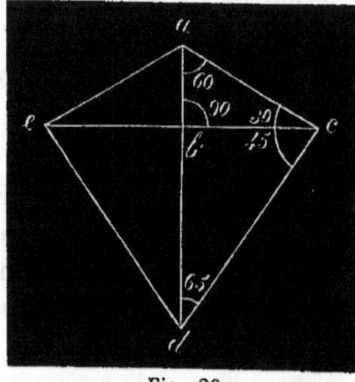
Fig. 20.

Il suffit pour cela que $ab = \dfrac{ac}{2}$.

Cet appareil volumineux est tombé en désuétude et il est remplacé aujourd'hui par l'*équerre pomme de canne* ou *équerre d'arpenteur*, qui se compose d'un prisme octogonal creux dont les faces opposées portent des pinules, de manière à donner des angles de 90 et de 45°.

Cet appareil est plus portatif, mais moins exact que le précédent, en raison même de ses dimensions plus petites. Il se fixe sur un bâton ferré.

Pour vérifier cet appareil, on s'assure d'abord que les axes des pinules opposées sont dans un même plan vertical; on opère ensuite comme pour mener une perpendiculaire à un alignement AB par un point O pris sur cet alignement (fig. 21). Les pinules *ac* étant dans la direction AB, on vise par les pinules *db* et l'on fait placer un jalon en D; on retourne ensuite l'équerre de 90°, de manière à viser par les pinules *ac* après avoir placé les pinules *bd* dans la direction AB.

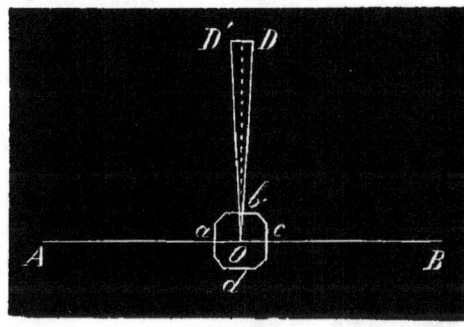

Fig. 21.

Si l'on n'aperçoit pas de nouveau le jalon D, cela démontre que l'équerre n'est pas exacte. On fera planter un jalon D' à la même distance de la droite AB que le jalon D, la perpendiculaire tombera au milieu de la ligne DD'. On voit donc qu'il est possible de tracer exactement une perpendiculaire à l'aide d'une fausse équerre.

Dans le lever des détails, on peut d'ailleurs se servir d'une fausse équerre, en ayant soin de maintenir toujours l'équerre dans le même sens.

Les détails sont ainsi rapportés par un **système de coordon-**

nées obliques. Il suffit de connaître l'angle de la fausse équerre pour rapporter sur le papier.

L'équerre à pinules a l'inconvénient d'exiger deux visées successives pour tracer un angle. C'est une cause d'erreur, parce que l'équerre doit rester fixe. Il n'est pas toujours possible de fixer l'équerre après la première visée ; dans ce cas, l'opérateur doit posséder l'habitude de l'instrument pour ne pas déplacer celui-ci, en déplaçant le corps pour faire la seconde visée.

Equerre à miroirs. — Cet appareil a été inventé au commencement de ce siècle par l'ingénieur Lipkens, de Maestricht.

Il se compose de deux miroirs faisant entre eux un certain angle ; ces miroirs sont fixés dans une boîte triangulaire ouverte par devant. Chacun d'eux est surmonté d'une fenêtre.

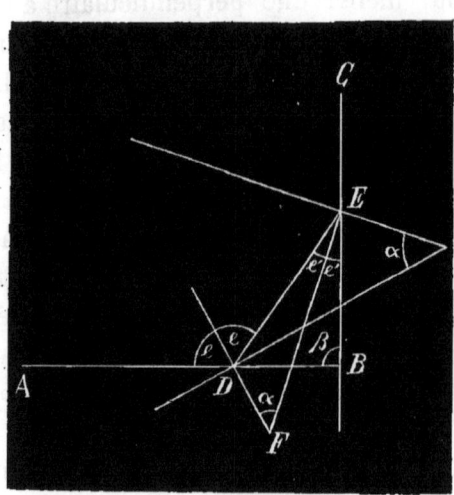
Fig. 22.

Son emploi repose sur la proposition suivante :

Dans un système de deux miroirs (fig. 22) *faisant entre eux un angle α, l'angle β du rayon incident AB et du rayon doublement réfléchi CB est double de l'angle des miroirs.*

L'angle des normales aux miroirs est égal à α.

Dans le triangle DEF, l'angle $\alpha = e - e'$.

Dans le triangle DBE, l'angle $\beta = 2e - 2e'$. Donc l'angle $\beta = 2\alpha$.

Si $\alpha = 45°$, l'angle β sera droit.

Si $\alpha = 22\,^1/_2°$, l'angle β sera de 45°.

Si $\alpha = 90°$, l'angle β sera de 180°.

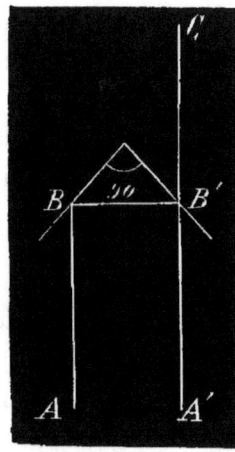

Fig. 23.

C'est-à-dire que le point B se trouvera sur l'alignement des points AC, en négligeant toutefois l'écartement des miroirs (fig. 23).

Pour mener une perpendiculaire à un alignement BC (fig. 20), on se placera en B et l'on visera directement le jalon C par les fenêtres supérieures aux miroirs.

Le jalon A sera sur la perpendiculaire AB à l'alignement BC, lorsque l'image doublement réfléchie du jalon A apparaîtra dans le miroir E dans le prolongement du jalon C, visé directement.

Il est plus facile de viser par l'ouverture antérieure de la boîte et par une seule des deux fenêtres. Cela ne change d'ailleurs rien aux propriétés de l'appareil (fig. 24).

L'équerre se tient à la main, ainsi qu'un fil à plomb qui

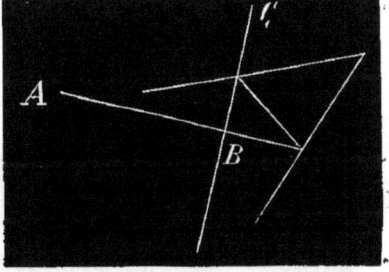

Fig. 24.

détermine sur le terrain l'emplacement approximatif du pied de la perpendiculaire.

Pour vérifier cette équerre, on opère comme pour l'équerre à pinules; en se proposant de mener une perpendiculaire en un point d'un alignement donné; on fait placer un jalon sur la perpendiculaire, en visant successivement chacune des extrémités de l'alignement.

Pour les équerres donnant d'autres angles, on mesure du même côté d'un alignement une somme d'angles égale à 180°.

Les équerres à miroirs sont souvent rectifiables, c'est-à-dire que l'un des miroirs peut être déplacé autour d'une charnière au moyen d'une vis.

L'avantage de cet appareil est son petit volume et la rapidité qu'il permet d'obtenir. Malgré l'indécision qui provient de l'absence de pied, cet appareil donne des résultats suffisamment exacts pour le lever des détails.

Son inconvénient est que les miroirs se ternissent à la longue. C'est pour y remédier que M. Bauernfeind, directeur de l'École polytechnique de Munich, a imaginé l'équerre à prismes.

Equerre à prismes (1). — Cette équerre est fondée sur le principe de la réflexion totale.

L'angle limite du *crown glass* et de l'air étant 41°48', tout rayon tombant sur le plan de séparation du crown glass et de l'air, sous un angle plus grand que 41°48', subit la réflexion totale à l'intérieur du crown glass.

On se sert de prismes triangulaires, rectangulaires et isocèles.

Ces prismes jouissent des trois propriétés suivantes :

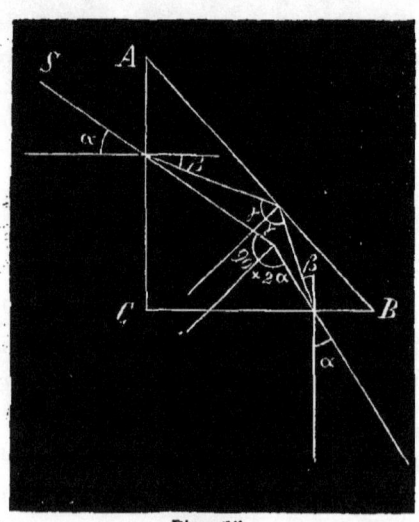

Fig. 25.

1° *L'angle d'incidence α d'un rayon qui éprouve à l'intérieur du prisme la réflexion totale, est égal à son angle d'émergence.* (J'appelle angle d'émergence, l'angle du rayon émergent avec la normale à la face d'émergence.)

Le rayon incident S (fig. 25) pénétrant dans le prisme sous un angle d'incidence α, fait avec la normale un angle de réfraction β et

---

(¹) Voir *Note sur l'équerre à prismes de M. Bauernfeid*, par A. HABETS ; *Revue universelle des Mines*, t. XXX.

tombe sur la face hypothénuse sous un angle $\gamma > 45°$. Il subira donc la réflexion totale et tombera sur la face B C du prisme. Il est facile de démontrer qu'il y tombe sous un angle d'incidence β auquel correspond un angle de réfraction α. Ce dernier est précisément ce que nous avons appelé l'angle d'émergence.

2° *Le rayon qui émerge, après une réflexion totale, fait avec le rayon incident un angle égal à* $90 \pm 2\alpha$.

Si nous traçons (fig. 23) la bissectrice de l'angle que fait le rayon incident avec le rayon émergent, il est facile de démontrer que cette bissectrice est normale à la face hypothénuse. L'angle de ces deux rayons est donc égal à $90 + 2\alpha$.

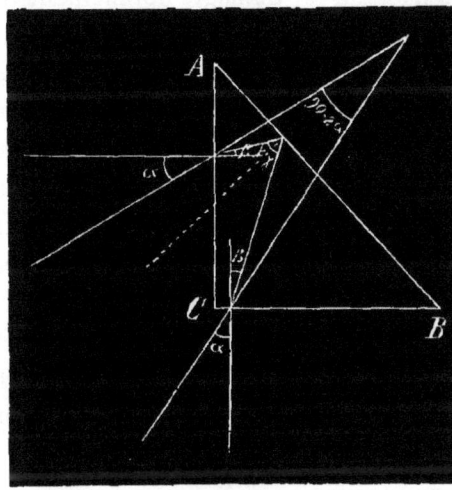

Fig. 26.

On aurait $90 - 2\alpha$ pour les rayons incidents tombant à droite de la normale à la face B C (fig. 26); mais un petit nombre seulement de ces rayons subira la réflexion totale, parce que l'angle γ sera $< 45°$. Or pour qu'il y ait réflexion totale, cet angle doit rester $> 41° 48'$.

3° *Le rayon qui émerge après deux réflexions totales est perpendiculaire au rayon incident.*

Il est facile de démontrer qu'après deux réflexions totales l'angle d'émergence égale α. Dans le triangle *del* (fig. 27), l'angle $l = 90 - \alpha$ et l'angle extérieur $e = 90 - \alpha + \alpha = 90$.

En vertu de cette dernière propriété, il est possible de se servir d'un prisme triangulaire rectangle et isocèle pour tracer une perpendiculaire à un alignement D E ; il suffit pour cela de se placer sur cet alignement et de viser au-dessus du prisme le jalon D (fig. 25).

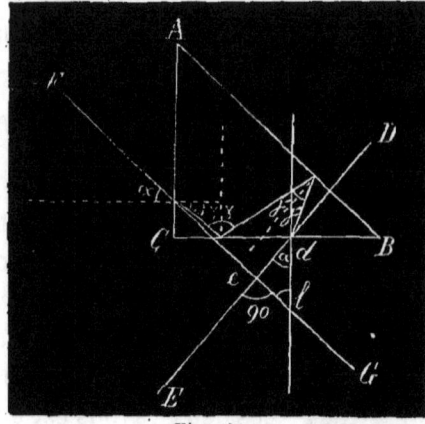

Fig. 27.

Le jalon F sera sur la perpendiculaire FG à l'alignement DE, lorsque son image doublement réfléchie apparaîtra dans le prisme, dans le prolongement du jalon D visé directement.

L'image doublement réfléchie doit toujours être cherchée vers le sommet de l'angle B ; on la distingue des images simplement réfléchies en ce qu'elle est moins claire et en ce qu'elle ne change pas de place lorsqu'on fait tourner le prisme. Remarquons, en effet, que la dernière propriété est entièrement indépendante de l'angle d'incidence.

A l'aide de deux prismes semblables, disposés de telle sorte que leurs faces hypothénuses soient à angle droit, on peut de même se placer sur un alignement déterminé par deux jalons P Q (fig. 28).

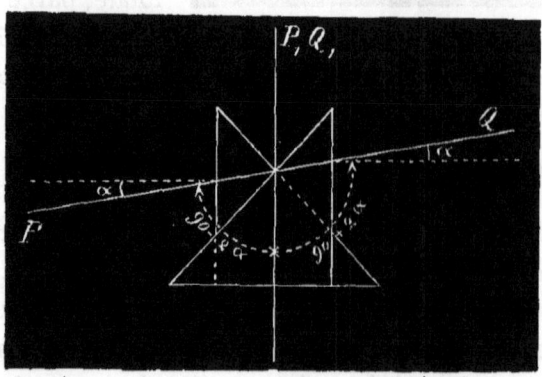

Fig. 28.

On sera sur cet alignement, lorsqu'on verra dans les deux prismes les images superposées $P_1 Q_1$ des jalons P et Q; en effet, on aura d'une part entre les rayons incident et émergent un angle $= 90 + 2\alpha$ et d'autre part un angle $90 - 2\alpha$. La somme de ces angles égale 180°.

Les prismes sont montés dans une petite boîte trapézoïdale qui se tient à la main de la même manière que l'équerre à miroirs.

L'usage de l'équerre à prismes est d'ailleurs absolument semblable à celui de l'équerre à miroirs.

Pour vérifier l'équerre à prismes, le meilleur système consiste à planter deux jalons A et B et à rechercher le sommet de l'angle droit obtenu, en visant directement A et l'image doublement réfléchie de B; on retourne ensuite le prisme en restant à la même place; en visant directement B, on doit voir simultanément l'image doublement réfléchie de A. En adoptant le même mode de vérification que pour les équerres à pinules ou à miroir, on pourrait, dans certaines positions, obtenir la vérification avec des prismes qui ne seraient pas rigoureusement isocèles (1).

Usage des équerres. — Les équerres sont principalement employées pour tracer des coordonnées sur le terrain, soit dans le but de lever un plan par cette méthode, soit plus souvent dans le but de lever des détails. Elles peuvent servir de plus à résoudre divers problèmes :

1° *Prolonger un alignement au delà d'un obstacle.* On résout ce problème, en contournant l'obstacle par une ligne polygonale à angles droits.

2° *Déterminer la longueur d'un alignement dont une extrémité est inaccessible.* Ce problème revient à tracer dans la

---

(1) *Wochenschrift des OEsterreichischen Ingenieur und Architektenvereins,* 1882. p. 169.

partie accessible du terrain des constructions géométriques d'où l'on puisse déduire la longueur de l'alignement.

Soit par exemple à mesurer la largeur AB d'une rivière sans passer sur l'autre bord (fig. 29).

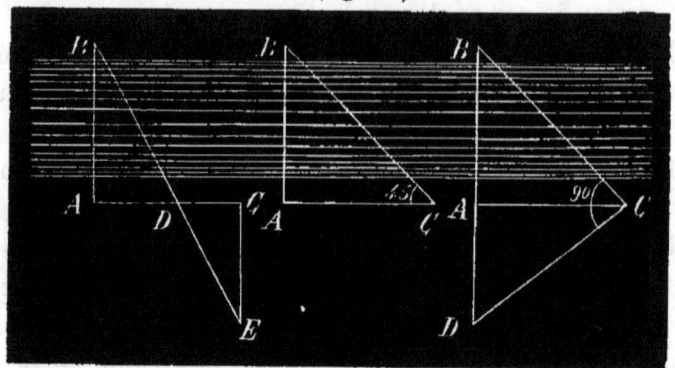

Fig. 29.

Une première solution consiste à mener AC perpendiculaire à AB, à diviser AC au point D dans un certain rapport, puis à mener CE perpendiculaire à AC, on détermine sur cette perpendiculaire le point E par la condition que ce point se trouve sur l'alignement de B et D. En mesurant CE, on en déduit la longueur AB par suite de la similitude des triangles ABD et CDE.

Une deuxième solution consiste à mener la perpendiculaire AC, puis à chercher sur cette perpendiculaire un point C d'où le point B soit vu sous un angle de 45°.

Une troisième solution consiste à tracer la perpendiculaire AC, puis à faire un angle droit au point C en visant d'une part le point B et en faisant placer un jalon D sur le prolongement de AB. On a $AB = \dfrac{\overline{AC^2}}{AD}$.

Cette méthode est très expéditive, lorsqu'on emploie l'équerre à miroirs ou à prismes.

3° *Mesurer une distance inaccessible.* On construit en terrain accessible un alignement parallèle et égal à celui qu'il s'agit de mesurer.

4° *Mener une perpendiculaire à une direction inaccessible.* On construit une parallèle à cette direction sur laquelle on mène la perpendiculaire.

On peut aussi se servir des équerres pour tracer des angles dans un plan vertical. Il faut pour cela coucher l'équerre horizontalement.

En traçant un angle de 45° dans le plan vertical, on peut mesurer la hauteur d'un édifice ; en traçant de même un angle de 90°, on peut mener une horizontale et faire un nivellement.

B. — MESURE NUMÉRIQUE DES ANGLES.

Il faut distinguer les angles que les alignements font avec une direction supposée constante et ceux que les alignements font entre eux.

Les premiers seront désignés plus particulièrement sous le nom de *directions*.

Mesure des directions. — Boussoles.

Les directions se mesurent au moyen de la boussole. L'angle d'un alignement avec le méridien magnétique étant réduit à l'horizon porte le nom d'*azimut*.

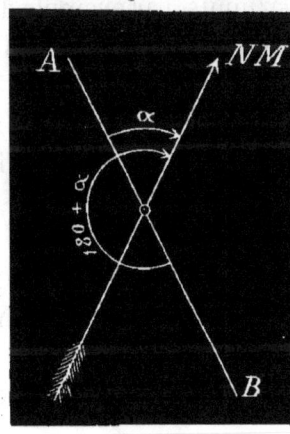

Fig. 30.

Tout alignement a deux azimuts, selon que l'on vise l'une ou l'autre de ses extrémités ; les deux azimuts mesurés sur un même alignement diffèrent de 180° et sont dits *réciproques* (fig. 30).

On distingue dans une boussole :

Le *limbe*, cercle gradué sur lequel on mesure la valeur des azimuts ; la graduation du limbe est ordinairement *directe*, c'est-à-dire qu'elle marche de gauche à droite ; elle est plus rarement *inverse*, comme dans les boussoles employées par les géologues ;

L'*alidade*, pièce mobile à pinules ou à lunette que l'on dirige suivant l'alignement dont on veut mesurer l'azimut ;

Le *plan de collimation*, dans lequel se meut le rayon visuel ;

La *ligne de foi*, parallèle à l'alidade passant par le centre du limbe.

La première mention de l'emploi de l'aiguille aimantée, comme moyen de se guider, remonte à l'an 1203. (Guyot de Provins — Bible Guyot.)

On soutenait l'aiguille, à cette époque, sur l'eau d'un bassin au moyen de fétu de paille.

Beaucoup plus tard seulement, on imagina de suspendre l'aiguille au moyen d'une chape sur un pivot. Cette disposition se voit déjà dans une boussole de 1541 conservée à Saarbrück et dont le Ministère des Travaux publics de Prusse avait exposé, en 1881, un fac-similé à l'Exposition d'électricité de Paris.

Dans les anciennes boussoles, le limbe en papier ou en corne faisait souvent corps avec l'aiguille et oscillait avec elle.

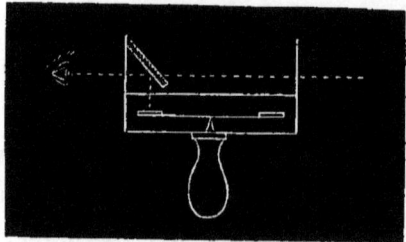

Fig. 31.

Cette disposition se rencontre encore dans des appareils servant à relever rapidement des azimuts, par exemple dans les boussoles portatives à réflexion (fig. 31). En même temps que l'on vise un alignement par deux pinules placées dans l'axe de l'instrument, on lit son azimut à l'aide d'un petit miroir à 45°, qui reflète l'indication du limbe horizontal porté par l'aiguille.

Cet appareil donne une approximation qui ne dépasse pas 1 degré, mais qui est suffisante pour un lever à vue ou une étude d'avant-projet.

Ordinairement les boussoles se composent d'un limbe fixe et d'une aiguille mobile.

L'aiguille est formée d'un petit barreau, d'une tôle ou d'un simple fil d'acier. On prétend que l'aiguille ne doit pas être percée, parce que cela affaiblit son pouvoir magnétique; mais les recherches de Lamont ont démontré que l'aiguille peut être creusée sans inconvénient jusqu'à la moitié de son épaisseur.

La chape est en agate ou en grenat. Le métal doit être proscrit à cause de l'usure. La chape est sphérique, conique ou hyperbolique. C'est la forme sphérique qui donne lieu au moindre frottement, mais il peut facilement arriver qu'une chape sphérique ne repose pas exactement par son axe vertical sur le pivot, ce qui donne une erreur d'excentricité. Les chapes coniques et hyperboliques ne présentent pas cet inconvénient, mais donnent lieu à beaucoup de frottements, notamment les chapes coniques.

Le frottement de la chape sur le pivot est loin d'être négligeable. Coulomb l'a évalué dans une aiguille neuve à la puissance $3/_2$ du poids de l'aiguille. Il est plus grand, lorsque la boussole a servi et l'on peut s'en assurer aisément en présentant un aimant à l'aiguille; cette dernière oscille et revient rarement à son point de départ.

C'est pourquoi, dans les appareils de précision, on revient quelquefois au simple fil d'acier suspendu par un fil de cocon, comme dans les boussoles chinoises et japonaises.

Les boussoles employées en topographie se divisent en deux catégories, suivant qu'elles sont *fixées sur trépied* ou *suspendues*.

Boussoles sur trépied.

Les boussoles sur trépied sont à alidade *excentrique* ou *centrale*.

Boussole à alidade excentrique. — La boussole à alidade excentrique est la plus employée en Belgique et en France. Elle se compose d'une boîte carrée en bois ou en laiton de $0^m,20$ environ de côté, portant une alidade latérale. Le limbe fixé dans cette boîte a un diamètre de 0ᵐ,10 à 0ᵐ,16 ; il est en cuivre argenté mat pour éviter la réverbération. L'aiguille est au niveau du limbe qu'elle arrase. La graduation va de 0 à 360 degrés et donne le 1/2 ou le 1/4 de degré. L'ingénieur Mueseler a proposé d'y adjoindre un vernier, mais l'approximation que l'on obtient par estimation est suffisante dans un appareil qui ne peut prétendre à une précision extrême.

L'alidade est à pinules ou à lunette.

L'alidade à pinules permet de viser dans les deux sens sans tourner l'appareil.

L'alidade à lunette peut être munie d'un réticule-stadia. C'est ainsi que sont construites les boussoles dont on s'est servi à l'état-major belge pour le lever des planchettes-minutes de la carte topographique de Belgique.

Pour mettre l'instrument en station, on se sert d'un fil à plomb à l'aide duquel on fait coïncider l'axe du trépied avec le centre de station. On met ensuite l'appareil de niveau en se servant du *clinomètre* ou *éclimètre*, attaché à l'alidade, ou plus simplement en examinant si l'aiguille arrase le limbe à ses deux extrémités ; mais pour employer ce moyen, il faut être certain que l'aiguille soit bien équilibrée. Le clinomètre se compose d'un demi-limbe vertical gradué, au centre duquel est suspendu un fil à plomb. Quelquefois la boussole porte un ou deux niveaux à bulle d'air. On s'en sert alors pour déterminer deux horizontales dans le plan de la boussole.

Celle-ci est montée sur un *genou* qui la rend mobile, soit dans tous les sens, soit seulement dans deux directions perpendiculaires l'une à l'autre.

Dans le premier cas, on a un *genou à coquilles* composé d'une sphère roulant librement entre deux coquilles, et pouvant être arrêtée dans une position quelconque au moyen d'une vis de pression. Dans le second cas, on a un *genou à la Cardan*, sur lequel on peut agir au moyen de vis dans deux directions perpendiculaires l'une ou l'autre.

M. de Hennault construit depuis longtemps des boussoles dont la boîte est elle-même suspendue à la Cardan et munie d'un contre-poids. Connues sous le nom de *boussoles Lambert*, ces boussoles obéissant au contre-poids se mettent de niveau d'elles-mêmes.

Lorsque l'horizontalité de la boîte a été obtenue, on dirige l'alidade dans l'alignement. La boîte est montée pour cela sur pivot.

Pour mesurer l'azimut, on opère généralement avec la lunette à droite et on lit l'azimut sur la pointe bleue de l'aiguille, en ayant soin de placer la poitrine perpendiculairement à celle-ci pour lire exactement le degré sur lequel se projette la pointe de l'aiguille.

Quand on transporte la boussole, on soulève l'aiguille contre le verre pour éviter l'usure du pivot.

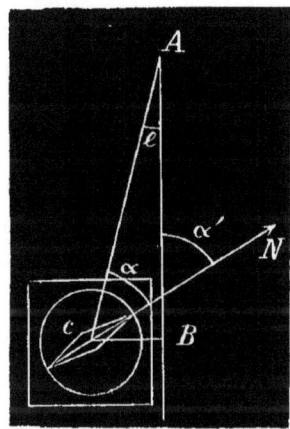

Fig. 32.

L'inconvénient de la boussole à alidade excentrique est de donner une erreur dans la mesure de l'azimut.

En effet, au lieu de mesurer l'azimut α (fig. 32), on mesure l'angle α' ; or, $\alpha' = \alpha + e$. On fait donc une erreur égale à e.

L'angle e étant très petit, on peut lui substituer sa tangente et écrire $e = \dfrac{Bc}{AB}$.

L'erreur est donc proportionnelle à l'excentricité de l'alidade et inversement proportionnelle à la distance AB.

Soit $Bc = 0^m,10$, on aura pour des valeurs de

$AB = 10^m, 20^m, 30^m, 40^m, 50^m$ . . . . 100^m,
$e\ = 34'2,\ 17',\ 11'5,\ 8'5,\ 7'$ . . . . . $3'$

Un angle de 7' étant généralement inappréciable à la boussole, on pourra négliger l'erreur d'excentricité pour des alignements de plus de 50 mètres.

Pour des alignements inférieurs à 50 mètres, on peut corriger l'erreur de différentes manières :

1° En visant à côté du jalon à une distance égale à l'excentricité. On estime pour cela combien de fois le diamètre du jalon est contenu dans l'excentricité.

2° On peut aussi viser l'alignement avec la lunette à droite, puis le viser de nouveau avec la lunette à gauche; en prenant la moyenne des azimuts ainsi mesurés et en soustrayant 90°, on obtient l'azimut de l'alignement rapporté au centre de l'appareil.

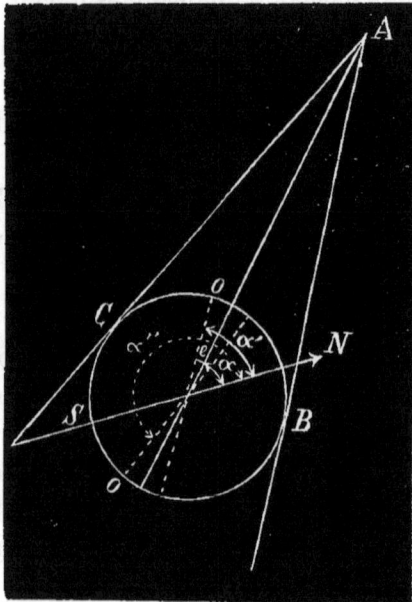

Fig. 33.

En visant l'alignement BA avec la lunette à droite (fig. 33), on mesure un angle $\alpha' = \alpha + e$.

En faisant passer l'alidade à gauche et en visant l'alignement CA, on mesure un angle $\alpha'' = \alpha - e + 180$.

En faisant la somme des angles mesurés, on obtient $\alpha' + \alpha'' = 2\alpha + 180$, d'où
$$\alpha = \frac{\alpha' + \alpha''}{2} - 90.$$

Il est toutefois rare que l'on emploie ce moyen, parce que la boussole n'est pas destinée à opérer avec tant de rigueur, on se contente généralement, pour les petites distances, du premier moyen indiqué.

Boussoles à alidade centrale. — Les boussoles à alidade centrale ne présentent pas le défaut précédent; elles sont employées en Angleterre et en Allemagne ([1]).

([1]) V. RENIER MALHERBE. *De la cartographie minière.* Ann. des trav. pub. de Belgique, t. 32, 1874.

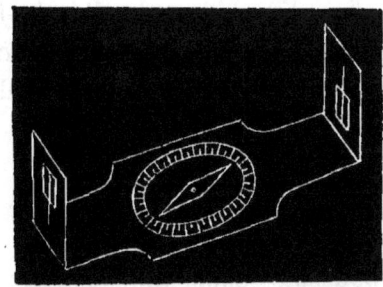

Fig. 34.

Le type le plus simple est celui d'Ertel, à Munich. Il se compose d'une règle à pinules, au centre de laquelle se trouve une boussole (fig. 34).

Lorsque l'alidade est à lunette, cette lunette peut être inférieure ou supérieure à la boussole. Dans la première catégorie se trouvent les boussoles de Breithaupt de Cassel et de Lingke de Freiberg. Ces boussoles sont très soignées de construction; elles sont munies de niveaux et montées sur trépied à vis calantes.

Fig. 35.

Les boussoles à lunette inférieure ne permettent pas le retournement complet de la lunette. Dans le type de Breithaupt, on peut cependant la retourner en l'enlevant de ses supports (fig. 35).

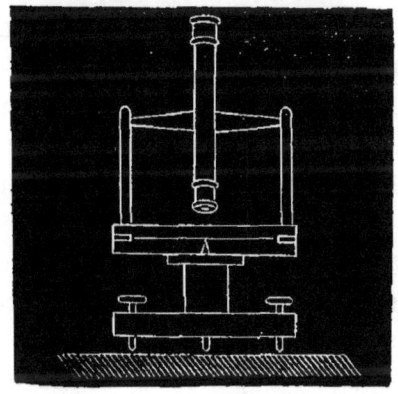

Fig. 36.

Dans la catégorie des boussoles à lunette supérieure se trouve la boussole d'Osterland de Freiberg. Pour pouvoir faire basculer la lunette, on est obligé de la placer à une assez grande hauteur au-dessus du limbe et l'on obtient ainsi un appareil dont le maniement est peu commode (fig. 36).

Pour remédier à cet inconvénient, M. Breithaupt construit des boussoles à lunette centrale et à boussole excentrique (fig. 37). L'excentricité de la boussole est, en effet, sans influence sur l'exactitude de la mesure de l'azimut.

Boussole suspendue.

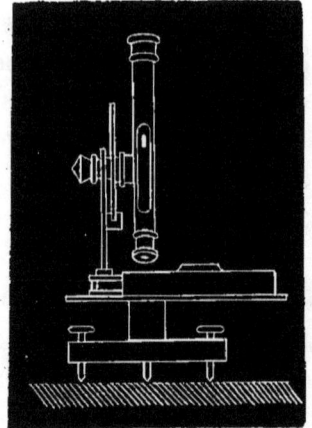

Fig. 37.

La boussole suspendue est d'un usage très général en Allemagne, notamment dans les mines. C'est une boussole suspendue à la Cardan sur un double fer à cheval, qui permet de l'accrocher à un cordeau tendu dans l'alignement (fig. 38).

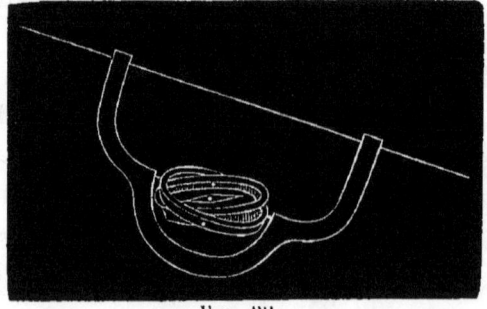

Fig 38.

Le cordeau se projetant horizontalement sur la ligne de foi joue le rôle d'alidade et la boussole une fois suspendue au cordeau marque l'azimut de l'alignement. On est donc dispensé de viser lorsqu'on se sert de cet appareil.

Lorsqu'on l'emploie à la surface, on tend le cordeau entre des poteaux, des arbres, etc., ou bien l'on se sert des petits chevalets que nous avons décrits (page 28) à propos de la mesure des alignements.

L'emploi de la boussole suspendue supprime toute erreur de visée et d'excentricité. Les dimensions du limbe peuvent être sans inconvénient plus grandes, et par conséquent les divisions plus nombreuses. La maison Breithaupt construit de ces boussoles avec aiguille de 7 à 10 cent. de longueur et division du limbe en tiers de degré. En admettant qu'on puisse apprécier à l'œil le quart d'une division du limbe, on mesurera donc les azimuts à 5' près, à l'aide de cette boussole. On ne peut toutefois s'en servir pour des alignements de grande longueur. De plus, le travail est plus lent qu'avec la boussole sur trépied.

La boussole est un appareil peu précis, parce qu'elle est soumise à la fois aux causes d'erreur provenant de la nature de la force magnétique et à celles provenant d'une construction défectueuse ou d'un dérangement d'organes. Cependant elle donne des résultats très satisfaisants, lorsqu'elle est employée avec les précautions voulues.

Erreurs dues à la nature de la force magnétique.

Ces erreurs sont de différentes catégories. On doit signaler en premier lieu l'influence qu'exercent sur l'aiguille aimantée les objets en fer, ainsi que certains minéraux. Parmi ceux-ci, la magnétite et la pyrite magnétique sont surtout à considérer, mais on a observé que certaines roches éruptives, notamment celles de couleur foncée à base d'amphibole, pyroxène, etc., exercent parfois aussi une certaine influence sur l'aiguille aimantée.

Dans les terrains de cette nature, on ne peut se servir de la boussole, comme le démontre une observation faite dans les terrains magnétiques d'Ammeberg, en Suède. En des points équidistants d'un même alignement, on a relevé les directions suivantes : $3°\,5\,^3/_4$, $3°\,4$, $3°\,2\,^1/_2$, $3°\,1$, $2°\,7\,^3/_4$, $2°\,6$, directions qui, reportées au plan, donneraient une ligne polygonale.

Faire plusieurs observations le long d'un alignement est un des meilleurs moyens de reconnaître s'il y a une influence en une localité déterminée; on peut aussi lever un petit polygone et s'assurer s'il ferme.

L'influence des gisements magnétiques sur la boussole a été utilisée en Suède et aux États-Unis pour la recherche des minerais de fer.

En Suède, M. Thalen, professeur à l'Université d'Upsal, a proposé pour cela une boussole de déclinaison.

M. Thalen, a déterminé les constructions géométriques qui permettent de fixer la direction et le point le plus riche du gisement, en tenant compte de l'action combinée du gite et du magnétisme terrestre sur la déclinaison et l'inclinaison de l'aiguille aimantée.

Dans l'État de New-Jersey, on procède plus sommairement, en employant la boussole d'inclinaison; on prétend que les mines de magnétite de cet Etat ont été découvertes, lors de la colonisation, dès qu'on a voulu y lever des plans à la boussole. On recherche les mines en battant le pays suivant des lignes méridiennes et en observant les déviations de la boussole d'inclinaison; on recommence ensuite l'opération suivant des lignes perpendiculaires, dans les régions où des déviations ont été signalées.

On a remarqué que le minerai y forme des lentilles polarisées et le procédé est assez sensible pour permettre de reconnaître la présence des fractures qui coupent le minerai et dont les parois sont inversement polarisées.

En reportant les observations sur une carte, on en déduit les lignes d'attraction (1).

Variations de la déclinaison. — Le méridien magnétique fait avec le méridien astronomique un angle variable, qui porte le nom de *déclinaison*.

La connaissance de la déclinaison a une importance capitale au point de vue de l'*orientation des plans*. Orienter un plan c'est le rapporter à une direction invariable. On choisit pour cela le méridien astronomique ou une direction fixe et invariable déterminée par rapport à ce méridien.

On se contentait souvent d'orienter les anciens plans au moyen d'une flèche par rapport au méridien magnétique; c'est un usage qui doit être absolument proscrit à cause de la variabilité du méridien magnétique.

---

(1) Voir Revue universelle des mines, t. 12, 2e série. *De l'emploi de l'aiguille aimantée pour la recherche des minerais magnétiques*, par L. PÉRARD.

La déclinaison varie d'un lieu à un autre de la terre et elle varie de plus constamment dans un même lieu.

La variation *géographique* de la déclinaison a été reconnue par Christophe Colomb, lors de son premier voyage en Amérique. Le 13 septembre 1492, son navire se trouvait en un point où la déclinaison était nulle et passait de l'orient à l'occident.

En 1698, le Gouvernement anglais mit un navire à la disposition de Halley pour la détermination de la déclinaison sur les côtes et sur le chemin des colonies anglaises en Amérique (1).

Cependant les observations précises ne datent que de 1834, époque de l'invention du magnétomètre de Gauss et de la fondation par ce savant de l'*Association magnétique*.

La connaissance de la variation géographique de la déclinaison a surtout progressé à la suite des expéditions scientifiques envoyées par la France dans les régions polaires en 1838, et par l'Angleterre dans les régions australes (expédition du capitaine Ross 1840-42), dans l'Amérique du Nord et au Cap de Bonne-Espérance. Les voyages terrestres de Kupffer en Russie, de Kreil en Autriche et dans le Sud-Est de l'Europe (1843-58), et les observations de Lamont en Bavière (1849-56) ont contribué à compléter nos connaissances à ce sujet.

En 1872, on possédait des observations pour 2500 localités de l'hémisphère Nord (2).

On peut déduire de ces observations que les pôles magnétiques ne coïncident pas avec les pôles géographiques.

Un pôle magnétique a été découvert par J. Ross, en Amérique, dans la presqu'île Boothia Félix de l'Océan Glacial du Nord. L'aiguille d'inclinaison y restait verticale.

Le pôle magnétique austral n'est pas connu. Il se trouve probablement au Sud de l'Australie.

---

(1) LAMONT. *Astronomie und Erdmagnetismus*. Stuttgart, 1851.
(2) GENERAL SABINE. *Contributions to terrestrial magnetism*.

Entre ces pôles circule une courbe plus ou moins régulière de déclinaison nulle enveloppant toute la terre. Actuellement la courbe de déclinaison nulle passe en Europe aux environs d'Arckangelsk à l'embouchure du Volga. Elle se dirige de là vers la Perse, va longer l'Inde anglaise, puis traverse l'Australie.

En Amérique, la courbe passe près de Philadelphie, s'infléchit à l'Est des Antilles, passe près de Rio de Janeiro pour se diriger de là vers le Sud de l'Australie (1).

A partir de cette courbe, la déclinaison est actuellement occidentale en Europe et va en augmentant pour atteindre un certain maximum dans l'Océan Atlantique et diminuer ensuite en s'approchant de la courbe américaine de déclinaison nulle, au delà de laquelle elle devient orientale dans la plus grande partie de l'Amérique et en Asie.

Les courbes d'égale déclinaison ou *isogones* vont sans cesse en se déplaçant vers l'Ouest.

Voici les moyennes obtenues dans quelques observatoires magnétiques pour les mois de décembre :

	1879	1880	1881
Budapest	8.55	8.51	8.45
Idria	—	9.52	9.35
Vienne	10.9	10.2	9.57
Klagenfurt	11.5	10.59	10.53
Przibram	—	11.3	10.50
Clausthal	13.16	13.10	12.57
Bruxelles	16.36	16.34	16.26

L'Observatoire de Bruxelles a publié une table donnant la différence entre la déclinaison de Bruxelles et celles des principales villes du pays. Cette table est le résultat des observations faites en Belgique à la fin de 1871 par le R.-P. Perry, directeur de l'Observatoire de Stonyhurst (2).

---

(1) Il y a de plus en Chine et au Japon une courbe fermée de déclinaison nulle.
(2) Voir *Revue universelle des mines*, t. 37.

Voici quelques-unes de ces différences :

Liége	— 1°21'	Louvain	— 0°46'	Tournai	+ 0°6'
Arlon	— 1°11'	Mons	— 0°23'	Ostende	+ 0°30'
Spa	— 0°58'	Namur	— 0°3'		

Le R.-P. Perry a tenté de dresser une carte des courbes d'égale déclinaison ou *isogones* de la Belgique; mais cette carte est basée sur un trop petit nombre d'observations pour présenter une grande valeur.

Il serait des plus utile de posséder une carte des isogones, basée sur un nombre suffisant d'observations pour toute l'étendue du pays (1). Connaissant la différence de la déclinaison locale et de celle de l'Observatoire central, on pourrait alors modifier la première pour une époque déterminée.

C'est le déplacement des isogones qui donne lieu à la variation de la déclinaison que l'on observe dans un lieu déterminé et à laquelle on a donné le nom de *variation séculaire*.

D'après Quetelet, la déclinaison était orientale en Belgique avant 1663, époque à laquelle la courbe de déclinaison nulle traversait notre pays. A partir de 1663, elle passa à l'Ouest, atteignit en 1815 un maximum de 22°34' et revient depuis lors vers l'Est en décroissant irrégulièrement. Cette décroissance fut d'abord très lente, ensuite plus rapide, puis elle se ralentit de nouveau.

Connaissant la moyenne de la décroissance annuelle, il serait facile de déterminer approximativement la déclinaison pour une année quelconque, quand on la possède pour une année antérieure.

La période entière de l'oscillation est, comme on le voit,

---

(1) M. Posepny a publié une carte semblable pour l'Autriche-Hongrie et les pays voisins, accompagnée d'un très intéressant mémoire : *Die magnetische Declination und die Isogonen im Bereiche der OEsterreichisch-Ungarischen Monarchie und der angrenzenden Gebiete*. Annuaire des Académies des mines de Leoben, Przibram et Schemnitz, t. XXVI.

encore inconnue. En Belgique, les observations régulières datent de 1828.

On a cherché à déterminer la déclinaison des années antérieures aux observations directes, en comparant d'anciens plans de mines à des relevés récents des mêmes excavations.

On possède à Vienne un registre d'avancements datant de 1570 et plusieurs plans de la même époque relatifs aux mines d'or du pays de Salzbourg. On a cru pouvoir en déduire qu'en 1570 la déclinaison y était de 15° à l'Est, mais en général les anciens plans sont trop inexacts pour permettre d'aboutir de cette manière à des résultats précis.

Malgré la lenteur de la variation de la déclinaison en une localité déterminée, la déclinaison ne peut y être considérée comme constante pendant une journée.

La déclinaison oscille chaque jour autour d'une valeur moyenne. C'est cette oscillation qu'on a appelée la *variation diurne*. Cette variation a été reconnue en 1772 par Graham, à Londres. Son influence se faisant surtout sentir pendant que le soleil est sur l'horizon, on l'a attribuée aux courants thermo-électriques produits par la chaleur du soleil dans la terre ou dans l'atmosphère.

En Belgique, l'aiguille magnétique se trouve à 8 heures du matin à son écart oriental maximum et un peu après 1 heure de relevée à son écart occidental maximum. Elle revient ensuite vers l'Est jusqu'à 10 heures du soir, reste stationnaire jusque 4 heures du matin, puis achève son oscillation.

La déclinaison moyenne d'un jour donné est donc très voisine de celle que l'on observe à 10 heures du matin ou à 6 heures du soir. Cette marche n'est pas d'ailleurs absolument régulière.

Ces variations agissent simultanément dans le même sens à de grandes distances. Ce fait, signalé déjà par Humboldt, a été reconnu au moyen du magnétomètre de Gauss dans plusieurs observatoires. (Copenhague et Milan. — Copenhague, Altona, Gœttingue, Leipzig et Rome.)

L'écart entre les deux positions extrêmes de l'aiguille varie suivant l'époque de l'année. Il est moindre en hiver. La valeur de l'écart varie d'ailleurs suivant les localités. En Belgique, il n'est pas en général de plus de 8 à 9'. En d'autres localités, l'écart peut atteindre 25 à 30'.

Les influences climatériques locales paraissent donc agir sur la grandeur de l'écart. On a de plus cru reconnaître une période de onze ans dans les variations diurnes d'une localité déterminée, c'est-à-dire une oscillation entre un minimum et un maximum ; c'est ce qu'on a appelé la *variation annuelle;* mais ces variations ne sont pas prouvées.

Quetelet a donné des tables (1) à l'aide desquelles on peut déterminer approximativement la déclinaison à tel jour et à telle heure, connaissant la déclinaison moyenne de l'année.

L'Annuaire de l'observatoire de Bruxelles donne depuis quelques années la table des déclinaisons approchées de l'année suivante pour chaque mois, à 6 heures, 9 h., midi, 3 h., 6 h. et 9 h. du soir. A l'aide de cette table et de celle qui donne les différences entre la déclinaison de Bruxelles et celle des autres villes du pays, on peut déterminer approximativement la déclinaison de celles-ci à un moment donné.

En France, le bureau des longitudes publie de même chaque année la carte des isogones probables au 1ᵉʳ janvier de l'année suivante.

M. Marié Davy estime que l'erreur que l'on peut commettre dans ces approximations est de 6'. La boussole ne donne pas en général une précision suffisante pour tenir compte de ces différences qui sont tout au plus égales à l'approximation que l'on peut attendre de l'instrument.

C'est pourquoi l'on peut se passer, du moins en Belgique, de tenir compte des variations diurnes ; mais il faut se garder

---

(1) *Annales des Travaux publics,* Tome I.

d'adopter pour tous les points du pays la déclinaison moyenne observée *l'année précédente* à l'Observatoire de Bruxelles, comme on avait l'habitude de le faire il y a peu de temps encore. Cette donnée doit être corrigée au moyen de la valeur de la variation moyenne et surtout de la variation géographique.

Il en est autrement des *perturbations* qui coïncident avec les orages magnétiques, aurores boréales, tremblements de terre, éruptions volcaniques, même alors que ces phénomènes affectent des contrées très éloignées.

Ces perturbations découvertes en 1749, à Upsal, par Celsius et Hiorter, atteignent parfois 1° d'amplitude et ne peuvent être négligées. Elles sont signalées par les observatoires.

On estime qu'en Belgique il se produit en moyenne près de deux perturbations par mois, qui durent chacune 24 heures et qui se font sentir simultanément à de grandes distances; mais ces perturbations sont loin d'atteindre toujours leur amplitude maximum.

Le seul moyen pratique de se mettre à l'abri de cette importante cause d'erreurs est d'observer soi-même la déclinaison magnétique avant et après un lever, en donnant un coup de boussole sur une *méridienne* ou sur une *ligne d'orientation* dont on connaît la direction par rapport à la méridienne.

On reconnaît qu'il y a eu perturbation, lorsque la déclinaison déterminée après le lever ne coïncide pas avec la déclinaison déterminée avant le lever.

La déclinaison est prise ainsi avec l'approximation que donne l'instrument dont on se sert.

M. Cornet a prétendu que les variations de la déclinaison, quelles qu'elles fussent, n'étaient pas les mêmes à la surface et à de grandes profondeurs. Des observations faites autrefois dans le Harz ne confirment pas cette opinion (1). Elle ne s'explique-

---

(1) Borchers. *Praktische Markscheidekunst*, p. 166.

d'ailleurs que pour les variations diurnes, parce que l'influence des rayons solaires n'est pas sensible à ces profondeurs.

On a établi aux mines de Przibram (Bohême), à la profondeur de 1,000 mètres, un observatoire **magnétique** pourvu d'appareils très perfectionnés qui ont figuré à l'Exposition internationale de Paris, en 1878. Les observations qui y seront faites trancheront la question.

Pour rapporter une direction au méridien astronomique, il suffit en Europe d'ajouter à l'azimut la valeur de la déclinaison, à condition toutefois que la graduation de la boussole soit directe.

Afin de se dispenser de faire cette addition, on construit des boussoles à limbe amovible. Le limbe pouvant être déplacé par rapport à la ligne de foi, on peut en reculer le zéro d'une quantité égale à la déclinaison, de manière à lire directement l'azimut vrai sur le limbe.

Les boussoles à limbe amovible sont aujourd'hui l'accessoire obligé de tout instrument de précision.

Erreurs dues à la mauvaise construction de l'instrument.

Nous étudierons les erreurs que peut produire la mauvaise construction d'un instrument, en même temps que les *vérifications* et les *corrections* à lui faire subir.

Ces vérifications se divisent en deux catégories, suivant qu'elles doivent se faire une fois pour toutes ou se répéter de temps à autre.

Les premières comprennent :

1° La *vérification de la graduation*, qui se fait en cherchant si une ouverture de compas de 5° par exemple correspond à ce nombre dans toutes les parties du limbe. Un défaut de graduation en ferait pressentir d'autres. Cette vérification est d'ailleurs généralement inutile à cause de la perfection des machines à diviser dont se servent les bons constructeurs.

2° La *vérification du limbe* qui pourrait contenir des parcelles de métaux magnétiques, fer ou nickel. On s'en assure en tournant lentement le limbe et en examinant si l'aiguille n'est pas brusquement attirée au passage de certaines parties.

Les vérifications qui doivent fréquemment se répéter sont les suivantes :

Elles se rapportent à la boussole proprement dite, à l'alidade et au clinomètre.

A. — *Vérifications de la boussole.*

1° *Vérifier si le plan du limbe est perpendiculaire sur son axe de rotation.* Cette vérification se fait au moyen d'un niveau à bulle d'air. On place le niveau sur la boussole qu'on fait tourner sur son axe. Si la vérification ne se fait pas, ce défaut est grave, mais peut quelquefois se corriger en modifiant le calage de l'instrument.

2° *Vérifier si le pivot n'est pas planté excentriquement.* — Ce défaut se reconnaîtra en ce que les extrémités de l'aiguille ne marqueront que dans une seule position les extrémités d'un même diamètre. A partir de cette position jusqu'à la position perpendiculaire, l'erreur croît de zéro à un maximum.

On peut corriger cette erreur en lisant aux deux extrémités de l'aiguille et en prenant une moyenne des deux lectures, dont il faut retrancher 90° pour avoir l'azimut exact. En effet,

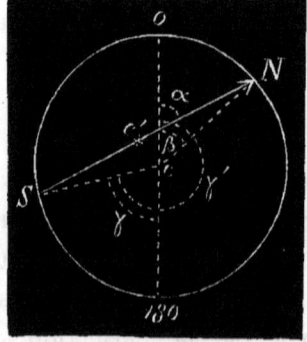

Fig. 32.

soit fig. 32, c le centre du limbe, c' l'axe du pivot. L'azimut que nous cherchons à mesurer est α, tandis que nous lisons sur le limbe la valeur de l'arc qui mesure l'angle β ; or α est l'angle de deux sécantes qui se coupent à l'intérieur du cercle, donc

$$\alpha = \frac{\beta + \gamma}{2}.$$

En lisant aux deux pointes de l'aiguille, on lit β et γ', or $\gamma' = \gamma + 180$.

Donc $\alpha = \dfrac{\beta + \gamma}{2} = \dfrac{\beta + \gamma'}{2} - 90$.

Il est rare que le défaut soit assez prononcé pour devoir faire cette correction ; il serait préférable, dans ce cas, de renvoyer l'instrument au constructeur.

3° *Vérifier si la chape n'est pas portée excentriquement sur le pivot.* — Si ce défaut existe, l'aiguille ne passe jamais par les extrémités d'un même diamètre et l'on commet une erreur constante dont tous les azimuts devront être corrigés, sous peine d'avoir une orientation défectueuse du plan.

4° *Vérifier si l'axe magnétique de l'aiguille coïncide avec son axe de figure.* — Cette vérification ne peut se faire qu'en comparant avec une boussole bien exacte.

Ce défaut donne aussi lieu à une erreur constante qui change l'orientation du plan. Elle peut atteindre un demi-degré. Dans les appareils de précision, on emploie des aiguilles à retournement formées d'un petit barreau d'acier. En retournant l'aiguille sur son pivot, l'erreur qui se trouvait à droite de l'axe de l'aiguille, se porte vers la gauche et en prenant la moyenne des deux indications, on mesurera l'azimut exactement.

5° *Vérifier si l'aiguille est bien équilibrée.* — Elle doit dans ce cas arraser les bords du limbe, lorsque la boussole est horizontale.

La pointe sud de l'aiguille doit être plus pesante que la pointe nord, pour contrebalancer l'effet de l'inclinaison magnétique.

6° *Vérifier si l'aiguille n'est pas paresseuse.* — Ce qui se fait en lui présentant un objet en fer et en examinant si elle revient à son point de départ, par des oscillations vives et régulières. Ce défaut peut provenir de plusieurs causes :

a) De ce que la chape est dépolie ;
b) De ce que le pivot est émoussé ;

c) De la présence de poussières et notamment dans les mines, de poussière de charbon ;

d) De ce que l'aiguille a perdu son aimantation.

Pour reconnaître d'où le défaut provient, on examine la chape à la loupe, puis on substitue à l'aiguille paresseuse une aiguille dont on est sûr. On reconnaît aisément alors si le pivot est en mauvais état, ou si la paresse de la première aiguille doit être attribuée à un défaut d'aimantation.

B. — *Vérifications de l'alidade.*

1º *Vérifier si l'axe de rotation de l'alidade est perpendiculaire sur l'axe optique de cette dernière.* S'il ne l'était pas, l'axe optique décrirait un cône au lieu de se mouvoir dans le plan de collimation. Ce défaut se vérifie, en visant suivant une direction sur laquelle on fait planter deux jalons A B, fig. 33. En retournant la lunette, on vise en sens inverse et l'on fait placer un jalon C. Si le défaut existe, les jalons A B C ne seront pas en ligne droite. L'erreur provenant de ce défaut est variable avec le degré d'inclinaison de la lunette.

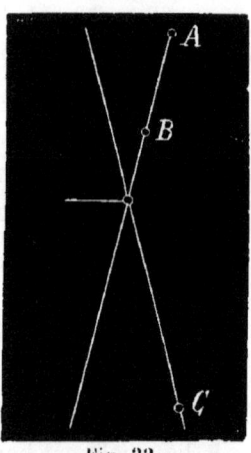
Fig. 33.

2º *Vérifier si le plan de collimation est vertical, lorsque le limbe est horizontal.* — On fait cette vérification en visant sur un fil à plomb suspendu à une certaine distance de la boussole ; en faisant basculer la lunette, le point de croisement des fils du réticule doit suivre ce fil sur toute son étendue. L'erreur provenant de ce défaut varie avec l'inclinaison de la lunette.

3º *Vérifier si le plan de collimation est parallèle à la ligne de foi.* — On vise pour cela à une assez grande distance, sur un mur, et l'on y fait tracer une verticale dans le plan de collimation. En visant au moyen d'une règle ou de deux aiguilles, fixées verticalement dans le plan de la ligne de foi, on fait tracer une seconde verticale sur le même mur; la distance horizontale des deux verticales doit être égale à l'excentricité de l'alidade.

C. — *Vérifications du clinomètre.*

1° *Vérifier si la ligne passant par le diamètre du limbe vertical, passe aussi par le point de suspension du fil à plomb,* ce qui se fait à l'aide d'un fil très fin.

2° *Vérifier si le diamètre du limbe est parallèle à la ligne de suspension du clinomètre,* ce qui se fait en mesurant un même angle de pente avant et après retournement du clinomètre.

On voit que les erreurs auxquelles peut donner lieu la boussole sont *constantes* ou *variables*.

Les premières agissent sur l'orientation, mais elles n'affectent pas les angles que les alignements font entre eux. Ces angles peuvent donc être rigoureusement déterminés en faisant la différence des azimuts de leurs côtés. Quant aux erreurs variables, on peut toujours les éliminer en faisant deux observations successives avec la lunette à droite, puis à gauche, et en prenant la moyenne des deux lectures diminuée de 90°.

Levers à la boussole.

La boussole étant un appareil dont la mise en station est rapide, on appliquera sans inconvénient la méthode par cheminement périmétrique. De chaque station, on visera non seulement la station suivante, mais encore la station précédente, ce qui s'appelle donner un *coup d'arrière*.

Les azimuts réciproques différant de 180°, on a ainsi un moyen précieux de vérifier la lecture.

Si on lit le coup d'arrière sur la pointe blanche de l'aiguille, il doit être égal au coup d'avant donné sur la même direction lu sur la pointe bleue.

Les levers par coup d'avant et par coup d'arrière permettent aussi de corriger les erreurs dues à des influences magnétiques.

Voici pour cela la disposition qu'on donnera au carnet. Nous supposerons un lever fictif par coups d'avant et d'arrière de quelques stations, pour faire comprendre la manière de corriger les erreurs dues aux influences magnétiques.

Date du lever. Valeur de l'azimut de la ligne d'orientation. N° de la boussole.	Numéros des stations.	DIRECTIONS		Différences.	Azimuts.	Longueurs.	Observations.
		Coups d'avant lus sur la pointe bleue.	Coups d'arrière lus sur la pointe blanche.				
	1	130°15'	—	—	130°15'		
	2	142°00'	130°15'	0 00'	142°00'		
	3	149°30'	143°30'	—1 30'	148°00'		
	4	137°15'	149°00'	+0 30'	136°15'		
	5	133°45'	136°15'	+1	133°45'		

Ce lever suppose que les différences entre le coup d'avant et le coup d'arrière lus sur la même direction, proviennent exclusivement des influences magnétiques. C'est ce qu'indique la somme algébrique des différences qui, dans ce cas, est égale à zéro. Pour obtenir la colonne des azimuts corrigés, on admet que lorsqu'il y a coïncidence entre le coup d'avant lu sur la pointe bleue et le coup d'arrière lu sur la pointe blanche, il n'y a pas d'influence magnétique en la station où se donne le coup d'arrière, à condition bien entendu que le coup d'avant soit exact.

En supposant exact le coup d'avant de la station 1, nous admettrons en conséquence qu'il n'y a pas d'influence magnétique à la station 2; le coup d'avant de cette station 142° est donc exact. Mais en la station 3 nous avons lu un coup d'arrière de 143°30', donnant une différence de —1°30'. Ce coup d'arrière est fautif et en attribuant la différence de 1°30' à une influence magnétique, nous devrons également corriger de 1°30' le coup d'avant 149°30' qui deviendra 148.

En suivant le même raisonnement, nous devrons corriger de 1 degré le coup d'arrière, de même que le coup d'avant donné de la station 4; l'azimut relevé de cette station sera donc 136°15' au lieu de 137°15'.

Cet azimut coïncide avec le coup d'arrière donné de la station 5. On admet que, lorsque partant d'une coïncidence comme celle des stations 1 et 2, on arrive après corrections à une nouvelle coïncidence comme celles des stations 4 et 5, les différences que l'on a pu observer entre la station 2 et la station 5 sont le fait des influences magnétiques.

C'est ce qu'indique la somme algébrique des différences, quand elle est égale à zéro.

Dans le cas contraire où partant d'une coïncidence entre un coup d'avant et un coup d'arrière, on n'arriverait pas après correction à une coïncidence semblable, les différences ne seraient plus le fait de l'influence magnétique seule et il s'y mêlerait celle des erreurs de lecture.

Dans ce cas, en suivant rigoureusement la marche indiquée précédemment, on pourrait se trouver obligé de corriger un coup d'avant en coïncidence avec un coup d'arrière. On admet alors que la correction est égale à une erreur de lecture ou à une somme d'erreurs de lecture commises depuis la coïncidence précédente et si elle n'est pas très considérable, on la répartit par parties égales sur tous les azimuts.

On se sert également de la boussole dans le lever des détails, pour relever certaines directions, pour faire un lever *itinéraire* le long de chemins tortueux, notamment en forêt. On peut opérer rapidement dans ce cas par coup d'avant et par coup d'arrière en sautant une station sur deux.

On peut résoudre au moyen de la boussole une foule de problèmes.

Mener une perpendiculaire à un alignement revient à tracer une droite dont l'azimut diffère de celui de cet alignement de 1 ou 2 angles droits.

Mener une parallèle à un alignement, c'est tracer une droite de même azimut.

Mesurer un alignement dont une extrémité est inaccessible, revient à faire entrer cet alignement dans un triangle que l'on peut construire au moyen de mesures prises en terrain accessible, et ainsi de suite.

La boussole présente les inconvénients suivants :

Elle ne peut donner une grande précision à cause des erreurs dues à la nature de la force magnétique et à cause des erreurs de lecture. Selon la grandeur du limbe et la graduation, on ne peut compter sur une approximation de plus de 5 à 15 minutes.

Son principal avantage est la rapidité qu'elle permet d'obtenir et la simplicité de l'instrument.

On peut opérer en tout temps et là où l'on ne saurait employer d'autres appareils, par exemple dans les mines, les forêts, etc.

Un autre avantage de la boussole est de ne pas laisser s'accroître les erreurs dans la lecture des angles.

Si l'on commet une erreur AB' sur une direction AB appartenant à une polygonale, les autres directions B'C', C'D', D'E' restent parallèles aux directions BC, CD, DE (fig. 34), tandis qu'avec les appareils mesurant les angles que les directions font entre elles, une erreur faite sur un angle B d'une ligne polygonale affecte toute cette ligne et va même en s'amplifiant.

Si l'on commet une erreur sur l'angle B, on obtient la polygonale ABC'D'E', qui diffère beaucoup plus de la polygonale ABCDE (fig. 35).

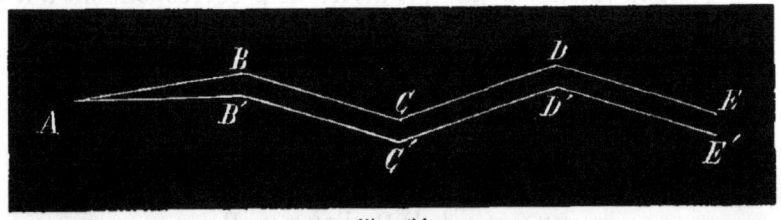

Fig. 34.

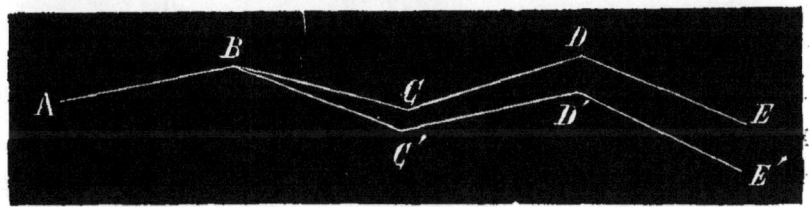

Fig. 35.

En résumé, la boussole est un appareil simple, mais peu précis; on peut en obtenir de bons résultats, si l'on s'en sert avec beaucoup de soins.

Mesure numérique des angles proprement dits.

Les angles que les alignements font entre eux se mesurent au moyen d'appareils compris sous la dénomination générique de *goniomètres*. Les principaux sont les *goniomètres à réflexion*, le *théodolite*, le *tachéomètre*, le *graphomètre* et le *pantomètre*. Ces trois derniers dérivent du théodolite par substitution ou suppression de certains organes.

Dans ces appareils, on mesure les angles avec l'approximation donnée par un vernier.

Le vernier est positif ou négatif.

Dans le premier cas, les divisions du vernier sont plus petites que celles du limbe et marchent dans le même sens; dans le second cas, elles sont plus grandes et marchent en sens inverse.

Soit dans l'un et l'autre cas, le vernier divisé en n parties p.

Dans le **vernier positif**, n divisions p correspondront à $n-1$ divisions P du limbe.

Dans le **vernier négatif**, n divisions p correspondent à $n+1$ divisions P.

On aura, dans le premier cas,
$$np = (n-1)P, \text{ d'où } P - p = \frac{P}{n}$$
et dans le second cas,
$$np = (n+1)P, \text{ d'où } p - P = \frac{P}{n}.$$

La différence entre une division du limbe et une division du vernier est donc de part et d'autre $\frac{P}{n}$. C'est ce qu'on appelle l'*approximation* du vernier.

Le vernier négatif ne se rencontre que dans quelques appareils anglais et dans les baromètres.

$$\text{Soit } P = 30' \text{ et } n = 30, \frac{P}{n} = 1'.$$
$$\text{Soit } P = 20' \text{ et } n = 40, \frac{P}{n} = 0'5.$$

Dans les appareils d'astronomie et de géodésie, les verniers sont souvent remplacés par des microscopes à vis micrométrique.

Goniomètres à réflexion.

Ces goniomètres sont les *sextants, octants, cercles de réflexion*, etc.

Les sextants sont à un ou à deux miroirs.

Dans le sextant à un miroir on utilise la propriété de l'égalité des angles d'incidence et de réflexion. Soit (fig. 36) un arc de 60 degrés

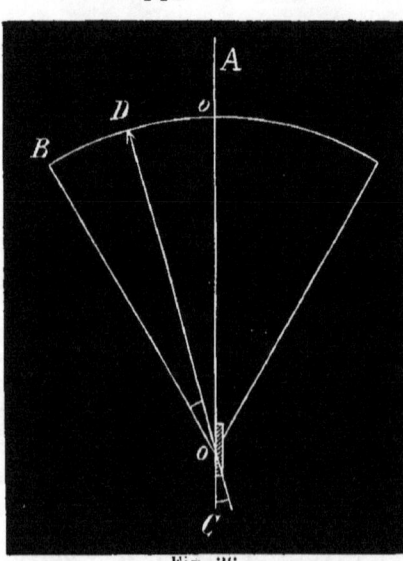

Fig. 36.

sur lequel se meut une alidade portant un miroir au centre o du cercle. Si je dirige cette alidade suivant une direction o D quelconque, l'œil placé en C visera directement A et, par réflexion, le point B par suite de l'égalité des angles d'incidence et de réflexion. Il est facile de voir que l'angle A o D $= \frac{1}{2}$ A o B; le sextant étant gradué en demi-degrés, on lira directement en D, sur le limbe, la valeur de l'angle A o B en degrés.

Dans le sextant à deux miroirs on utilise la même propriété que dans l'équerre à miroirs : *L'angle du rayon incident et du rayon doublement réfléchi est double de l'angle des miroirs.*

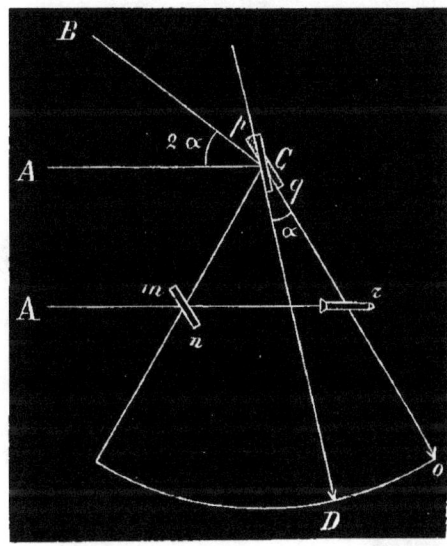

Fig. 37

Soit (fig. 37) un arc de 60° portant une alidade à miroir comme la précédente. Lorsque cette alidade est au zéro, un miroir fixe $m\,n$ dont la moitié seulement est étamée, est parallèle au miroir $p\,q$ de l'alidade, et par la lunette r on visera à la fois, directement et par double réflexion, un point A supposé assez éloigné pour que les rayons, tombant de ce point sur les deux miroirs, puissent être considérés comme parallèles. En déplaçant l'alidade, je viserai directement le point A et par double réflexion l'image d'un point B. En vertu de la propriété précédente, l'angle A C B égale deux fois l'angle α dont s'est déplacée l'alidade. Si le limbe est divisé en demi-degrés, on mesurera directement en D l'angle A C B.

L'appareil prend le nom d'*octant* lorsque le limbe à 80° et le nom de *cercle de réflexion*, si c'est une circonférence entière. Ces appareils s'emploient principalement dans la marine, parce qu'ils peuvent se passer de base stable. Sur terre, on ne les emploie que dans les voyages, les reconnaissances, etc., où ils présentent l'avantage de la rapidité. On les a d'ailleurs rendus portatifs; on a construit des sextants contenus dans une boîte de 0^m,07 de diamètre et de 0^m,025 de hauteur.

En Allemagne, on construit des appareils analogues où les miroirs sont remplacés par des prismes *(Prismenkreis)*.

Théodolite.

Les détails des théodolites diffèrent beaucoup suivant le constructeur et le prix de ces instruments, mais on rencontre généralement dans ces appareils les caractères suivants :

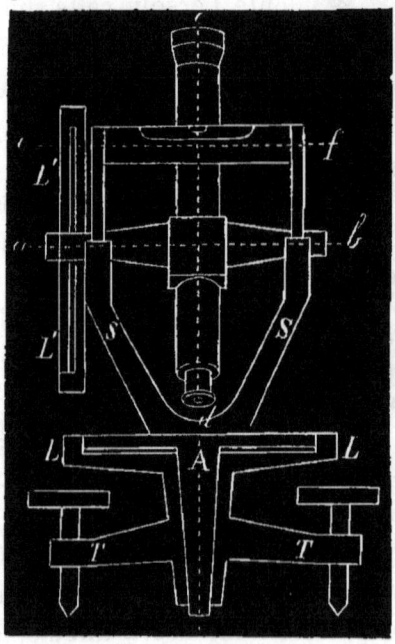

Fig. 38.

Un théodolite (fig. 38) se compose des parties principales suivantes :

1° Un trépied à vis calantes T.

2° Un limbe horizontal L dont le diamètre 0-180 prend le nom de ligne de foi.

3° Une alidade A, formant un cercle complet concentrique au limbe et portant deux ou quatre verniers.

Dans la fig. 38, le limbe est supposé fixe ; mais généralement le limbe est susceptible de tourner autour de l'axe vertical de l'appareil, en entraînant l'alidade avec lui ; la fig. 39 montre la disposition au moyen de laquelle on rend le limbe mobile : A alidade, LL limbe mobile, BB pièce fixe intermédiaire.

4° Sur l'alidade sont fixés des supports S (fig. 38) qui portent l'axe de rotation ab d'une lunette dont l'axe optique cd est généralement dans le plan diamétral de l'appareil.

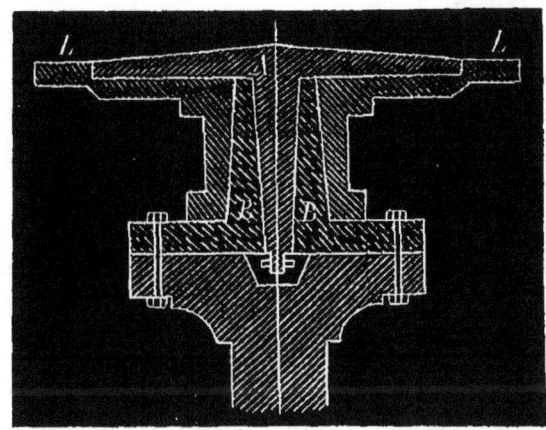

Fig. 39.

5° Avec l'axe de rotation tourne un limbe vertical L', qui marque les angles verticaux par rapport à un index fixe.

Un théodolite comprend de plus les parties accessoires suivantes :

1° Deux niveaux dont l'inférieur est fixé sur l'alidade et le supérieur, soit sur la lunette, soit sur l'axe de rotation de la lunette, comme dans la fig. 38 où l'axe de ce niveau est figuré en ef. Cette différence permet de classer les théodolites en deux types.

2° Des vis de pression et de rappel pour permettre, après avoir amené le point visé dans le champ de la lunette, de donner encore aux parties mobiles de l'instrument un mouvement de faible amplitude pour amener ce point à la croisée des fils du réticule.

3° Des loupes et des réflecteurs pour faciliter la lecture de la graduation.

4° Quelquefois une boussole.

L'appareil est entièrement construit en laiton, quelquefois en partie en acier, quand il n'y a pas de boussole.

Le limbe a de 12 à 18 centimètres de diamètre. Il est gradué en $1/2$ ou en $1/3$ de degrés, quelquefois en grades. Il est en argent ou quelquefois en aluminium.

Ce limbe, de même que l'alidade, est ordinairement un peu conique, de manière à faciliter la lecture.

L'alidade porte 2 à 4 verniers donnant une approximation de 1 minute, de 30 ou de 20 secondes.

Le limbe est complètement recouvert par un diaphragme qui le protège contre les chocs, l'humidité et la poussière. Au-dessus du vernier et de la partie correspondante du limbe se trouve une fenêtre recouverte d'une glace pour permettre de lire la graduation.

Les supports de la lunette doivent être assez élevés pour lui permettre de basculer complètement. Pour certaines applications, on cherche à réduire la hauteur de l'appareil et alors on dispose la lunette excentriquement pour lui permettre de basculer. Le théodolite est dit alors à *lunette excentrique*. Quelquefois on a deux lunettes à axes de rotation indépendants, l'une centrale, l'autre excentrique.

Le tirage de la lunette s'effectue au moyen d'une crémaillère. L'oculaire donne un grossissement de 10 à 30 fois.

Le réticule peut être légèrement déplacé au moyen de 4 vis, afin de mettre rigoureusement l'axe optique dans le plan vertical passant par l'axe de la lunette. Ce déplacement n'est souvent possible que dans le sens latéral, parce qu'à moins qu'il ne s'agisse de niveler, il importe peu que le fil horizontal du réticule soit un peu plus haut ou plus bas.

Le limbe vertical a 12 à 15 centimètres de diamètre. Il est divisé en degrés ou demi-degrés.

Le vernier donne la minute ou la demi-minute. Quand la lunette est horizontale, ce limbe marque 90° ou zéro, suivant qu'il donne l'angle zénithal ou l'angle de pente.

Le niveau fixé sur l'alidade ne sert qu'à vérifier si l'appareil est resté immobile pendant qu'on opère ; c'est souvent un niveau à bulle centrale (1).

Le trépied sur lequel se place le théodolite (fig. 40) est à

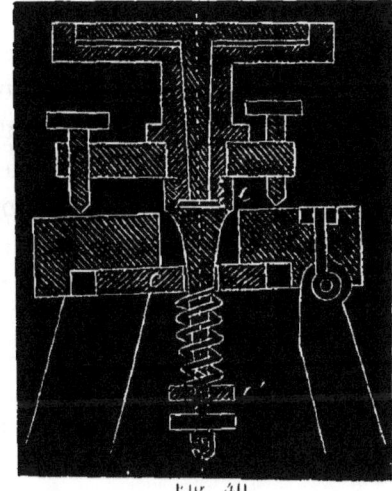
Fig. 40.

tablette, un écrou e rend le théodolite solidaire du trépied. Une coulisse c se meut sous la tablette et sert à amener exactement l'axe de l'appareil au centre de station. Cela étant fait, un autre écrou e' permet de bander un ressort qui fixe la coulisse et rend le théodolite immobile, sauf en ce qui concerne le mouvement des vis calantes, servant à mettre l'appareil de niveau.

Lorsqu'on est obligé d'élever l'appareil pour viser au-dessus de haies ou de cultures, on élève le trépied sur un échafaudage composé de trois forts piquets verticaux, reliés entre eux par des entretoises. Les jambes du trépied du théodolite s'installent directement sur la tête de ces piquets ; autour de cet échafaudage, on construit des tréteaux indépendants sur lesquels se tient l'opérateur.

D'après cette description générale on voit qu'on peut distinguer les différentes catégories suivantes de théodolites :

1° Le théodolite à limbe fixe, appareil qui n'est employé que pour des opérations de peu d'importance.

---

(1) Les niveaux à bulle ne doivent pas être trop sensibles. C'est pourquoi le tube doit être un peu bombé. La sensibilité d'un niveau s'exprime par le trajet que fait la bulle lorsque le niveau dévie de l'horizontale d'un certain angle. Un niveau est très suffisamment sensible, lorsque la bulle s'écarte de 2 millimètres pour une déviation de 20 à 30″.

2° Les théodolites à limbe mobile qui se divisent en deux classes :

a) Ceux où le niveau supérieur est fixé sur la lunette, ce sont les plus employés en topographie.

b) Ceux où le niveau supérieur est perpendiculaire à l'axe de la lunette. Ces appareils présentent une précision plus grande que ceux de la catégorie précédente. On s'en servira de préférence dans des cas particuliers, par exemple dans les travaux relatifs au percement des tunnels ou à la construction des ponts. En géodésie, on emploie, au moins pour les triangles de premier ordre, des théodolites du même genre, mais avec microscopes et vis micrométriques au lieu de verniers.

Mise en station et lecture des angles. — Nous supposerons d'abord que l'appareil est irréprochable au point de vue de la construction et de l'entretien.

On met l'appareil en station au moyen d'un fil à plomb suspendu à la tige de l'écrou qui fixe le théodolite sur la tablette du trépied, et de telle sorte que le limbe paraisse de niveau.

On rectifie alors l'horizontalité au moyen du niveau supérieur. Si ce dernier est fixé sur la lunette, on met le cercle vertical à 90 ou au zéro, suivant qu'il donne l'angle zénithal ou l'angle de pente ; on serre la vis de pression de ce limbe, puis on place le niveau parallèlement à la direction de deux vis calantes ; on amène la bulle au milieu en agissant sur celles-ci, puis en faisant tourner l'alidade de 90°, on met le niveau dans la direction de la troisième vis calante sur laquelle on agit de même. La bulle étant amenée au milieu du niveau dans cette seconde position, on revient à la première et ainsi de suite on arrive par tâtonnements successifs à ce que la bulle reste au milieu du niveau pour un tour complet de l'alidade. On peut alors desserrer la vis de pression.

Si le niveau est perpendiculaire à l'axe optique de la lunette, on opère de même sans avoir besoin de mettre le limbe vertical à 90° ou au zéro.

Avant de passer à la mesure des angles, on mettra le réticule à la vue distincte de l'observateur; pour cela on vise dans le ciel et on agit sur le tirage de l'oculaire jusqu'à ce que le réticule apparaisse très nettement. On règle ensuite le tirage du réticule sur une distance moyenne, afin d'avoir à y toucher le moins possible pendant les opérations, de crainte de déplacer les axes.

La lecture des angles se fait différemment suivant que le théodolite est à limbe fixe ou à limbe mobile, à lunette centrale ou à lunette excentrique.

Soit le théodolite à limbe fixe et à lunette centrale.

Dans ce cas, on vise successivement les deux jalons qui, avec le centre de station, déterminent l'angle, en commençant par celui de gauche; on obtient la valeur de l'angle par la différence des deux indications lues sur le limbe. On vérifie en revenant à la première position après avoir fait la seconde lecture.

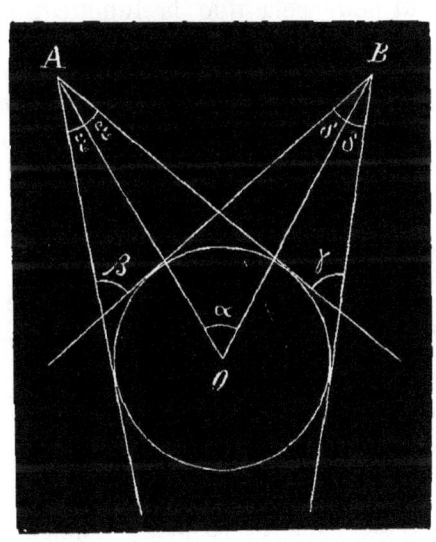

Fig. 41.

Si la lunette est excentrique, on opère de même successivement avec la lunette à droite et à gauche; en prenant la moyenne des deux mesures, on obtient exactement la valeur de l'angle au centre.

En effet (fig. 41), on a d'une part :

$$\alpha + \delta = \beta + \varepsilon.$$

D'autre part :

$$\alpha + \varepsilon = \gamma + \delta.$$

En faisant la somme, il vient :

$$2\alpha = \beta + \gamma$$

$$\text{donc } \alpha = \frac{\beta + \gamma}{2}.$$

Pour faire passer la lunette à gauche, on fait tourner l'alidade de 180° et l'on fait basculer la lunette. Cette manière d'opérer remédie à tous les défauts de centration, comme nous l'avons vu à propos de la boussole. Or, si l'on se rapporte à la fig. 38, p. 92, on voit que dans un théodolite à lunette centrale, les trois axes vertical, optique et de rotation, se coupent en un même point et sont perpendiculaires deux à deux. Ces conditions peuvent ne pas être remplies par suite d'un défaut de construction ou d'un dérangement de l'appareil.

Il est, par suite, prudent d'opérer avec un théodolite à lunette centrale, comme s'il était à lunette excentrique, pour éliminer l'influence de tout défaut de centration, c'est-à-dire de toute erreur de collimation. C'est ce qu'on appelle faire la *compensation* ; mais il faut pour cela que la lunette puisse basculer.

Si l'on a plusieurs angles à mesurer en une même station, on mesure d'abord toute la série avec la lunette à droite, puis on mesure la même série après avoir tourné l'alidade de 180° et avoir fait basculer la lunette.

On prend ensuite les moyennes.

On lit également aux deux verniers ou aux quatre verniers ; on mesure ainsi le même angle dans différentes parties du limbe et l'on peut prendre une moyenne.

La lecture à plusieurs verniers remédie dans une certaine mesure aux défauts de centration. Dans une certaine mesure, disons-nous ; on mesure en effet dans ce cas l'angle de deux sécantes par la demi-somme des axes interceptés ; mais l'angle β n'est égal à l'angle au centre α, que pour autant que

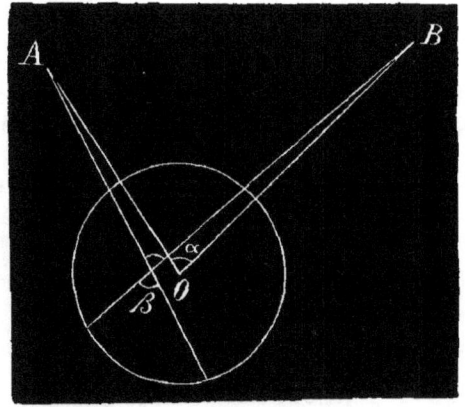

Fig. 42.

les points visés A et B (fig. 42) se trouvent sur une même circonférence décrite du point O comme centre ; ce qui n'est pas généralement le cas. Or c'est l'angle au centre α qu'on se propose de mesurer.

Comme remarques générales, nous rappellerons qu'il faut toujours avoir soin de planter verticalement les jalons et de viser vers leur pied, et qu'il faut manœuvrer l'alidade des deux mains pour éviter d'exercer sur les axes des efforts obliques.

Lorsque le théodolite est à limbe mobile, on peut faire la *lecture par répétition*.

Pour cela, on fait coïncider le zéro de l'alidade avec le zéro du vernier ; on cale l'alidade sur le limbe au moyen de la vis de pression et l'on dirige la lunette vers le jalon de gauche en faisant tourner le limbe ; on cale alors le limbe et l'on vise le jalon de droite en faisant tourner l'alidade seulement ; on cale de nouveau l'alidade sur le limbe sans faire la lecture ; on décale le limbe et l'on ramène la lunette vers le premier jalon, en faisant tourner le limbe ; on cale de nouveau le limbe et l'on décale l'alidade pour viser le second jalon. Si l'on fait alors la lecture, il est évident qu'on lira un angle double de l'angle mesuré.

En divisant par deux on diminuera de moitié l'erreur de lecture. On peut faire ainsi un nombre quelconque de répétitions et réduire d'autant l'erreur de lecture.

Si l'on fait décrire à l'alidade une circonférence entière, il faudra ajouter 360° à la lecture. On peut faire la compensation en même temps que la répétition pour remédier aux erreurs de collimation.

Il suffit pour cela, après la première mesure d'angle, de tourner le limbe de 18°° et de faire basculer la lunette pour faire la répétition. Si l'on en fait un grand nombre n, on les fait en nombre pair de manière à en faire successivement $\frac{n}{2}$ dans la première position et $\frac{n}{2}$ dans la seconde position de la lunette.

Généralement on se contente d'une simple répétition avec compensation et lecture aux deux verniers.

Prenons un exemple numérique :

Soit, après compensation et répétition, les lectures suivantes faites aux deux verniers :

1er vernier	2me vernier
61° 41′ 30″.	241° 40′.

En divisant par deux après avoir soustrait 180° de l'indication du second vernier, on trouve :

1er vernier	2me vernier
30° 50′ 45″	30° 50′

dont la moyenne donne :

$$30° \ 50' \ 22 \ 1/2''.$$

Tachéomètre.

Les autres goniomètres se dérivent du théodolite par substitution ou suppression d'organes.

Le tachéomètre s'en dérive par substitution de la lunette anallatique de Porro à la lunette astronomique. Cette lunette est toujours centrale et donne un grossissement de 25 fois pour pouvoir lire la mire parlante à de grandes distances. Les supports sont assez élevés pour lui permettre de basculer.

Le limbe, mobile comme l'alidade, est divisé en 400 grades et en demi-grades pour faciliter les calculs au moyen de la règle.

Il est accompagné d'un *orientateur magnétique*, petite

lunette dans laquelle se meut une aiguille aimantée et dont l'objectif porte quelques divisions verticales. Cet orientateur est disposé, par rapport au diamètre du limbe à partir duquel se compte la mesure d'angles, de telle sorte que, lorsque l'aiguille se projette sur la division du milieu, le diamètre du limbe soit dans le méridien astronomique. Les angles lus sur le limbe, en visant différents alignements, seront donc des azimuts. Or, on sait que la mesure des azimuts substituée à celle des angles, a l'avantage de ne pas laisser s'accroître la déviation produite par une erreur dans une polygonale. (Voir page 89.)

Pour régler l'orientateur magnétique, il faut donc tracer une méridienne; mais dans les études de chemins de fer, on se contente d'orienter de même le diamètre de tous les tachéomètres qui sont employés sur la ligne. De cette manière, les directions mesurées par ces appareils, quoique n'étant pas des azimuts, sont néanmoins comparables entre elles.

Le limbe vertical est toujours disposé de manière à mesurer des angles zénitaux.

Le tachéomètre est un appareil de construction robuste, afin de pouvoir supporter de grandes fatigues, tout en maintenant le croisement et la perpendicularité des axes.

Les organes de réglage, dont on fait d'ailleurs peu d'usage, sont cachés, afin de ne pas être touchés par une main inhabile. Les vis de correction notamment sont dépourvues de tête et ne peuvent être manœuvrées qu'à l'aide d'une clef.

On construit en Allemagne, sous le nom d'*instruments universels*, des appareils analogues qui portent cette dénomination, parce qu'ils permettent de mesurer les distances, les angles et les différences de niveau.

Graphomètres.

Ces appareils se divisent en deux catégories :

A. *Graphomètre à lunette plongeante.* — Cet appareil se dérive du théodolite par suppression du limbe vertical. Le niveau de l'alidade y est souvent remplacé par une *lunette-témoin* qui sert à s'assurer que l'appareil n'a pas bougé pendant l'opération. Lorsque le limbe est mobile, on donne en France à cet appareil le nom de *cercle répétiteur* et même quelquefois abusivement le nom de *théodolite*. Tel était le cas pour un appareil exposé, en 1878, à Paris, par la Compagnie de Terrenoire, sous le nom de *théodolite Malartre*, qui n'est autre qu'un graphomètre à lunette plongeante pourvu d'un orientateur magnétique avec aiguille de 0^{m}40 de longueur.

B. *Graphomètre à pinules.* — Le graphomètre à pinules se compose d'un limbe muni de deux pinules fixes suivant le diamètre 0-180 et d'une alidade, simple règle à pinules. Le limbe et l'alidade sont mobiles sur un même axe vertical.

Le limbe est divisé en degrés ou en demi-degrés, le vernier donne tout au plus la minute.

Cet appareil est monté simplement sur une douille par l'intermédiaire d'un genou à coquilles.

On ne peut l'employer sur un terrain fortement déclive parce que l'obliquité maximum de la ligne de visée est déterminée par la hauteur des pinules. La hauteur de celles-ci n'excède pas 0^{m}07 à 0^{m}08; le diamètre du limbe ne dépassant pas 0^{m}25, on ne peut viser suivant une pente de plus de 15°.

Le limbe se compose d'un cercle entier ou seulement d'un demi-cercle ; dans ce cas, l'alidade mobile porte à faux et peut se détériorer. Quand le limbe est entier, on peut lire aux deux verniers et prendre une moyenne, ce qui remédie jusqu'à un certain point au défaut d'excentricité de l'alidade et d'autant mieux que cet appareil ne comporte pas grande précision.

Le graphomètre à pinules est quelquefois muni d'un ou de deux niveaux et d'une boussole, mais la plupart du temps il ne possède pas ces organes et la mise de niveau se fait à l'œil. On arrive ainsi à approcher de l'horizontalité parfaite à 1/2 degré près, ce qui est *graphiquement* inappréciable dans la réduction des angles à l'horizon.

Lorsque l'appareil n'a qu'un demi-limbe, on mesure, comme vérification, le supplément de l'angle en retournant l'appareil.

Pantomètre.

Dans le pantomètre, la forme de l'appareil est seule différente, mais les mêmes organes se retrouvent. L'appareil a la forme cylindrique et se compose de deux cylindres de même axe tournant l'un sur l'autre. Le cylindre inférieur porte une graduation à sa surface extérieure, c'est le limbe. Il est muni de pinules suivant le diamètre 0-180. Ces pinules jouent le même rôle que la lunette-témoin du graphomètre à lunette plongeante. Le cylindre supérieur est muni de deux systèmes de pinules à angle droit et porte deux verniers; il joue le rôle d'alidade.

Les pinules sont quelquefois remplacées par une petite lunette. La rotation du cylindre supérieur est produite au moyen d'une vis. L'appareil est monté sur une douille et se place sur un bâton comme une équerre. Il est quelquefois muni d'un niveau et d'une boussole.

C'est un appareil portatif et rapidement installé, mais peu précis à cause de l'exiguïté du limbe. L'alidade portant deux systèmes de pinules en croix, on s'en sert souvent avec avantage au lieu de l'équerre dans le lever des détails, car le pantomètre présente plus de ressources.

Vérification des goniomètres.

Les vérifications de tous ces appareils sont analogues.

Elles dépendent naturellement du degré de complication de l'appareil et de sa construction propre. Ces appareils présentent des moyens plus ou moins complets de corriger les erreurs ; nous prendrons comme exemples le graphomètre à pinules et le théodolite.

A. *Vérification d'un graphomètre à pinules.* — 1° *Vérifier la graduation.* Se fait comme pour la boussole, ou plus simplement, en examinant si n divisions du vernier correspondent, dans toutes les parties du limbe, à $n-1$ divisions de ce dernier.

2° *Vérifier si le plan de collimation de chaque système de pinules est perpendiculaire au limbe.* Lorsque le limbe est de niveau, il faut qu'en visant sur un fil à plomb par les pinules, le fil de celles-ci recouvre exactement le fil à plomb.

3° *Vérifier si l'alidade est bien centrée.* Avec un cercle entier, il est facile de voir si la ligne de foi correspond à un diamètre. Si l'on n'a qu'un demi-limbe, on mesurera un angle directement, puis par somme ou par différence.

S'il n'y a pas égalité, le défaut proviendra de l'excentricité de l'alidade, parce que celle-ci donne lieu à des erreurs variables avec l'angle que l'on mesure et l'éloignement des jalons sur lesquels on vise.

Une excentricité un peu sensible oblige à renvoyer l'appareil au constructeur. Avec un cercle complet, on peut jusqu'à certain point corriger l'erreur en lisant aux deux verniers.

4° *Vérifier si les zéros du limbe et du vernier coïncident, lorsque les pinules du limbe et de l'alidade sont dans le même alignement.* S'ils ne coïncident pas, il y a une erreur constante, dite *erreur de collimation*, dont on corrigera tous les angles. Sa valeur se détermine aisément à l'aide du vernier.

B. *Vérification d'un théodolite*. — Comme ces vérifications sont assez nombreuses, il importe beaucoup d'adopter un certain ordre, parce que l'une d'elles suppose en général que toutes les précédentes ont été faites. Elles diffèrent d'ailleurs selon le mode de construction de l'appareil.

1° *Vérifier la graduation du limbe*. Cette vérification se fait au vernier, mais elle n'est en général utile que pour des appareils de grande précision, la graduation étant rarement défectueuse.

2° *Vérifier le niveau inférieur*. On sait que pour vérifier un niveau à bulle, c'est-à-dire pour voir si l'axe du tube est bien parallèle au patin, on retourne le niveau, bout pour bout, après avoir amené la bulle au milieu de ses repères. Si elle n'y revient pas après retournement, on agit sur la vis de rectification qui permet de déplacer le tube dans ses supports, jusqu'à ce que le parallélisme existe. On agit de même avec le niveau inférieur du théodolite : on amène la bulle au milieu de ses repères, en agissant sur deux vis calantes parallèlement auxquelles on place le niveau, puis on tourne l'alidade exactement de 180°. Si la bulle ne revient pas à sa place, on corrige la moitié de la différence au moyen de la vis de rectification du niveau et l'autre moitié au moyen de la vis calante opposée. En effet, puisque le niveau était inexact et que dans sa première position la bulle était au milieu, il s'ensuit que cette première position n'était pas horizontale.

Dans les théodolites construits par la maison Breithaupt, à Cassel, le niveau inférieur est à bulle centrale et possède deux vis de rectification.

La vérification se fait de même en plaçant ces deux vis à l'opposé d'une des vis calantes.

3° *Vérifier le niveau supérieur*. Cette vérification se fait différemment, suivant que ce niveau est perpendiculaire ou parallèle à l'axe de la lunette.

a. — Niveau parallèle a l'axe de la lunette. — Ce niveau est fixé au moyen de vis sur la lunette et l'on ne peut l'enlever pour le vérifier directement. On vérifie donc indirectement si l'axe du niveau est rigoureusement parallèle à l'axe optique.

On trace un alignement sur un terrain en pente, en se proposant de déterminer la différence de niveau des extrémités A et B, fig. 43.

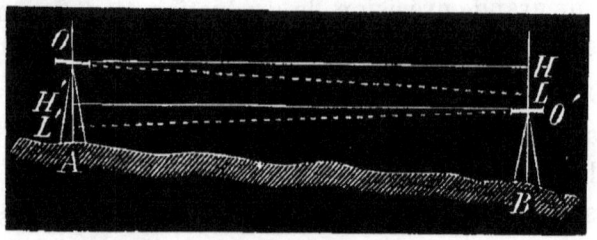

Fig. 43.

Pour cela on installe d'abord le théodolite en A et une mire en B.

On amène la bulle du niveau au milieu de ses repères et l'on vise vers la mire. Si l'axe optique est horizontal, on visera le point H; mais en supposant qu'il ne soit pas horizontal, on vise un point L.

On fait ensuite la même opération, en installant le théodolite au point B et la mire au point A. On visera un point L' qui se trouvera à la même distance en dessous du point H' que le point L par rapport au point H.

La différence de niveau des points A et B est exprimée par

$$BH - AO = BO' - AH'$$

Soit y la hauteur $HL = H'L'$.

En substituant à BH la valeur $BL + y$ et à AH' la valeur $AL' + y$, on aura :

$$BL + y - AO = BO' - AL' - y$$

d'où $\quad y = \dfrac{AO + BO'}{2} - \dfrac{BL + AL'}{2}.$

Tous les termes du second membre sont connus. Si ce second membre est égal à zéro, y est nul et l'axe optique est horizontal, par conséquent le niveau est en bon état.

Si le second membre n'est pas égal à zéro, cela indique que le niveau n'est pas réglé; il suffit alors de calculer y pour savoir sur quel point de la mire la lunette doit viser, lorsque le niveau est à l'horizontale. On agit en conséquence sur la vis de rectification du niveau.

b. — Niveau perpendiculaire a l'axe optique. — Dans ce cas, le niveau peut se détacher de l'axe des tourillons sur lequel il repose et par conséquent se retourner bout pour bout. Pour régler le niveau, c'est-à-dire pour placer son axe dans un plan parallèle à celui de l'axe de rotation, on mettra d'abord le niveau verticalement au-dessus de l'une des vis calantes, et l'on agira sur cette vis pour amener la bulle au milieu de ses repères. On retournera ensuite le niveau ; si la bulle ne revient pas au milieu, on corrigera la moitié de la différence au moyen de la vis calante et l'autre moitié au moyen de la vis de rectification du niveau. Certains niveaux portent de plus une vis latérale pour amener l'axe du tube bien parallèlement à l'axe de rotation. Pour vérifier si cette condition existe, on fait osciller lentement le niveau autour de l'axe des tourillons; si le parallélisme existe, la bulle doit rester immobile.

4° *Vérifier la forme cylindrique des tourillons de l'axe de rotation*. Cette vérification ne peut se faire que dans les appareils où le niveau est perpendiculaire à l'axe optique. Pour vérifier la forme cylindrique des tourillons, il suffit de faire tourner l'axe de rotation sous le niveau, dont l'horizontalité ne doit pas être affectée.

5° *Vérifier la perpendicularité de l'axe de l'alidade et de l'axe de rotation de la lunette, ainsi que la perpendicularité de l'axe optique et de l'axe de rotation de la lunette.* Ces vérifications se font simultanément, lorsque le niveau est parallèle à la lunette; elles se font séparément, lorsque le niveau est perpendiculaire à cet axe.

a. — NIVEAU PARALLÈLE A L'AXE DE LA LUNETTE. — Si l'axe optique n'est pas perpendiculaire à l'axe de rotation, il décrit un cône au lieu de décrire un plan. Si, d'autre part, il est perpendiculaire à l'axe de rotation, mais que celui-ci ne soit pas perpendiculaire à l'axe de l'alidade, le plan de collimation décrit par l'axe optique ne sera pas vertical.

Pour faire les deux vérifications simultanément, on vise une longue verticale, soit un fil à plomb. Si le point de croisement des fils du réticule ne quitte pas la verticale, c'est la preuve qu'il n'y a pas de défaut. S'il quitte la verticale, on pourrait distinguer l'un de l'autre les deux défauts de perpendicularité, en ce que, dans le 1er cas, le point de croisement décrirait une courbe et dans le second cas, une ligne droite oblique ; mais c'est très délicat et il est pour ainsi dire impossible de distinguer à priori si les deux défauts existent simultanément.

b. — NIVEAU PERPENDICULAIRE A L'AXE OPTIQUE. — Pour corriger le défaut de perpendicularité de l'axe optique et de l'axe de rotation, il faut agir sur le réticule pour déplacer l'axe optique. Mais il faut remarquer qu'en déplaçant cet axe, on change le réglage du niveau de la lunette. Il faudra donc régler celui-ci après cette vérification faite. Si l'on ne parvient pas de cette manière à maintenir le point de croisement des fils sur la verticale, c'est que les deux défauts sont simultanés. On corrige le défaut de perpendicularité de l'axe de rotation de la lunette et de l'axe de l'alidade, en agissant sur une vis de rectification, qui permet de relever l'un des paliers de l'axe de rotation.

On vérifie d'abord directement la perpendicularité de l'axe de rotation de la lunette sur l'axe de l'alidade; s'il n'y a pas perpendicularité entre ces axes, l'axe horizontal décrit un double cône, lorsqu'on fait tourner l'axe vertical; la bulle amenée au milieu de ses repères dans une première position, n'y restera donc pas en faisant tourner l'alidade.

Pour faire la correction, on amène la bulle entre ses repères dans une première position, puis on met le niveau dans une position perpendiculaire à celle-ci. La bulle ne revenant pas entre ses repères bien que le niveau soit réglé, il faut corriger au moyen de la vis de rectification des paliers.

On vérifie ensuite isolément la perpendicularité de l'axe optique sur l'axe de rotation de la lunette, en visant comme ci-dessus le long d'une verticale.

Les deux défauts que nous venons d'examiner s'éliminent d'ailleurs en faisant la compensation.

Il est à remarquer que le tirage du réticule tend à déplacer l'axe optique ; c'est pourquoi nous avons conseillé de régler ce tirage sur une distance moyenne.

6° *Vérifier si le centre de l'alidade coïncide avec le centre du limbe.* Si les deux centres ne coïncident pas, la ligne de foi de l'alidade ne coïncide pas avec les extrémités d'un même diamètre, en supposant toutefois que la ligne de foi soit bien rectiligne.

On sait que ce défaut s'élimine partiellement par la lecture à deux ou à quatre verniers.

7° *Vérifier si la lunette est bien centrée.* Cela se fait en visant un point; après avoir fait tourner l'alidade exactement de 180° et après avoir fait basculer la lunette, on vise de nouveau. S'il n'y a pas d'excentricité, on doit retrouver le même point.

Si le plan de collimation ne contient pas l'axe vertical de rotation, on opérera comme si le théodolite était à lunette excentrique; nous avons vu que la compensation permet d'annuler cet inconvénient.

8° *Vérifier la perpendicularité du limbe sur son axe de rotation.* Une faible inclinaison ne présente pas d'inconvénient sensible.

9° *Vérifier le limbe vertical.* Ce limbe doit être soumis à différentes vérifications analogues à celles du limbe horizontal.

On voit en résumé que plusieurs de ces vérifications sont très délicates ; les organes de correction portés par l'instrument ne doivent dans aucun cas être touchés qu'à bon escient et il est souvent préférable d'employer les méthodes qui permettent d'éliminer les erreurs que de chercher à corriger l'instrument pour employer des méthodes plus simples.

Entretien. — Il faut que les mouvements soient doux et non saccadés, sans gripage, que les vis de pression et de rappel fonctionnent aisément, que les vis de pression donnent une résistance suffisante et qu'il n'y ait pas de jeu entre les pièces, notamment entre le limbe et l'alidade.

Pour nettoyer la graduation, il faut employer un linge de toile et de l'huile d'olive, en ayant soin de frotter perpendiculairement aux divisions, afin de ne pas rayer le limbe dans le sens des divisions.

On peut se trouver dans le cas de faire de petites réparations, par exemple, de remettre un réticule ; on emploie pour cela des fils d'araignée fixés à la loupe sur le diaphragme au moyen de cire ou de résine. Mais la plupart des appareils modernes sont à réticule gravé sur une plaque de verre.

On peut aussi se trouver dans le cas de remplir un niveau. On remplit le tube d'éther sulfurique et on chauffe à la lampe avant de fermer le tube. L'éther en se dilatant remplit le tube, et quand le liquide se contracte, il s'en sépare une bulle de vapeur.

Usage des goniomètres.

Les appareils les plus simples, graphomètre, pantomètre, servent à faire des levers de peu d'étendue et sans grande précision; pour tout lever de quelque importance, il faut leur préférer le théodolite qui doit être employé à l'exclusion de tout autre appareil dans les triangulations.

Les triangles se résolvent trigonométriquement par les formules connues.

La formule $c^2 = a^2 + b^2 - 2ab \cos C$ qui donne la valeur d'un côté, lorsqu'on connaît les deux autres et l'angle compris, est gênante au point de vue du calcul logarithmique; on peut la mettre sous la forme suivante :

$$c^2 = a^2 + b^2 + 2ab(1 - \cos C) - 2ab$$
$$c^2 = (a-b)^2 + 4ab \sin^2 \tfrac{1}{2} C.$$

En posant $\quad tg^2 x = \dfrac{4ab \sin^2 \tfrac{1}{2} C}{(a-b)^2},$

$$c^2 = (a-b)^2 (1 + tg^2 x) = (a-b)^2 \sec^2 x$$

$$\text{d'où} \quad c = \frac{a-b}{\cos x}$$

Les problèmes, quels qu'ils soient, reçoivent ici des solutions numériques. Voici quelques-uns de ceux qui se présentent le plus fréquemment dans les triangulations.

1° *Mesurer la distance comprise entre deux points inaccessibles* A *et* B, fig. 44 *(problème des deux points).* Soient par exemple les points A et B situés sur deux collines. On connaît $CD = b$ et les angles c, c', d, d'.

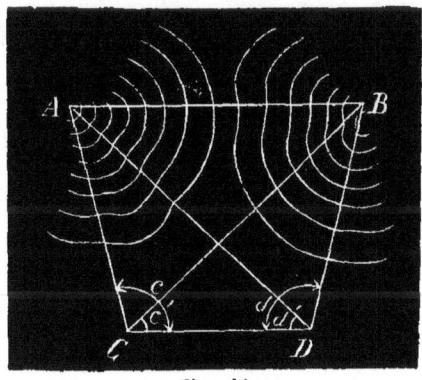

Fig. 44.

On a : $BC = \dfrac{b \sin d}{\sin (d + c')}$

$AC = \dfrac{b \sin d'}{\sin (d' + c)}.$

Connaissant BC, AC et l'angle compris $(c - c')$, on peut appliquer la formule précédente.

2° *Rattacher un point D à un triangle ABC*, fig. 45 (*problème des trois points ou de Pothenot*)

La résolution de ce problème dispense souvent de faire une triangulation secondaire pour rattacher le point D à la triangulation principale.

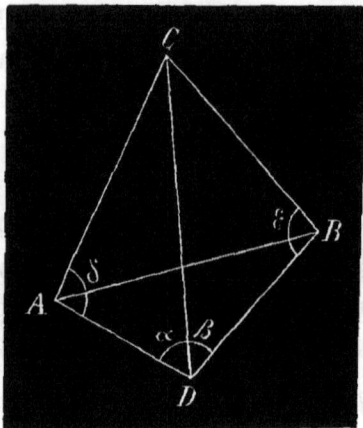

Fig. 45.

Il suffit pour avoir les éléments nécessaires à la solution d'installer un théodolite en D et de mesurer les angles α et β.

Il faut calculer les droites $AD = m$, $BD = n$ et $CD = p$. Tous les éléments du triangle ABC sont connus. Soit l'angle $C = \gamma$, les côtés $CB = a$ et $AC = b$.

Soit l'angle $CAD = \delta$ et l'angle $CBD = \varepsilon$, on a :

$$m = \frac{b \sin(\alpha + \delta)}{\sin \alpha}.$$

$$n = a \frac{\sin(\beta + \varepsilon)}{\sin \beta}.$$

$$p = \frac{b \sin \delta}{\sin \alpha} = \frac{a \sin \varepsilon}{\sin \beta} \quad (1).$$

Il suffit donc de déterminer les angles δ et ε.
On a comme première équation :

$$\delta + \varepsilon = 330 - (\alpha + \beta + \gamma) \quad (2).$$

De l'égalité (1) nous tirerons la valeur de $\delta - \varepsilon$.

$$\frac{\sin \delta}{\sin \varepsilon} = \frac{a \sin \alpha}{b \sin \beta}.$$

Soit cette dernière fraction $= tg\, \varphi$, on aura :

$$\frac{\sin \delta - \sin \varepsilon}{\sin \varepsilon} = tg\, \varphi - 1$$

$$\frac{\sin \delta + \sin \varepsilon}{\sin \varepsilon} = tg\, \varphi + 1$$

$$\frac{\sin \delta - \sin \varepsilon}{\sin \delta + \sin \varepsilon} = \frac{tg\, \varphi - 1}{tg\, \varphi + 1}.$$

Ce qui revient à :

$$\frac{tg\, \frac{1}{2}(\delta - \varepsilon)}{tg\, \frac{1}{2}(\delta + \varepsilon)} = tg\, (\varphi - 45°).$$

$$tg\, \frac{1}{2}(\delta - \varepsilon) = tg\, \frac{1}{2}\left(360° - (\alpha + \beta + \gamma)\right) tg\, (\varphi - 45°)$$

d'où l'on tire $\delta - \varepsilon$.

δ et ε étant connus, on peut les substituer dans les valeurs de m, n et p.

La solution est indépendante de la position du point D. Cependant la solution serait impossible si ce point se trouvait sur la circonférence passant par les points A B C. En effet, dans ce cas, $\delta + \varepsilon = 180°$ et $tg\, \frac{1}{2}(\delta + \varepsilon) = \infty$.

3° Il peut se faire que dans un réseau de triangles on doive intercaler un quadrilatère ABCD (fig. 46) contournant une colline par exemple, on se trouve alors obligé de calculer une droite AC, le long de laquelle on ne peut viser, pour déterminer ensuite les angles α et β.

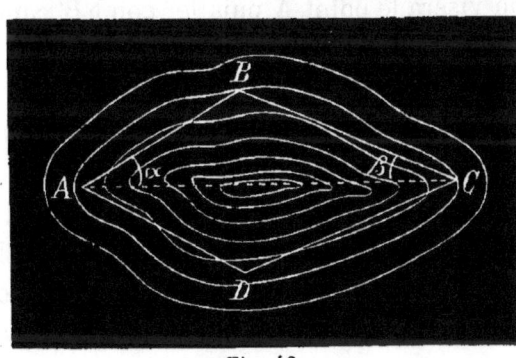

Fig. 46.

On peut calculer la longueur de AC, connaissant AB, BC e l'angle B.

AC étant déterminé, on peut calculer les angles α et β et par différence les angles $A - \alpha$ et $C - \beta$.

4° Tracer un alignement entre deux points A B qui ne sont pas visibles l'un de l'autre.

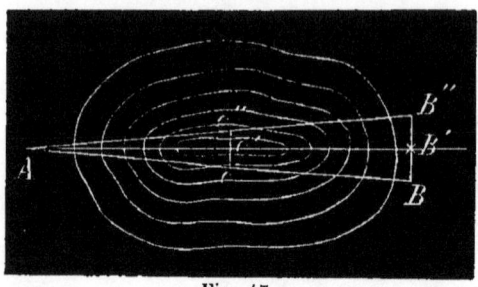

Fig. 47.

Soit, fig. 47, une montagne entre les points A et B. On installe le théodolite en un point C'' du sommet de la montagne, d'où les points A et B soient visibles. On vise le point A et l'on tourne l'alidade de 180°. On fait alors planter un jalon au point B'' plus ou moins voisin du point B.

Si l'on connaît les longueurs AC et AB, on pourra mesurer BB'' et déterminer CC'' par la proportion :

$$AB : AC = BB'' : CC''.$$

Il suffit de connaître ces longueurs approximativement pour trouver un point C' plus rapproché de l'alignement, d'où l'on recommence la même opération.

Si les longueurs AC et AB ne sont pas connues, on se placera en un point C' et l'on visera le point A puis le point B', après avoir tourné l'alidade de 180°. On mesure BB'', $B'B''$ et $C'C''$; on déduit CC'' de la proportion :

$$BB'' : B'B'' = CC'' : C'C''.$$

On arrivera ainsi par une succession de tâtonnements à se trouver sur l'alignement; mais l'opération sera très longue.

S'il n'y a pas de point intermédiaire d'où l'on puisse viser les points extrêmes, on procède encore par tâtonnement. Ce cas se présente lorsqu'on doit tracer un alignement à travers une forêt.

On tracera, à partir du point A, un premier alignement qui aboutira en un point B'', puis un second alignement qui aboutira en un point B'. On déterminera l'angle compris $\alpha = $ B'AB" et on calculera l'angle $\beta = $ B"AB par la proportion approximative :

$$\alpha : \beta = \text{B'B"} : \text{BB"} \quad (1).$$

5° On peut éprouver quelques difficultés pour installer l'appareil au point choisi comme centre de station. Ceci ce présente, lorsque ce centre est l'axe d'un puits de mine, une tour, une cheminée, etc.

Dans des cas semblables, on peut s'installer en un point voisin dont la distance et l'orientation sont parfaitement déterminées par rapport au centre de station. Mais s'il s'agit d'un sommet important de la triangulation, on s'installe en un point voisin du point inaccessible et l'on *réduit au centre de station*, par le calcul, les angles mesurés.

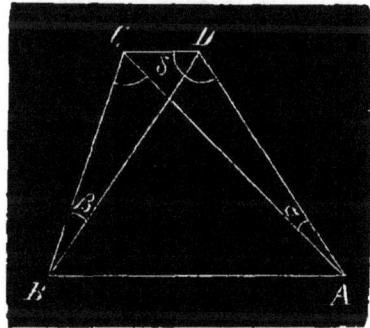

Fig. 48.

Soit, fig. 48, C le centre de station et D le point où l'on installe le théodolite et où l'on mesure l'angle ADB. Il faut calculer la correction à y apporter pour avoir l'angle ACB :

Soit l'angle CAD $= \alpha$, l'angle CBD $= \beta$,
on a : $\beta + C = \alpha + D$,
$C = D + \alpha - \beta.$

Soit l'angle CDB $= \delta$, on connaît cet angle, de même que la distance CD, mesurée directement ou mieux indirectement, en la faisant entrer dans un petit triangle.

$$\frac{\sin \alpha}{\sin (D + \delta)} = \frac{CD}{CA}.$$

$$\frac{\sin \beta}{\sin \delta} = \frac{CD}{CB}.$$

---

(1) Voir SARRAN. *Manuel du géomètre souterrain*, page 97.

Comme les angles α et β sont très petits, on pourra écrire :

$$\alpha = \frac{CD}{CA} \sin(D + \delta),$$

et $\beta = \dfrac{CD}{CB} \sin \delta.$

On détermine α et β en secondes en posant :

$$\alpha : \pi = \alpha'' : 648000'',$$

d'où $\alpha'' = 206265'' \times \alpha.$

Les goniomètres sont caractérisés par la grande approximation qu'ils permettent en général d'obtenir dans la mesure des angles, grâce à l'emploi du vernier, qui leur est propre.

Ils présentent toutefois cet inconvénient que les erreurs résultant de la mesure des angles au lieu de celle des directions, s'accroissent. (Voir page 89.)

Pour remédier à cet inconvénient, l'appareil peut porter, comme nous l'avons vu à propos du tachéomètre, une boussole ou un orientateur magnétique et l'on peut alors s'en servir pour prendre des azimuts.

Lorsque l'appareil est muni d'une boussole, on peut mesurer les azimuts avec la précision propre aux goniomètres à vernier. Voici comment on opère.

La ligne de foi de la boussole étant placée parallèlement à la ligne de foi de l'alidade, on vise le long de l'alignement dont on veut déterminer l'azimut. Quand l'aiguille de la boussole est arrêtée, on lit l'azimut sur la boussole et en même temps l'indication du vernier du goniomètre. Il s'agit alors d'évaluer, avec l'approximation du vernier, la fraction de la division de la boussole sur laquelle l'aiguille s'est arrêtée.

Pour y parvenir, on fait tourner l'alidade au moyen de la vis de rappel, jusqu'à ce que l'aiguille de la boussole coïncide exactement avec la division suivante. On lit de nouveau l'indication du vernier du goniomètre.

En supposant que ce dernier donne la minute, on connaîtra, par la soustraction des deux lectures du vernier, le nombre de minutes compris entre l'azimut marqué primitivement par la boussole et la division suivante. On sait par conséquent le nombre de minutes à retrancher de la dernière indication de la boussole pour déterminer l'azimut cherché à une minute près.

M. Rhodius a exposé, dans le *Zeitschrift für das Berg-Hütten-und Salinenwesen in dem Preussischen Staate*, Tome XI, p. 5, une méthode de lever des polygones qui met à l'abri de l'accroissement des erreurs sans devoir recourir à la boussole.

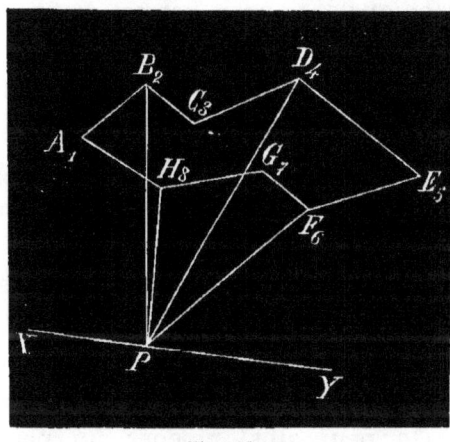

Fig. 49.

Cette méthode consiste à rapporter tous les angles à une direction unique de la manière suivante :

Soit (fig. 49) un polygone $A_1 B_2 C_3 D_4 E_5 F_6 G_7 H_8$. On choisit un point P et une direction XY passant par ce point ; on mesure les angles formés par cette direction et les droites menées vers tous les sommets pairs du polygone, en mettant la ligne de foi du goniomètre dans la direction de XY.

On se transporte ensuite aux sommets vis's où il est facile d'orienter l'appareil comme il l'était en P, au moyen des directions connues PB_2, PD_4, PE_6, PH_8; on relève ainsi les directions des côtés du polygone par rapport à la direction XY.

Si l'on ne trouvait pas un point P d'où tous les sommets pairs fussent visibles, on pourrait choisir un second point et même un troisième point, à condition qu'ils soient visibles l'un de l'autre et du point P.

Cette méthode est en même temps plus rapide que le cheminement périmétrique, car elle exige un moins grand nombre de stations.

Mesure graphique des angles.

Planchette.

Le seul moyen que l'on eût de mesurer les angles avant l'invention de la boussole, consistait à les évaluer graphiquement.

La planchette dont on se sert encore aujourd'hui pour cette opération date du XVIe siècle (inventeur Prætorius d'Altdorf en Bavière). La mesure graphique des angles permet de tracer le plan sur le terrain même.

Une planchette se compose de deux parties : 1° la tablette qui reçoit le dessin ; 2° l'alidade qui donne les directions.

Il y a de plus comme accessoires une *fourchette*, un niveau à bulle, quelquefois une petite boussole dite *déclinatoire*, un double décimètre, un compas, etc.

La tablette est en tilleul, bien plane et bien dressée, construite de manière à ne pas se voiler.

On colle sur cette tablette une feuille de papier, à moins que l'on n'emploie du papier sans fin enroulé sur deux rouleaux fixés sous la planchette. On peut ainsi amener un point quelconque du papier dans l'axe transversal de la tablette.

La tablette était autrefois montée sur un genou, aujourd'hui généralement sur un trépied à vis calante.

La tablette est susceptible de deux mouvements : 1° un mouvement de rotation sur son axe vertical avec vis de pression et de rappel ; 2° un mouvement longitudinal de va et vient réglé au moyen d'une vis. Ce dernier mouvement n'est toutefois pas indispensable, surtout lorsqu'on emploie du papier sans fin dont les mouvements tiennent alors lieu du mouvement de la planchette.

L'alidade se compose d'une règle en laiton surmontée d'une lunette ou munie de pinules. Elle porte quelquefois deux lunettes pour permettre de viser dans les deux sens, à moins que les supports de la lunette ne soient assez élevés pour permettre à celle-ci de basculer.

La longueur de la règle est à peu près égale à la diagonale du rectangle de la tablette.

Dans les appareils allemands, cette alidade est souvent munie d'un limbe vertical et sa construction se rapproche beaucoup alors de celle d'un théodolite.

Elle est quelquefois munie de roulettes faisant une très faible saillie (tachygraphomètre de Wagner).

L'alidade doit satisfaire aux conditions ordinaires :

1° L'axe optique doit être perpendiculaire sur son axe de rotation.

2° Le plan de collimation doit être vertical, quand la planchette est de niveau.

3° La ligne de foi doit se trouver dans le plan de collimation.

Les vérifications se font comme à l'ordinaire.

La mise en station de la planchette consiste à résoudre le problème suivant :

Étant donnée sur la planchette une droite ab *représentant la direction d'un alignement* AB *et un point* a *de cette droite, installer la planchette au point correspondant* A *du terrain, de manière à y pouvoir tracer la projection horizontale de tous les angles qui ont leur sommet en* A.

Cette mise en station comprend trois opérations :

1° Mettre le point a en correspondance verticale avec le point A.

2° Mettre la planchette de niveau.

3° Orienter la planchette, c'est-à-dire mettre la droite ab dans le plan vertical de l'alignement AB.

On cherche d'abord à réaliser à l'œil ces trois conditions aussi exactement que possible, puis on reprend chacune d'elles isolément.

1° Pour réaliser la première, on se sert de la fourchette, sorte de fourche s'engageant sur la planchette. La branche supérieure se termine par une pointe et la branche inférieure porte un fil à plomb dont l'axe correspond exactement à cette pointe. On vérifie la fourchette en la faisant tourner sur un point de la planchette, le fil à plomb ne doit pas quitter le point correspondant du terrain.

A défaut de fourchette, on peut se servir d'un fil à plomb, au moyen duquel on vise simultanément les points a et A dans deux positions différentes.

2° Pour mettre de niveau la planchette, on se sert du niveau à bulle et des vis calantes

3° Pour orienter la planchette, on place la règle de l'alidade contre la ligne ab et l'on fait tourner la planchette jusqu'à ce qu'on vise l'alignement AB. On peut aussi se servir du déclinatoire qui, fixé sur la tablette, doit marquer le même azimut en toutes les stations, pour que la planchette soit orientée de même en chacune d'elles.

On voit qu'il est des plus important que la mise en station ait été faite à l'œil aussi exactement que possible, sinon en cherchant à réaliser l'orientation de la planchette, on détruirait la correspondance verticale. Une petite erreur dans celle-ci est au surplus sans influence eu égard à l'échelle du dessin. Si cette échelle est plus petite que 1/2500, le centre de la planchette peut même sans erreur sensible être établi verticalement au-dessus du point A et l'on n'a plus besoin de chercher à réaliser la correspondance verticale. C'est ainsi que l'on opère dans les études de chemins de fer au moyen du tachygraphomètre.

Les problèmes reçoivent des solutions graphiques que l'on exécute sur la planchette, puis qu'on transporte sur le terrain. Exemples :

1° *Prolonger un alignement* AB *au delà d'un obstacle* (fig. 50) ; on s'installe d'abord en A et l'on trace sur la planchette l'alignement AB, ainsi qu'un autre alignement quelconque AD ; on installe ensuite la planchette en D et l'on mène trois droites Dx, Dy et Dz. On mesure ces trois longueurs; connaissant l'échelle de réduction du plan, on pourra mesurer les trois alignements DX, DY, DZ sur le terrain et déterminer les points XYZ qui appartiennent au prolongement cherché.

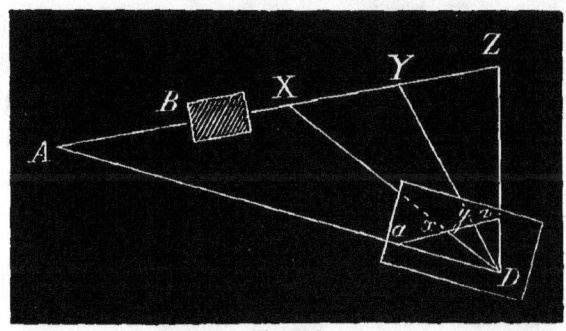

Fig. 50.

2° *Mener une perpendiculaire à un alignement* : a) *Par un point donné sur cet alignement*. Il suffit d'installer l'appareil au point donné, d'y tracer l'alignement et de lui mener graphiquement une perpendiculaire. La direction de cette droite prolongée sur le terrain donnera la perpendiculaire cherchée.

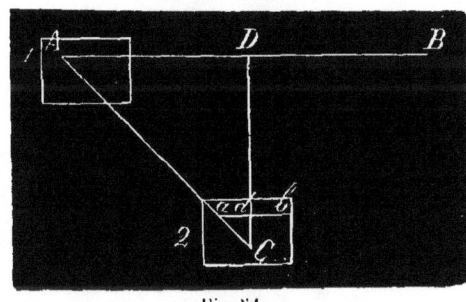

Fig. 51.

b) *Par un point* C *extérieur à cet alignement* AB (fig. 51).

On installe d'abord l'appareil au point A et l'on y trace AB et AC, puis on se transporte en C où l'on oriente l'appareil sur l'alignement AC.

On trace sur la planchette la perpendiculaire Cd et on la prolonge jusqu'au point D, pied de la perpendiculaire cherchée.

c) *Par un point inaccessible* C (fig. 52). On s'installe d'abord en A; on trace A*b* et A*c*, puis on se transporte en B où l'on trace B*c*; on trace alors sur la planchette les trois hauteurs du triangle. Ces hauteurs se coupent en un point *e* qui appartient à la perpendiculaire et il est facile de détermi-

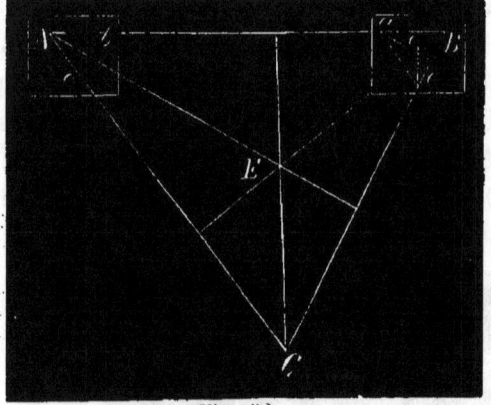

Fig. 52.

ner le point E correspondant du terrain par l'intersection des deux hauteurs passant par les sommets A et B.

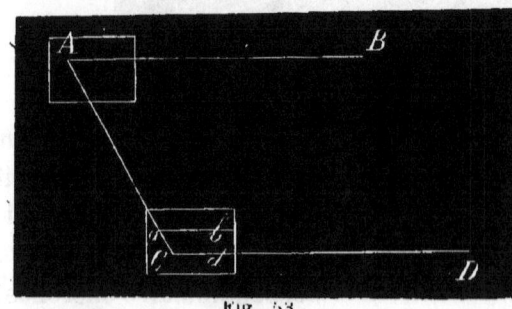

Fig. 53.

3° *Mener par un point* C *une parallèle à un alignement* AB (fig. 53). On s'installe d'abord à l'une des extrémités A de l'alignement, que l'on trace, ainsi que la direction AC; on se transporte ensuite au point C. On s'oriente sur AC et l'on trace sur la planchette la parallèle C*d* qu'il est facile de reporter sur le terrain.

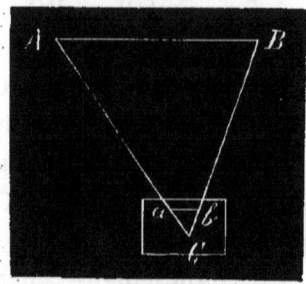

Fig. 54.

4° *Mesurer une droite* AB *dont les extrémités seules sont accessibles.* On s'installe en C (fig. 54) et l'on trace sur la planchette le triangle C*ab*. Connaissant l'échelle de réduction, on déduit facilement la longueur de AB de celle de *ab*.

5° *Déterminer la position d'un point inaccessible, par rapport aux extrémités d'un alignement* **AB**.

La position de ce point se déterminera au plan par intersection.

La méthode des cheminements périmétriques convient peu à l'emploi de la planchette à cause du très grand nombre de stationnements nécessaires.

Il est préférable, lorsque c'est possible, d'employer la méthode des intersections ou celle du rayonnement.

Les avantages de la planchette sont les suivants :
1° On obtient le plan sur le terrain même et par conséquent les erreurs qui peuvent s'y glisser, sautent immédiatement aux yeux.

2° Le travail est très rapide et n'exige pas de connaissances bien spéciales.

Les inconvénients sont les suivants :
1° La mise en station est longue.

2° Le papier est sensible aux alternatives de sécheresse et d'humidité. On doit se servir de papier albuminé, c'est-à-dire enduit, sur sa face inférieure, de blanc d'œuf et d'eau.

3° L'instrument est peu portatif.

4° Le dessin est sale.

5° Le papier subit, quand on le coupe, un retrait qui change les dimensions des lignes tracées.

6° Le degré d'exactitude que l'on peut atteindre, dépend essentiellement de l'échelle du dessin.

Tachygraphomètre et Tachymètre.

Dans les levers à la planchette dont nous nous sommes occupé jusqu'ici, les longueurs des alignements sont mesurées directement, ce qui a l'inconvénient d'allonger le travail.

On a cherché à combiner l'emploi de la planchette avec la mesure indirecte des distances et à obtenir, au moyen de l'appareil lui-même et sans calculs, la valeur des visées obliques réduite à l'horizon et même des différences de niveau.

On a ainsi des appareils remarquables par la rapidité qu'ils apportent dans la confection des plans.

Le premier en date est le *tachygraphomètre* de M. C. Wagner, construit par M. Otto Fennel, à Cassel.

Cet appareil se compose essentiellement d'une planchette et d'une alidade munie de diverses règles qui servent à prendre la valeur des distances réduites à l'horizon, ainsi que les cotes des points sur lesquels on vise.

La planchette peut d'ailleurs être supprimée et l'alidade fixée directement sur un limbe qui se trouve sous la planchette. On a alors un appareil analogue au théodolite, dont on peut se servir lorsque l'humidité s'oppose à l'emploi de la planchette.

Avec cet appareil, on applique pour la mesure des distances la méthode de Reichenbach avec mire oblique.

Dans cette méthode, la distance oblique du centre de station à la mire, mesurée parallèlement à l'axe optique de la lunette, est exprimée par :

$$E = cH + c' \text{ (voir page 43).}$$

Et la projection horizontale à mesurer est exprimée par :

$$E' = E \cos \alpha + V \sin \alpha \text{ (page 44).}$$

Faisons abstraction pour le moment de ce dernier terme et voyons comment nous pourrons obtenir, au moyen de l'appareil, le premier terme réduit à l'échelle du plan, soit $\dfrac{E \cos \alpha}{n}$.

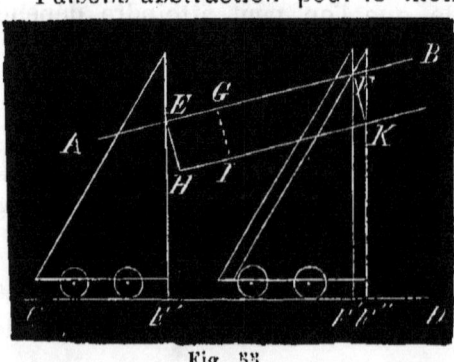

Fig. 55.

Soit (fig. 55) une règle graduée AB, solidaire de

la lunette, parallèle à l'axe optique et maintenue au niveau de ce dernier: supposons que la règle à tracer de l'alidade soit graduée. Soit de plus une équerre montée sur roulettes et roulant sur cette règle horizontale.

Si EF mesure sur la règle oblique la distance $\dfrac{E}{n}$, en faisant cheminer l'équerre sur la règle horizontale depuis E' jusque F', j'aurai $E'F' = \dfrac{E \cos \alpha}{n}$.

Mais E se compose du terme constant c', plus du terme variable cH; pour mesurer E, je pourrai me contenter simplement de calculer cH et de mesurer $\dfrac{cH}{n}$ sur la règle oblique, à condition que le zéro du vernier se trouve au point de départ en arrière du zéro de la règle d'une quantité égale à $\dfrac{c'}{n}$.

Soit le zéro du vernier au point E, le zéro de la règle étant en G, je mesurerai donc $GF = cH$.

Voyons maintenant comment on peut tenir compte du second terme $\dfrac{V \sin \alpha}{n}$. Remarquons que la quantité V peut être considérée approximativement comme une constante, le fil axial tombant généralement dans la même région de la mire.

Supposons qu'au lieu de se trouver au niveau de l'axe optique de la lunette, la règle soit inférieure, parallèle à cet axe et située à une distance EH de celui-ci égale à $\dfrac{V}{n}$.

Supposons de plus que, dans sa position première, l'arête verticale de l'équerre se trouve dans le plan de l'axe de rotation de la lunette figuré en E.

On mesurera sur la règle oblique une longueur $IK = \dfrac{cH}{n}$, on fera rouler l'équerre jusqu'à ce que son arête antérieure se trouve en K et l'on aura en E'F" la longueur

$$\frac{E \cos \alpha + V \sin \alpha}{n}.$$

Un point quelconque de l'équerre aura décrit ce chemin, par conséquent il suffira que cette équerre porte une pointe à ressort pour pouvoir déterminer cette longueur sur la planchette entre deux coups de pointe.

La mesure de la différence de niveau entre la station de l'appareil et le point visé s'obtient de même au moyen de deux règles verticales parallèles, fixées sur l'équerre.

Soit (fig. 56) l'appareil installé en M et soit EM la hauteur I de l'axe de rotation de la lunette au-dessus du sol.

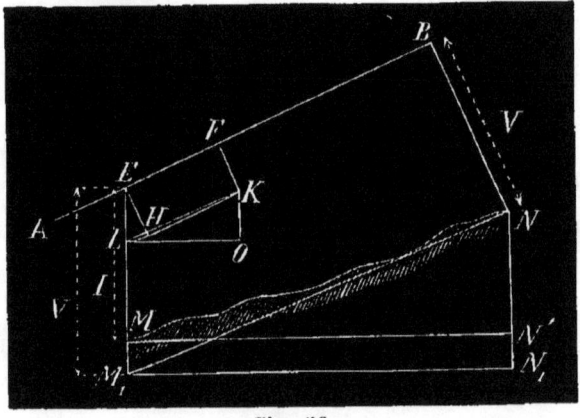

Fig. 56.

Soit la mire en BN ; BN=V.

Du point E comme centre avec $EH = \dfrac{V}{n}$ comme rayon, je décris un arc de cercle qui coupe la verticale en L, je joins le point L au point K, je trace l'horizontale LO et la verticale KO.

Je prends d'autre part en EM_1 une longueur égale à V et je joins le point M_1 au point N, puis je mène l'horizontale $M_1 N_1$ et la verticale NN_1.

Les deux triangles KLO et $M_1 NN_1$ sont semblables et les côtés du triangle KLO seront à ceux du triangle M_1NN_1 dans le rapport $\dfrac{1}{n}$.

La différence de niveau cherchée est égale à $NN' = D$.

$$NN' = NN_1 - N'N_1$$
$$N'N_1 = MM_1 = V - I$$
$$\text{Donc } D = NN_1 + I - V$$
$$\dfrac{D}{n} = KO + \dfrac{I-V}{n}.$$

Nous voyons que la différence de niveau réduite à l'échelle se compose de la valeur KO, plus d'une constante $\dfrac{I-V}{n}$. Nous pouvons mesurer KO sur l'une des deux règles verticales fixées sur l'équerre.

Si le zéro de la seconde règle parallèle se trouve constamment en arrière du zéro de celle-ci d'une quantité égale $\dfrac{I-V}{n}$, on mesurera sur cette seconde règle la longueur totale

$$KO + \dfrac{I-V}{n}.$$

On peut aussi appliquer la méthode de Reichenbach, en tenant la mire verticalement, mais alors on est obligé de projeter deux fois pour réduire à l'horizon. Dans les terrains très accidentés cependant, cette méthode prévaut à cause de la difficulté de tenir la mire obliquement.

Le *tachymètre* de M. Stern est fondé sur cette dernière manière d'opérer ; il donne les mêmes résultats que le tachygraphomètre de M. Wagner sans toutefois être accompagné d'une planchette comme ce dernier.

On applique alors la formule

$$E' = cH \cos^2 \alpha + c' \cos \alpha \quad \text{(page 44)}$$

qui, réduite à l'échelle du plan, devient

$$\frac{E'}{n} = \frac{cH \cos^2 \alpha}{n} + \frac{c' \cos \alpha}{n}.$$

L'appareil comprend, comme le précédent, une règle solidaire de la lunette qui se trouve dans le plan de l'axe optique. Si l'on fait abstraction du deuxième terme $c' \cos \alpha$, il suffit, pour obtenir $\frac{cH \cos^2 \alpha}{n}$, de projeter deux fois $\frac{cH}{n}$ sur une règle horizontale.

Pour tenir compte du second terme $\frac{c' \cos \alpha}{n}$, il suffit que le zéro de la règle horizontale se trouve en arrière du zéro de la règle oblique d'une certaine quantité à déterminer de telle sorte que l'approximation soit suffisante.

Le zéro de la règle horizontale se trouve sur la verticale passant par l'axe de rotation de la lunette, et le zéro de la règle oblique se trouve à une distance de cet axe de rotation égale à $\frac{1}{n} = \frac{c'}{m}$, valeur dans laquelle m sera déterminé de telle sorte que l'approximation soit suffisante.

On mesure $\frac{cH}{n}$ à partir du zéro de la règle oblique.

Une première projection donnera

$$\frac{1}{n}\left(cH \cos \alpha + \frac{c'}{m} \cos \alpha\right).$$

En mesurant cette dernière valeur à partir du zéro de la règle oblique, une seconde projection donnera

$$\frac{1}{n}\left(cH \cos^2 \alpha + \frac{c'}{m} \cos^2 \alpha + \frac{c'}{m} \cos \alpha\right).$$

Si nous soustrayons cette valeur de la valeur exacte qui est

$$\frac{1}{n}\left(cH \cos^2 \alpha + c' \cos \alpha\right)$$

nous trouvons :

$$\frac{1}{n}\left(c' \cos \alpha - \frac{c'}{m} \cos^2 \alpha - \frac{c'}{m} \cos \alpha\right) = \frac{1}{n} \times \frac{c'}{m} \cos \alpha (m - 1 - \cos \alpha)$$

Cherchons le maximum de cette différence. En égalant à zéro la différentielle prise par rapport à $\cos \alpha$, on trouve

$$-(m-1-\cos\alpha)\sin\alpha + \sin\alpha\cos\alpha = 0.$$

Le maximum correspond à :

$$\cos\alpha = \frac{m-1}{2}$$

et ce maximum est alors

$$\frac{c'}{m}\left(\frac{m-1}{2}\right)^2.$$

Il faut disposer de m de sorte que cette valeur soit négligeable à l'échelle du plan. On pose pour cela cette différence égale à 0^m05. On en tire deux valeurs de m.

$$m = 2, \text{ ou } = \frac{1}{2}.$$

La première seule est admissible, car c'est la seule qui donne un cosinus positif.

La distance focale c' est généralement 0^m40.
Soit $n = 1000$.

$$\frac{1}{n} \cdot \frac{c'}{m} = \frac{0.40}{1000 \times 2} = 0^{mm}2.$$

Il suffit donc que le zéro de la règle oblique soit de $0^{mm}2$ en avant du zéro de la règle horizontale, pour obtenir une approximation très suffisante dans la mesure des distances réduites à l'horizon.

Les avis sont toutefois très partagés au sujet de l'utilité pratique de ces instruments. Il peut être avantageux de tracer le plan sur le terrain, comme on peut le faire avec le tachygraphomètre de Wagner, parce que les erreurs sautant aux yeux pourront être immédiatement corrigées.

Il l'est déjà beaucoup moins d'obtenir seulement sur le terrain les calculs des distances réduites à l'horizon et des différences de niveau, comme avec le tachymètre de Stern, sans y faire en même temps le plan.

Il est à remarquer d'ailleurs que ces appareils vont à l'encontre du principe de la division du travail et que dans les études de chemins de fer, il y a souvent un avantage économique sérieux à faire faire les calculs et les tracés au bureau, dans de meilleures conditions et par des employés dont le salaire est moins élevé que celui des ingénieurs qui travaillent sur le terrain.

L'approximation donnée par ces appareils doit être en tout cas moindre que celle que l'on obtient au tachéomètre, car les mesures sont entachées des erreurs dues à toutes les méthodes graphiques.

Quoi qu'il en soit, le tachygraphomètre a été employé dans des études de lignes de chemin de fer en Turquie et en Autriche.

Emploi de la photographie (1).

L'idée d'appliquer la photographie au lever des plans devait naturellement se présenter. Dans ses ascensions aérostatiques, Nadar avait essayé de photographier le panorama qui se trouvait en dessous de sa nacelle, mais n'avait obtenu qu'un relief très mal accusé, à cause de l'éclairage qui laissait certaines parties dans l'ombre. On peut obtenir des résultats plus sérieux, si l'on considère qu'une vue photographique est une perspective.

Si l'on possède deux vues perspectives, prises des deux extrémités d'une base dont la longueur est mesurée, les différents points marqués à la fois sur chacune de ces vues peuvent être déterminés en plan, par rapport à cette base, par intersections.

---

(1) Voir *Bulletin de la Société belge de géographie*, tome II.

Ce procédé fut indiqué dès 1835, dans le voyage autour du monde de la frégate *Bonite*, par l'ingénieur Beautemps-Beaupré pour le relevé des lignes de côtes au moyen de deux vues perspectives prises de deux embarcations au mouillage à une distance connue l'une de l'autre. Pour orienter le plan, il suffit de mesurer deux angles, en visant un même objet des deux extrémités de la base.

La difficulté réside dans la fantaisie trop grande des dessinateurs, à laquelle on peut, à vrai dire, porter remède dans une certaine mesure par l'emploi de la chambre claire ; mais la photographie fournit une solution bien plus simple.

Une vue photographique est en effet une perspective dont le point de vue est le centre optique de l'objectif. Le plan horizontal passant par l'axe optique coupe la vue suivant une ligne d'horizon qu'on prendra comme ligne de terre. Il sera facile de tracer dans un plan horizontal les angles formés par les rayons dirigés du point de vue vers les différents objets du tableau. Si, de plus, le champ de l'objectif embrasse un point de la base, on peut planter un signal en ce point et obtenir les angles formés avec la base par ces rayons.

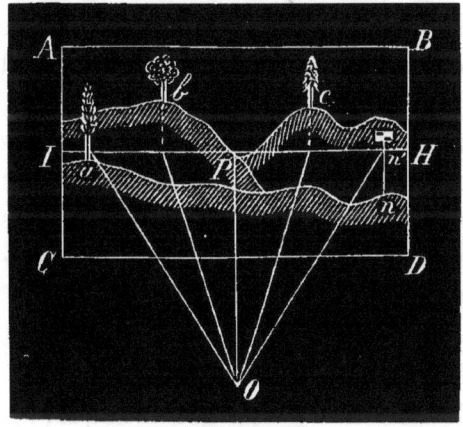

Fig. 57.

Soit, fig. 57, ABCD la vue photographique et soit I H l'horizontale dans le plan de l'axe optique et servant de ligne de terre. Soit OP la distance focale de l'objectif qu'il importe de mesurer exactement ; connaissant le point O, on abaisse sur la ligne de terre des perpendiculaires des différents points que l'on veut figurer au plan et l'on joint au point O les pieds de ces perpendiculaires; on obtient ainsi les différents rayons en projection horizontale. Soit n un point de la base ; la ligne On' représentera cette base et l'on pourra mesurer les angles des différents rayons avec la base. On opérera de même à l'autre extrémité de celle-ci et l'on aura tout ce qu'il faut pour déterminer par intersections les points a, b, c, etc.

Les appareils ne différeront en principe des appareils ordinaires de photographie que par l'adjonction de niveaux pour déterminer l'horizontalité de la ligne de terre.

Pour ne pas être obligé de mesurer chaque fois la distance focale, ce qui entrainerait à des difficultés, on a construit des appareils spéciaux munis d'objectifs de 0^m08 à 0^m10 de foyer, tels que tous les objets situés à plus de 100 mètres forment leur image sensiblement au foyer.

Le capitaine Plucker de l'artillerie belge a construit ainsi des appareils qui permettent de prendre 6 vues différentes de chacune des extrémités d'une base.

M. Auguste Chevalier a construit un appareil dit *planchette photographique* qui permet de prendre à chaque extrémité de la base une vue panoramique complète du tour de l'horizon. Au moyen d'un objectif formé de deux tubes à angle droit réunis par un prisme à réflexion totale, cette vue vient se peindre sur une plaque horizontale dont le centre correspond au centre de station. Pour obtenir les angles, il suffit de mener, à partir des images des divers objets qui doivent être figurés au plan, des rayons convergeant au centre de l'appareil. On peut se servir de la vue panoramique elle-même comme d'un rapporteur pour tracer au plan les directions dont les intersections doivent donner la situation des objets principaux.

Telles sont les voies dans lesquelles on est entré pour utiliser la photographie dans le lever des plans. En pratique, les applications en restent limitées jusqu'à présent à l'art militaire. Mais ces procédés présentent aussi un intérêt réel au point de vue des voyages de découvertes. Un avantage inhérent au système est que tous les points du terrain sont relevés et non plus seulement quelques points choisis.

Les points que l'on veut porter au plan, seront déterminés sur les images elles-mêmes ; ils peuvent être multipliés comme on le veut et rapportés au plan par de simples opérations graphiques.

CHAPITRE IV.

Tracé des plans.

I°. — MÉTHODE GRAPHIQUE.

Mesure des droites.

Les lignes droites se mesurent au moyen d'un double décimètre ou d'une règle graduée quelconque. Pour pousser l'approximation le plus loin possible, on emploie une règle spéciale, dite *échelle de transversales*, qui permet d'évaluer les dixièmes des divisions marquées.

Voici quelques types usités en Belgique :
Plans de bâtiments 1/100.
Coupes   id.   1/50.
Terrains à bâtir 1/200.
Plans de concessions minières 1/1000.
Études de chemins de fer 1/2000.
Levers agricoles 1/1000 à 1/2500.
Plans d'ensemble 1/10000.
Cartes topographiques 1/20000 à 1/40000.

L'échelle du plan doit toujours être représentée graphiquement. Il ne suffit pas d'inscrire simplement sur le plan le rapport des dimensions proportionnelles. En représentant l'échelle graphiquement, on tient compte du retrait du papier qui affecte, de la même manière, le dessin du plan et de l'échelle.

Mesure des angles.

Les angles se mesurent au moyen :
1° Du transporteur et de la boussole.
2° Du rapporteur.
3° Des tables.

Transporteur. Le transporteur sert à tracer les angles levés au moyen de la boussole suspendue.

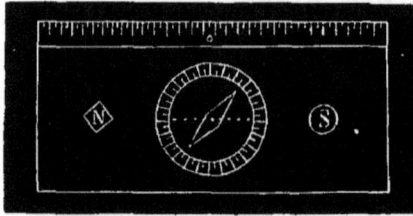

Fig. 58.

Il se compose (fig. 58) d'une règle épaisse en laiton au centre de laquelle se trouve une cavité où vient se déposer la boussole détachée de ses supports. Cette règle est graduée. Placée sur un papier orienté, l'arête parallèle à la ligne de foi de la boussole permet de tracer une ligne dont l'azimut est donné par la boussole. Pour tracer en un point une ligne d'azimut donné, il suffit donc de faire passer par ce point l'arête de la règle et de faire tourner celle-ci jusqu'à ce que la boussole marque l'azimut voulu.

Cet appareil présente l'avantage de tracer le plan avec l'instrument qui a servi à le lever, et par conséquent avec le même degré d'approximation. Mais les erreurs dues aux influences magnétiques ne sont pas évitées; car on ne se trouve plus dans les même conditions que pendant le lever; dans un bureau de dessin, il y a toujours beaucoup d'objets en fer qui peuvent exercer une influence. Aux mines de Decize (Nièvre), on a construit un bureau de dessin où toutes les ferrures sont remplacées par du cuivre, afin de pouvoir se servir sans inconvénient de cet appareil. Ce procédé a en outre, comme les levers à la boussole, l'avantage de ne pas amplifier les erreurs, mais il est assez lent, parce qu'il faut attendre pour tracer que l'aiguille ait fini d'osciller. C'est de plus une difficulté d'être astreint à maintenir le papier dans une orientation invariable.

— 135 —

2° On emploie plus ordinairement le *rapporteur*, demi-cercle en corne ou en laiton divisé en degrés ou demi-degrés. Ce cercle présente une seule ou deux graduations, la première de 0 à 180° et la seconde de 180 à 360°. Quelquefois il porte de plus un rapporteur complémentaire composé d'arcs de cercles concentriques dont les graduations sont complémentaires de celles marquées sur les rayons du rapporteur principal.

Il faut vérifier :

1° Si la graduation est exacte;

2° Si le rapporteur est exactement rentré;

3° Si l'arête du rapporteur est rigoureusement parallèle au diamètre;

4° Si cette arête est bien rectiligne.

Pour tracer un azimut en un point donné à l'aide du rapporteur, on fait glisser le rayon correspondant sur la ligne N.-S. jusqu'à ce que l'arête du rapporteur parallèle au diamètre passe par le point donné et l'on trace le long de cette arête.

En employant du papier quadrillé, on est dispensé de tracer en chaque sommet une parallèle à la ligne N.-S., ce qui expose à des erreurs et présente dans tous les cas l'inconvénient de porter au plan des lignes qui doivent ensuite être effacées.

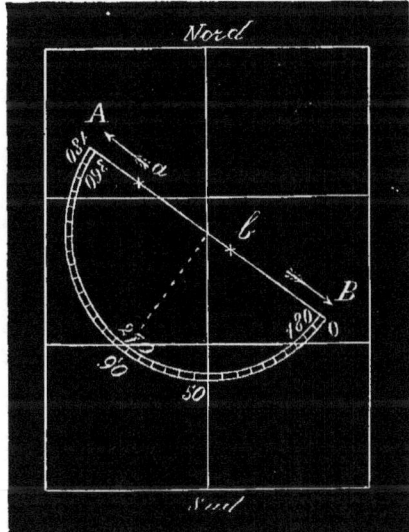
Fig. 59.

La manière d'opérer diffère suivant que l'on a à tracer des azimuts plus petits ou plus grands que 180°.

Soit à tracer en *a* (fig. 59) un azimut de 50°. On fait coïncider avec la ligne N.-S. la plus voisine, le rayon correspondant à 50° en tournant l'arc vers le Sud. On fait glisser le rapporteur le long de ce rayon, jusqu'à ce que le bord rectiligne passe par le point *a* et l'on trace, dans le sens de la flèche A, la ligne dont l'azimut égale 50°.

Soit à tracer en *b* un azimut de 230°. Si le rapporteur porte les deux graduations 0 à 180 et 180 à 360, on opère de même en faisant coïncider le rayon correspondant à 230° avec la ligne N.-S., puis on trace une ligne en *b* suivant la direction de la flèche B.

Si le rapporteur ne portait qu'une seule graduation 0 à 180°, il faudrait soustraire 180 de 230 et opérer sur le rayon correspondant à cette différence, en traçant dans le sens de la flèche B.

Lorsque les angles sont voisins de 0, de 180 ou de 360°, il est souvent difficile de faire passer l'arête rectiligne du rapporteur par le point donné. On se sert alors du rapporteur complémentaire, en faisant coïncider ses rayons avec les lignes E.-O. du quadrillage.

Le rapporteur complémentaire sert en outre à vérifier les indications du rapporteur principal.

Lorsque l'arête rectiligne du rapporteur est graduée, on peut accélérer considérablement le travail, car on supprime l'emploi de l'équerre et du double décimètre.

On a construit des rapporteurs permettant de tracer directement les azimuts par rapport au Nord vrai.

Il faut pour cela y adjoindre une règle, tournant à charnière autour d'une des extrémités du diamètre. Le rapporteur Tabarant (fig. 60), employé dans quelques exploitations minières du centre de la France, comprend une règle de ce genre et une alidade à vernier mobile, au centre du cercle. L'alidade sert de règle à tracer. On emploie cet appareil avec un parallélogramme articulé, servant à transporter, dans toute

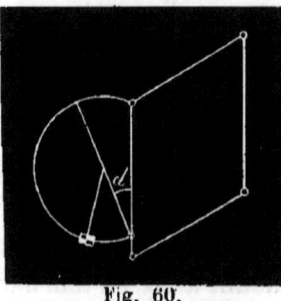

Fig. 60.

l'étendue du dessin, des parallèles à la ligne N.-S. La règle à charnière faisant avec le diamètre du rapporteur un angle d égal à la déclinaison, tous les angles marqués par l'alidade seront augmentés de cette valeur. Ce seront donc des azimuts rapportés au Nord vrai.

Le rapporteur Squalard, employé dans plusieurs charbonnages du Hainaut, est à double graduation avec rapporteur complémentaire ; il est également muni d'une règle à charnière qui peut s'écarter du diamètre d'un angle égal à la déclinaison. Cette règle est graduée et l'on se sert de ce rapporteur, en traçant le long de cette règle comme nous l'avons indiqué ci-dessus pour le rapporteur ordinaire. L'emploi du rapporteur Squalard est plus simple que celui du rapporteur Tabarant.

3° *Emploi des tables*. On peut aussi employer, soit les tables qui donnent la valeur des cordes des arcs compris entre 0 et 180° dans un cercle de rayon égal à 1000, soit les tables des lignes trigonométriques naturelles.

Ces procédés sont les seuls qui puissent être employés pour les angles importants (1) ; mais ils sont moins rapides que l'emploi du rapporteur.

Copie et réduction des plans.

La copie des plans se fait au moyen de procédés géométriques servant à déterminer les points du plan par intersections, prolongements ou coordonnées ; on se sert de plus de procédés mécaniques, calquoir, piquoir, etc.

Les procédés photographiques sont aujourd'hui très employés. Dès 1803, Wedgwood avait fait des essais dans cette voie, mais ces essais échouèrent par suite du prix élevé des préparations et de la détérioration du papier. A l'Exposition de

---

[1] Voir le « *Rapporteur exact ou tables, etc.* » par BAUDUSSON. — Paris, 1864.

1867, parurent les premières photographies en blanc sur fond bleu, obtenues par la *cyanotypie*, procédé inventé par sir John Herrschell; les épreuves étaient tirées sur papier mince et de petite dimension.

Aujourd'hui le procédé au cyano-fer (mariotypie) permet d'obtenir des épreuves sur papier fort et de grand format. Ce procédé est employé d'une manière tout à fait courante et l'on dit aujourd'hui le *bleu* comme le *calque* d'un plan. La grande supériorité de la mariotypie sur les autres procédés analogues, c'est que la fixation de l'image se fait par un simple lavage à l'eau, tandis que dans d'autres procédés il faut des bains spéciaux pour fixer l'image (1).

Les procédés photographiques ont l'avantage de reproduire l'original d'une manière absolument rigoureuse, sans y omettre le moindre trait.

Pour réduire les plans, le meilleur système consiste à tracer un quadrillage sur le modèle, puis à réduire ce quadrillage et à dessiner dans chaque carré les parties correspondantes du modèle.

---

(1) Voici la méthode la plus usitée pour la reproduction des plans par le procédé au cyano-fer.

On prépare deux solutions A et B.

A { Oxalate de fer et d'ammoniaque . . . . 100 grammes.
    Acide oxalique. . . . . 5 »
    Eau de pluie bouillie et filtrée. . . . . 500 »

B { Cyanure ferrico-potassique (rouge) . . . . 50 »
    Eau de pluie, etc. . . . . 500 »

Ces solutions se conservent indéfiniment.

Pour l'usage : mêler après filtration, au fur et à mesure du besoin, parties égales de A et B, filtrer de nouveau le mélange, s'il n'est pas limpide, et avec un pinceau plat ou une éponge, en enduire une face du papier, laisser sécher à l'obscurité. On recouvre ce papier préparé du dessin que l'on veut reproduire et l'on expose plus ou moins longtemps à la lumière, suivant l'épaisseur du papier sur lequel le plan est dessiné. On se sert pour l'exposition d'un châssis ou simplement d'une glace dont on recouvre les deux papiers.

On emploie également des instruments spéciaux, tels que compas de précision, compas à quatre pointes, compas de proportion, compas à trois branches. Le pantographe permet de réduire les plans les plus compliqués et son emploi peut être conseillé pour la réduction des plans de mine à petite échelle.

La photographie fournit également des moyens précieux de réduction et d'agrandissement. Elle réduit les plans sans altération sensible, mais elle a l'inconvénient de réduire en même temps les écritures, au point de les rendre illisibles.

La photographie a été employée sur une grande échelle en Belgique, au dépôt de la guerre, pour la confection de la carte topographique.

Les planchettes-minutes de cette carte ont été tracées à l'échelle de 1/20000. Pour obtenir un bon cliché photographique, on commence par agrandir à l'échelle de 1/10000 ces

---

Le procédé suivant donne des traits bleus sur fond blanc.
Le papier est enduit d'un liquide composé comme suit :

Gomme	25 grammes.
Chlorure de sodium	3 "
Sulfate ferrique	5 "
Acide tartrique	4 "
Perchlorure de fer à 45° B?	10cc.
Eau en quantité suffisante pour arriver à	100cc.

Le bain de développement est une solution plus ou moins concentrée de prussiate rouge ou jaune de potasse, soit neutre, alcalin ou acide. Après exposition, le positif est plongé dans le bain, et les parties qui n'ont pas reçu de lumière, deviennent vert foncé ; le restant ne change pas de couleur. On enlève l'excès de prussiate en lavant dans l'eau qui arrête la réaction, puis on laisse l'épreuve quelques minutes dans un bain acidulé avec l'un des acides, acétique, chlorhydrique ou sulfurique ; toutes les substances qui pourraient altérer la blancheur du papier sont enlevées ; les traits ont alors une couleur bleue. On lave de nouveau à l'eau pure et l'on sèche.

Il faut avoir soin de ne pas employer une forte lumière dans la préparation du papier ; car il est très sensible. Le temps de pose s'obtient par des témoins, c'est-à-dire par de petits morceaux de papier sensible, que l'on expose en même temps que le plan et que l'on développe de temps en temps pour savoir si l'impression de l'épreuve est suffisante.

planchettes-minutes passées à l'encre ; puis on décalque cet agrandissement sur papier fort et le dessin en est fait d'une manière spéciale, en vue d'une nouvelle réduction photographique, c'est-à-dire que les écritures reçoivent les dimensions voulues pour pouvoir subir sans inconvénient la réduction.

La réduction de moitié de cet agrandissement donne les feuilles de la carte au 1/20000. Cette réduction est transportée sur pierre par la photolithographie. La carte s'imprimant en couleurs, on transporte les parties qui doivent recevoir des couleurs différentes sur 7 pierres séparées.

Le dépôt de la guerre publie également ces planchettes en noir. Celles-ci sont obtenues par la photozincographie. La carte au 1/40000 est obtenue au moyen de réductions photographiques des planchettes-minutes qui sont ensuite gravées à la main.

Un grand nombre de pays ont adopté les procédés photographiques pour la publication des cartes topographiques.

En Autriche, on emploie l'héliogravure qui exige un dessin spécial.

On emploie aussi quelquefois les procédés de réduction par le caoutchouc. On imprime au moyen d'une pierre lithographique sur une feuille mince de caoutchouc tendue également dans tous les sens ; après impression, on la laisse revenir à la dimension voulue ; on la tend davantage pour agrandir, puis on reporte sur pierre la réduction ou l'agrandissement du dessin. Ce procédé est rapide et économique, mais peu exact, parce que la tension n'est pas la même dans toutes les parties de la feuille. Il est employé à l'Institut cartographique de Lisbonne.

Calligraphie des plans.

Les écritures d'un plan doivent toujours être dirigées de l'Ouest à l'Est, même lorsque cette direction n'est pas celle des côtés du cadre; cela facilite beaucoup la comparaison des plans. On ne fait d'exceptions que pour les noms des fleuves, canaux, chemins, limites, etc., qui sont indiqués parallèlement aux signes représentatifs de ces objets.

Il faut, dans tous les cas, éviter autant que possible les *légendes* à moins de confusion, et avoir soin de donner de l'uniformité aux écritures, en conservant les **mêmes caractères** pour les objets de même nature.

2° — MÉTHODE NUMÉRIQUE.

La méthode précédente présente l'inconvénient que les erreurs se propagent de sommet en sommet. Si l'on rapporte des azimuts, les droites du dessin restent, à vrai dire, parallèles aux alignements du terrain; mais les erreurs s'amplifient lorsqu'on rapporte des angles au lieu de rapporter des azimuts.

Dans la méthode numérique, au contraire, chaque point est déterminé par ses coordonnées et se rapporte d'une manière absolument indépendante des points voisins, de sorte qu'une erreur n'affecte que le sommet où elle a été commise. On peut de plus tenir compte de fractions qui restent négligées dans la méthode graphique.

Cette méthode est donc plus exacte, mais aussi beaucoup plus lente. Elle s'appliquera toujours, lorsque le plan aura été levé au moyen d'une triangulation faite au théodolite, car ce sera le seul moyen de conserver au plan l'exactitude du lever.

Les coordonnées des points à rapporter se déterminent généralement par rapport à la méridienne prise comme **axe des Y** et à la ligne E.-O. prise comme axe des X. On commencera donc par tracer une méridienne en l'un des sommets, par un des procédés indiqués ci-après, et l'on mesurera au théodolite l'angle que fait un des alignements avec cette méridienne, c'est-à-dire l'azimut vrai de cet alignement.

Pour déterminer les coordonnées des sommets, il faut calculer l'azimut vrai de chaque alignement, connaissant l'azimut de l'un deux et les angles que les alignements font entre eux.

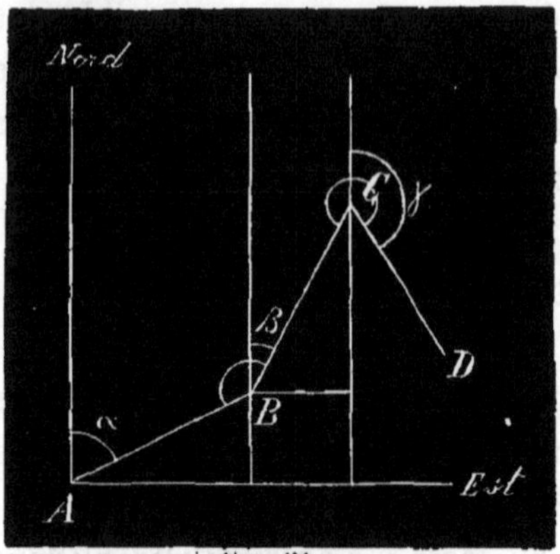

Soit, fig. 61, une ligne polygonale ABCD et soit α l'azimut vrai du côté AB. L'azimut β du côté BC est égal à l'angle $B-(180-\alpha) = \alpha + B - 180$. L'azimut γ du côté CD sera de même égal à $\beta + C - 180$. Les angles B et C sont mesurés du même côté de la ligne polygonale.

Fig. 61.

Ces azimuts étant déterminés, il est facile d'en déduire les coordonnées des sommets, connaissant la longueur des alignements.

Les coordonnées du point B sont :
$$x = AB \sin \alpha.$$
$$y = AB \cos \alpha.$$
Les coordonnées du point C sont :
$$x' = x + BC \sin \beta.$$
$$y' = y + BC \cos \beta.$$

Les coordonnées sont positives vers le Nord et vers l'Est; leurs signes concordent donc avec celui des lignes trigonométriques.

De même que nous venons de passer de la valeur des alignements et des angles à celle des coordonnées, on peut aussi se trouver dans le cas de passer de la valeur des coordonnées à celle des alignements et des angles. On applique pour cela deux formules bien connues de la géométrie analytique plane :

1° Celle qui donne la distance de deux points :
$$d = \sqrt{(x'-x)^2 + (y'-y)^2}.$$

2° Celle qui donne la tangente de l'angle d'une droite avec l'axe des y :

$$tg\, \alpha = \frac{x' - x}{y' - y}.$$

Ces deux formules permettent de résoudre un grand nombre de problèmes : détermination de distances à vol d'oiseau, de l'azimut d'un alignement non jalonné, mais tracé à vol d'oiseau, etc.

Prenons comme exemple le problème *des trois points* (voir page 112).

Ce problème peut se présenter comme ceci :

Connaissant les coordonnées de trois points ABC, calculer les coordonnées d'un point D d'où l'on a relevé les angles α β que font entre eux les alignements menés de ce point vers A, B, C.

Nous avons résolu précédemment ce problème connaissant les côtés a, b, c du triangle ABC et l'angle C, données qui nous ont servi à calculer les droites m, n, p.

Les longueurs a, b, c, de même que l'angle C, peuvent être exprimées en fonction des coordonnées de A, B, C.

En effet, on a (fig. 62) :

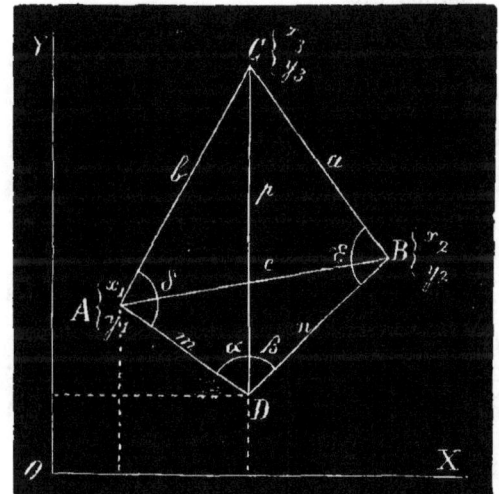

Fig. 62.

$$a = \sqrt{(x_2 - x_3)^2 + (y_2 - y_3)^2}$$
$$b = \sqrt{(x_3 - x_1)^2 + (y_3 - y_1)^2}$$
$$c = \sqrt{(x_2 - x_1)^2 + (y_2 - y_1)^2}$$

Si l'on pose $a + b + c = P$, on a :

$$\sin C = \frac{2}{ab} \sqrt{P \left(\frac{P}{2} - a\right)\left(\frac{P}{2} - b\right)\left(\frac{P}{2} - c\right)}$$

Après avoir déterminé numériquement ces valeurs, il est facile de déterminer de même celles de m, n et p.

L'angle du côté AC avec l'axe des y est donnée par

$$tg \; \varphi = \frac{x_3 - x_1}{y_3 - y_1}.$$

L'angle de AD avec l'axe des y sera égal à $\varphi + \delta$.

Or pour calculer m, nous avons dû au préalable calculer δ en fonction des coordonnées des sommets et de α et β.

Les coordonnées du point D seront donc :

$x = x_1 + m \sin(180 - (\varphi + \delta)) = x_1 + m \sin(\varphi + \delta).$
$y = y_1 - m \cos(180 - (\varphi + \delta)) = y_1 + m \cos(\varphi + \delta).$

On calculera de même ces coordonnées, au moyen de n ou de p, pour obtenir une vérification.

Le tracé du plan se fait sur du papier quadrillé, au décimètre par exemple. Suivant l'échelle, on saura immédiatement dans quel carré se trouve le point dont les coordonnées sont connues et l'on n'aura que des fractions à porter sur les côtés de ce carré pour déterminer le point en traçant deux parallèles aux axes.

Pour accélérer le tracé, on peut se servir d'instruments spéciaux, *ordinatographes* ou *rapporteurs de coordonnées*. Tous ces appareils reposent sur la combinaison d'une règle graduée avec une équerre à arête graduée munie ou non d'un vernier.

Pour accélérer le calcul des coordonnées, on se sert avantageusement de la *règle à calculs*.

Peu de temps après l'invention des logarithmes, Gunther imaginait une échelle logarithmique sur laquelle étaient portées graphiquement des longueurs linéaires proportionnelles aux logarithmes des nombres inscrits en regard des divisions de l'échelle.

On a ainsi une table graphique de logarithmes, dont on peut se servir, en prenant les logarithmes au compas, pour en faire graphiquement des sommes ou des différences, ce qui revient à effectuer des multiplications ou des divisions.

Au lieu de se servir du compas, on juxtapose aujourd'hui deux règles portant des échelles logarithmiques et pouvant glisser l'une sur l'autre ; on obtient ainsi la *règle à calculs* sur laquelle les additions et les soustractions de logarithmes se font avec la plus grande facilité.

L'une des règles, au lieu d'être divisée proportionnellement aux logarithmes des nombres peut l'être proportionnellement aux logarithmes des sinus, des tangentes, des sinus carrés, etc.

Pour le calcul des formules tachéométriques, on a réuni plusieurs règles qui servent à calculer les deux formules fondamentales :

$$D = g \sin^2 v$$

et $h = D \cot g\, v = g \sin^2 v \cot g\, v = \dfrac{g}{2} \sin 2v$ (1).

Les règles doivent être limitées en longueur pour la facilité du maniement ; pour augmenter l'étendue de l'échelle, on les a disposées concentriquement. Les angles au centre sont alors proportionnels aux logarithmes des nombres marqués à l'extrémité des rayons ; mais cette disposition réduit le nombre d'opérations que l'on peut effectuer avec un même appareil.

M. Hermann, professeur à l'École polytechnique d'Aix-la-Chapelle, a construit un *cercle à calculs* où les différentes

---

(1) Voir *Note sur l'emploi de la Règle logarithmique dans les études de tracés de chemins de fer au tachéomètre*, par G. PETITBOIS, ingénieur. *Revue universelle des mines*, etc., 2ᵉ série, t. XIV, 1883.

échelles sont tracées concentriquement sur un disque mobile. Deux aiguilles dont une seule est mobile, permettent de prendre entre elles un angle proportionnel à un logarithme quelconque. On peut ainsi multiplier le nombre d'opérations effectuables.

M. Boucher a construit un cercle du même genre qui a les dimensions et l'apparence d'une grosse montre portant un cadran sur chaque face.

Ces appareils ne doivent pas dispenser de raisonner les opérations ; ce sont des mécanismes qui permettent de faire plus sûrement et plus rapidement les opérations qui reviennent le plus fréquemment, avec une approximation moindre que celle que donnent les tables, mais en général très suffisante, puisqu'avec la règle à calculs on peut obtenir trois décimales.

Tracé de la méridienne.

Comme nous venons de le voir, le tracé de la méridienne est généralement la base du calcul des coordonnées. Le tracé de la méridienne est de plus nécessaire pour orienter un plan.

On ne peut en aucun cas se fier aux méridiennes du cadastre qui présentent des erreurs très graves.

Si l'on s'est servi d'une boussole pour lever le plan, il est indispensable de tracer la méridienne d'orientation en un point où aucune influence magnétique ne se fait sentir. Pour cela, on lève un petit polygone dont le point choisi occupe un des sommets et l'on vérifie s'il ferme exactement.

Pour tracer la méridienne, on peut faire usage des différentes méthodes suivantes.

1° *Méthode des ombres.* — Cette méthode repose sur le fait qu'à des distances égales de son passage au méridien, le soleil se trouve à des hauteurs égales au-dessus de l'horizon. Il s'ensuit qu'il donne en ces moments des ombres également allongées. On plantera donc en terre un pieux vertical ou *gnomon* et l'on marquera sur le terrain les extrémités de ses ombres, lorsqu'elles sont également allongées. En joignant ces points à la projection de l'axe du pieux, on obtient un angle dont la méridienne est bissectrice.

L'observation se fait plus exactement, en traçant plusieurs circonférences autour du pieux et en marquant les points où l'ombre de son extrémité vient affleurer chacune d'elles ; en joignant ces points, on obtient des courbes d'ombre.

Les moments le plus favorables pour opérer sont les équinoxes, parce qu'alors la courbe d'ombre se réduit à une ligne droite. Après l'équinoxe d'automne, les ombres s'allongent et la courbe devient dans nos latitudes une hyperbole, dont le pied du gnomon occupe le foyer ; après l'équinoxe de printemps, elles se raccourcissent et la convexité de l'hyperbole change de sens. Sous d'autres latitudes, on aurait une parabole ou une ellipse.

Cette méthode est trop grossière pour pouvoir être employée, si l'on recherche quelque précision.

2° *Méthode des hauteurs correspondantes.* — Les étoiles se trouvant à la même hauteur au-dessus de l'horizon à des distances égales de leur passage au méridien, on peut tracer une méridienne, en visant successivement la même étoile à la même hauteur de part et d'autre du méridien. Si l'on dispose pour cette opération d'un appareil muni d'un limbe horizontal, on déterminera sur ce limbe un angle dont la méridienne est bissectrice. On choisit une étoile voisine du pôle et l'on se sert d'un théodolite dont on maintient la lunette suivant une inclinaison constante pour viser l'étoile de part et d'autre du méridien.

L'inconvénient de cette méthode est de ne faire qu'une seule observation par nuit, à moins de noter l'inclinaison de la lunette au limbe vertical, ce qui expose à des erreurs.

On ne peut employer cette méthode que lorsqu'on découvre, du point où l'on se trouve, une grande étendue de ciel.

On peut aussi faire l'opération pendant le jour en visant le bord supérieur du soleil et en ayant soin de placer un verre noirci devant l'objectif; mais il y a une correction à faire à cause de l'obliquité de l'écliptique, correction dont on ne tient pas compte dans la méthode des ombres.

3° *Méthodes des hauteurs non correspondantes.* — Si l'on se trouve dans une vallée resserrée d'où l'on ne découvre pas une grande surface de ciel, on peut déduire, de trois positions observées d'une même étoile, celle qu'elle occupera au moment de sa culmination, c'est-à-dire de son passage au méridien. Cela revient à résoudre un problème de géométrie analytique plane (1).

4° *Observation de l'étoile polaire.* — On peut déterminer la méridienne, en observant l'étoile polaire, soit au moment de son passage au méridien, soit au moment de sa plus grande digression.

L'heure du passage de l'étoile polaire au méridien est donnée pour chaque jour, ou de 10 jours en 10 jours, dans les annuaires astronomiques. Dans les nuits d'hiver, l'étoile polaire passe deux fois au méridien. Ses passages supérieur et inférieur sont distants de 11 heures 58 minutes. Le jour sidéral étant de 23 h., 56′, 4″.091, il y a chaque année un jour de 24 heures où la polaire a deux passages supérieurs et un jour où elle a deux passages inférieurs au méridien.

Une instruction de Combes (2) donne le moyen de faire l'observation avec un théodolite, une boussole, ou simplement avec deux fils à plomb.

On installe le théodolite sur son trépied, une demi-heure avant le passage; on vise l'étoile, on l'amène au centre du

---

(1) *Berg-und Hüttenmännische Zeitung*, n° 47, 1876.
(2) *Annales des mines, partie administrative*, 6e série, t. I, p. 115.

réticule et on la pointe dans son mouvement apparent jusqu'à l'heure voulue indiquée « *par une bonne montre qu'on aura eu soin de régler dans la journée sur le temps moyen du lieu.* » C'est là précisément la difficulté ; mais en Belgique, elle peut être aisément éludée. En effet, les horloges intérieures des gares ont l'heure de l'Observatoire de Bruxelles à 2′ près. L'heure de Bruxelles est applicable à toute l'étendue du pays, sans entraîner une erreur d'arc de plus de 2″.

Une erreur de 2′ dans l'instant du pointé n'entraînera pas une erreur de plus de 1 $1/_2$ minute d'arc dans la direction de la méridienne, obtenue par l'observation de la polaire.

Si la polaire passait au méridien en plein jour, on opérerait sur l'étoile δ de la petite Ourse (fig. 64), l'erreur serait alors de 3′ d'arc. Cette approximation est plus que suffisante pour les levers à la boussole, qui ne donnent pas une plus grande approximation dans la détermination des azimuts.

On peut aussi observer l'étoile polaire, au moment de sa plus grande digression ; ce moment est facile à saisir, parce qu'en cet instant la projection horizontale du mouvement apparent de l'étoile change de sens et par conséquent, l'étoile suivie à la lunette du théodolite paraît rester quelques instants immobile. Il est donc inutile de connaître très exactement l'heure de la plus grande digression.

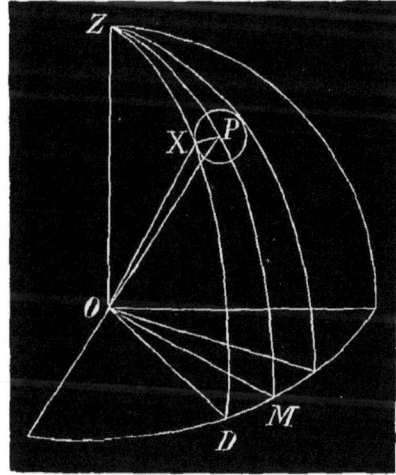

Fig. 63.

Soit OP, fig. 63, l'axe du monde, soit X la plus grande digression de l'étoile polaire. Le triangle sphérique PXZ permet de déterminer l'angle dièdre PZX, et par conséquent la direction de la méridienne OM, connaissant la direction OD obtenue en visant l'étoile au moment de sa plus grande digression. Le triangle PXZ donne :

— 150 —

$$sin\ Z = \frac{sin\ PX}{sin\ PZ}.$$

Or PX est le complément de la déclinaison D de l'étoile polaire, PZ est le complément de la hauteur du pôle, c'est-à-dire de la latitude géographique L du lieu où l'on se trouve, d'où :

$$sin\ Z = \frac{cos\ D}{cos\ L}.$$

5° *Méthode de Francœur*. — On possède des tables donnant l'heure du passage de certaines étoiles au vertical de l'étoile polaire par rapport à l'heure du passage de cette dernière au méridien. Ces tables fournissent un moyen commode pour déterminer la méridienne. Il est en effet facile d'observer, à l'aide d'un fil à plomb, le moment du passage d'une étoile quelconque au vertical de l'étoile polaire. Ces tables indiquent combien de temps après l'observation cette dernière passe au méridien.

Fig. 64.

En considérant par exemple l'étoile ε de la grande Ourse (fig. 64), on sait qu'à Paris cette étoile passe au vertical de l'étoile polaire P, 7', 2" avant le passage de l'étoile polaire au méridien. On peut donc aisément suivre celle-ci avec la lunette d'un théodolite jusqu'au moment de ce passage.

L'erreur faite à Liége, en appliquant les chiffres relatifs au méridien de Paris, n'est pas de plus de 5' d'arc, ce qui est encore une approximation permise, lorsqu'on se sert de la boussole. Dans ce cas, la méthode de Francœur est donc applicable et c'est, à coup sûr, l'une des plus simples.

6° *Méthode cartographique*. — Pour une détermination approximative, on peut opérer sur les cartes au 20000ᵉ de l'État-Major ; la direction du méridien peut y être tracée en joignant les degrés de longitude marqués en haut et en bas de la carte. On peut donc prendre sur la carte l'angle de la méridienne avec une ligne d'orientation facile à déterminer sur le terrain. Puis à l'aide de cette ligne, on reporte cet angle sur le terrain ; mais l'approximation ainsi obtenue est tout au plus de 15 minutes d'arc (1).

(¹) Voir l'*Annuaire de l'Observatoire de Bruxelles*, 1882.

2ᵐᵉ SECTION.

HYPSOMÉTRIE.

L'hypsométrie a pour but la mesure des différences de niveau existant entre divers points. Lorsque ces différences sont prises par rapport au niveau moyen des mers, elles reçoivent, en topographie, le nom de *cotes*, et en géographie le nom d'*altitudes*.

On entend par *niveau moyen d'une mer* la moyenne des niveaux atteints par la marée montante et descendante.

Le niveau moyen des mers n'est pas absolument uniforme. D'après les nivellements exécutés en Belgique et en France, il y aurait 0ᵐ70 de différence entre les niveaux moyens de l'Océan et de la Méditerranée. La Commission géodésique internationale s'occupe de cette question; elle a institué des observations dans 40 ports de l'Europe au moyen d'appareils enregistreurs, dits *marégraphes*, qui devront avoir fonctionné pendant 29 ans pour permettre de déterminer la hauteur moyenne du niveau des marées dans les ports où ils ont été installés.

D'après un nivellement des ponts et chaussées, antérieur à 1830, le niveau des marées basses des *vives eaux ordinaires* à Ostende serait à 1ᵐ48 au-dessus du busc des écluses du bassin de commerce de cette ville.

D'après le nivellement du dépôt de la guerre, le zéro se trouverait à 1ᵐ6445 au-dessus de ce même busc, ce qui donne une différence de 0ᵐ1665 avec le zéro des ponts et chaussées.

Il est plus avantageux de se conformer au zéro du dépôt de la guerre, à cause des nombreux repères déterminés par lui dans toute la Belgique.

Il faut distinguer le *niveau vrai* qui est celui de la surface des mers ou du sphéroïde terrestre et le niveau *apparent* ou *sensible* qui est celui du plan tangent à cette surface. Il s'agit bien entendu du niveau d'un ensemble de points, car pour un point isolé le niveau vrai se confond avec le niveau apparent.

CHAPITRE I.

Méthodes générales de nivellement.

L'hypsométrie comprend deux méthodes générales. La première rapporte toutes les mesures au niveau vrai; la seconde, au niveau apparent.

1° MÉTHODE BAROMÉTRIQUE.

La première est basée sur l'emploi du *baromètre*.

L'application de cet appareil à la mesure des hauteurs est décrite dans tous les traités de physique.

On peut employer le baromètre à mercure qui, indépendamment de l'inconvénient d'être gênant à transporter, présente celui de nécessiter une correction par rapport à la température. Pour ramener la hauteur barométrique H à zéro degré centigrade, on écrit :

$$h = \frac{H}{1 + \alpha t}$$

t étant la température centigrade au moment de l'observation, $\alpha = 0,00018$; mais comme t varie dans des limites peu étendues, la correction peut se faire approximativement, en ajoutant ou en retranchant $0^{mm}1444$ par degré de température; on peut au surplus se servir des tables de corrections.

Les baromètres anéroïdes sont d'un emploi beaucoup plus facile, on en construit aujourd'hui de très sensibles sous une forme portative. Ils ont l'avantage de ne pas exiger de correction.

Pour simplifier l'emploi du baromètre anéroïde dans la pratique des nivellements, M. Richard a calculé une table où la hauteur de l'atmosphère est divisée en 20 étages de 100 mètres. Ces tables donnent l'abaissement moyen de la colonne barométrique chaque fois qu'on s'élève de 1 mètre dans chaque étage. De 0 à 100 mètres cet abaissement est de $0^{mm}095$, tandis que de 1900 à 2000 la chute n'est plus que de $0^{mm}071$ (1).

Ces appareils sont souvent gradués directement en hauteurs données au-dessus d'un plan de comparaison donné.

La difficulté des nivellements barométriques réside principalement dans la manière de tenir compte des variations barométriques dues à l'état de l'atmosphère pendant la durée de l'opération.

Le meilleur moyen consiste à observer un baromètre stationnaire en un point voisin du nivellement, pour se procurer des éléments de correction (2). C'est ainsi qu'on a opéré dans le nivellement barométrique de la Saxe exécuté en 1870-72 par MM. Schreiber et Helm. Aussi longtemps qu'on se trouvait dans le voisinage immédiat d'une ville possédant un observatoire, les variations de pression qui y étaient relevées servaient à faire les corrections ; mais en campagne, on opérait de la manière suivante. Deux opérateurs sont munis chacun d'un baromètre, ces appareils sont soigneusement comparés. Les deux opérateurs se rencontrent au point de départ et règlent leurs montres. Le premier se dirige vers la seconde station en nivelant et donne un rendez-vous en cette seconde station, à une heure déterminée, à son coopérateur. Ce dernier note les variations barométriques de demi-heure en demi-heure,

---

(1) Voir ARMENGAUD. *Public. Industrielle*, t. XVII.

(2) Cependant, on peut opérer avec un seul baromètre si l'on veut s'astreindre à faire plusieurs fois le même nivellement. On doit remarquer aussi que dans les pays méridionaux les variations atmosphériques sont peu fréquentes.

puis se dirige à l'heure indiquée vers la seconde station. Il y trouve un billet qui lui indique à quelle heure il doit se trouver à la troisième station et ainsi de suite. Les deux opérateurs se rencontrent au moins une fois par jour pour comparer leurs appareils.

Ce procédé suppose, à vrai dire, que les variations atmosphériques sont les mêmes dans les deux stations. Comme ceci peut être inexact, il faut contrôler les résultats par une seconde opération.

Les nivellements barométriques sont très avantageux chaque fois que l'on ne réclame pas une grande précision. Ils sont principalement employés dans les études d'avant-projet de chemins de fer et dans les études géologiques.

2° MÉTHODES REPOSANT SUR LA DÉTERMINATION D'UN PLAN HORIZONTAL.

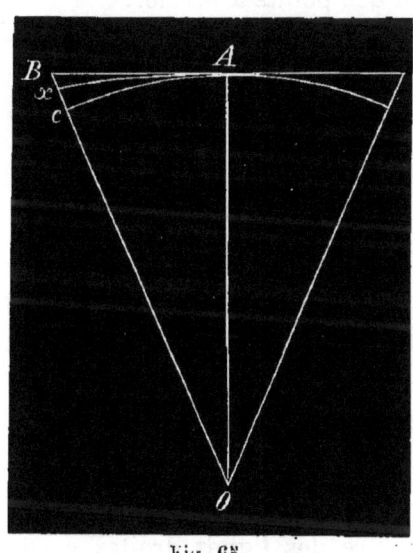
Fig. 65.

Cherchons quelle erreur on commet en substituant le niveau apparent au niveau vrai.

Soit, fig. 65, un plan horizontal tangent en A au sphéroïde; soit la distance $AB = a$. En substituant le plan tangent à la surface du sphéroïde, je commets à l'extrémité de la distance a une erreur $Bc = e$. Nous avons $a^2 = (R + e)^2 - R^2$.
$$= e(e + 2R).$$
d'où $e = \dfrac{a^2}{e + 2R}$

et comme e est très petit par rapport au diamètre de la terre, on pourra écrire $e = \dfrac{a^2}{2R}$

Mais l'effet de la réfraction atmosphérique vient diminuer l'erreur.

En effet, l'objet que nous visons suivant la ligne AB, est en réalité inférieur au point B, par suite de l'inégale densité des couches d'air. L'angle de réfraction est fort variable; mais, d'après Gauss, on peut admettre que $Bx = 0.1306\ e$ de sorte que l'erreur devient

$$\frac{a^2}{2R} - \frac{0.1306\ a^2}{2R} = 0.4347\ \frac{a^2}{2R}$$
$$= 0.00000006828\ a^2$$

Soit $a = 100^m$, l'erreur est égale à $0^m0006828$.

Soit $a = 1000^m$, elle devient 0^m06828.

On voit qu'à de grandes distances cette erreur est loin d'être négligeable, mais nous verrons qu'il est toujours possible de s'en affranchir en installant l'appareil approximativement à égale distance de chacun des points à niveler.

Les méthodes reposant sur la détermination d'un plan horizontal sont au nombre de deux :

La première est *géométrique* et la deuxième *trigonométrique*.

A. — Méthode géométrique ou des nivellements proprement dits.

Cette méthode consiste à déterminer un plan horizontal dont on cherche les intersections avec une série de verticales menées par les points à niveler et à déterminer les distances de ces points à ce plan.

Appareils de nivellement.

Cette méthode nécessite deux genres d'appareils :

1° Une *mire* servant à la mesure des lignes droites verticales.

2° Un *niveau* servant à déterminer un plan horizontal.

Mires. — Les mires sont *simples* ou à *coulisse*.

Une mire simple est une règle de deux mètres sur laquelle glisse un *voyant*. Une graduation en décimètres est inscrite derrière la règle et le voyant entraîne avec lui une réglette divisée en millimètres qui permet de déterminer à un millimètre près la hauteur du centre de ce voyant au-dessus du sol.

Les mires à coulisse sont pourvues d'une seconde partie de 2 mètres glissant à coulisse sur la première ; elles portent une double graduation et deux voyants.

L'un d'eux est fixé en haut et l'autre au bas de la coulisse. Le centre du voyant supérieur se trouve donc toujours à deux mètres au-dessus du centre du voyant inférieur. Les deux graduations diffèrent de 2 mètres, la réglette du voyant inférieur qui glisse sur la première partie de la mire, en emportant avec lui la coulisse, permet donc de mesurer la hauteur du centre de l'un ou de l'autre voyant au-dessus du sol. Dans ce système, la lecture est faite par le porte-mire. Il est préférable qu'elle soit faite directement par l'opérateur.

On emploie pour cela une mire *parlante*, c'est-à-dire une large règle, simple ou à coulisse, portant, du côté de l'opérateur, une graduation visible par celui-ci. Cette graduation sera poussée plus ou moins loin selon le grossissement de la lunette du niveau. Généralement, elle est faite en centimètres alternativement peints en blanc et en rouge, et l'on évalue les fractions à l'œil. Avec des lunettes grossissant 30 fois, on peut estimer, à 200 mètres, une hauteur de 2^{mm}.

On a construit, à Freiberg, des mires parlantes avec divisions de 2 millimètres, pouvant atteindre, par l'adjonction d'une languette supérieure, une hauteur totale de 9^m35. On y a également construit des mires de grande hauteur à emmanchement télescopique. Mais ordinairement le vent empêche d'employer des mires de si grandes dimensions.

Dans le Harz, on a combiné les systèmes de la mire à voyant et de la mire parlante, de manière à se servir de l'une ou de l'autre suivant la distance à laquelle on vise.

Il importe beaucoup de maintenir la mire bien verticale, ce qui peut se faire, en se guidant d'après un fil à plomb ou quelquefois d'après un niveau d'eau à bulle d'air fixé sur la mire.

L'obliquité de la mire donne lieu à une erreur sensible ; soit en effet une obliquité corespondant à un angle δ. Au lieu de la hauteur verticale h, on mesure une hauteur $h' = \dfrac{h}{\cos \delta}$ $h' - h = h'$ (1-$\cos \delta$). Si $\delta = 2°$, $1 - \cos \delta = 0{,}00061$; soit $h' = 2^m$; on fera donc une erreur de 0^m00122 sur une hauteur mesurée de 2^m, ce qui est loin de pouvoir être négligé.

Niveaux. Les niveaux reposent sur un grand nombre de principes différents.

1° Le *niveau de maçon* ou à *perpendicule* est fondé sur le principe de la pesanteur. On ne s'en servira dans les nivellements qu'à défaut d'un autre appareil. On vise le long de la règle sur laquelle est posé le niveau, mais on ne peut viser ainsi à plus de 15 à 20 m. Cet appareil présente de plus l'inconvénient du peu de stabilité du perpendicule.

M. Bohne a construit un niveau de ce genre où le perpendicule est remplacé par une petite lunette terrestre suspendue à la Cardan. L'appareil se compose d'une boite cylindrique de 55 mill. de haut sur 45 de diamètre, présentant deux fenêtres opposées qui permettent de viser à travers la lunette. L'appareil se tient à la main ou se pose sur un bâton de 1^m50. Cet appareil est très portatif et peut servir utilement dans les études d'avant-projets.

2° Le *niveau d'eau* est fondé sur le principe des vases communiquants. Il se compose d'un tube horizontal (en fer blanc ou en laiton) terminé à ses deux extrémités par des fioles verticales, dans lesquelles le niveau d'un liquide détermine nu plan horizontal.

Ce tube est fixé sur une douille qui s'emmanche sur un trépied.

Pour que le niveau du plan horizontal ne varie pas, lorsqu'on fait tourner le tube sur sa douille, il faut que ce tube reste bien horizontal dans sa rotation et que les fioles aient rigoureusement le même diamètre. On s'assure à l'œil de l'horizontalité du tube.

Il faut avoir soin de ne pas emprisonner d'air dans le tube en le remplissant du liquide. Ce dernier est de l'eau ou, en hiver, de l'alcool. On emploie souvent un liquide coloré, mais cela présente l'inconvénient de salir les fioles, aussi est-il préférable de garnir le haut des fioles d'une feuille de clinquant qui se reflète à la surface du liquide incolore.

On vise tangentiellement aux fioles, en se tenant à 1^m environ de l'appareil. Il faut tenir compte du ménisque formé par le liquide dans les fioles, en prenant l'habitude de viser, soit à sa partie supérieure, soit à sa partie inférieure. La hauteur du ménisque pourrait donner lieu à une erreur de 1/2 ^{mm} d'une fiole à l'autre, erreur qui grandit naturellement selon la distance à laquelle on vise Il est d'ailleurs nécessaire d'avoir des fioles d'égal diamètre pour que les ménisques soient égaux.

On se place à peu près dans l'alignement des points à niveler pour déplacer le tube le moins possible entre les deux visées.

Le niveau d'eau est un appareil économique et d'un transport facile.

Un ouvrier intelligent apprendra facilement à opérer avec cet appareil qui est très employé dans le nivellement des profils en travers.

Les inconvénients sont sa faible portée, ainsi que les oscillations du liquide et de l'appareil sous l'action du vent; on remédie aux oscillations du liquide en mettant sur les fioles des bouchons percés de trous.

On a construit en Angleterre des appareils à mercure fondés sur le même principe, munis de flotteurs à pinules qui remédient à l'incertitude du plan de visée, mais ces dispositions rendent l'appareil trop coûteux, eu égard à son degré d'exactitude.

Le principe des vases communiquants a été appliqué récemment par M. Aïta de Padoue pour niveler sans viser. Il s'agissait de faire un plan coté de la ville de Padoue pour l'établissement d'égouts et d'une distribution d'eau, or les rues très tortueuses de cette ville et la fréquence de la circulation empêchaient de se servir des appareils ordinaires. M. Aïta eut alors l'idée d'employer deux mires sur lesquelles glissaient des fioles réunies par un tube de caoutchouc de 30 mètres de longueur. Le niveau s'établissant dans les deux fioles, situées à peu près à la même hauteur, la différence de niveau des deux points où stationnent les mires est donnée par la différence des hauteurs marquées sur celles-ci par le niveau du liquide. A l'aide de cet appareil on a nivelé 2 kilomètres en 6 heures en déterminant 140 cotes.

Cet appareil peut rendre de grands services là où la vue est bornée, dans des plantations, des forêts, dans les travaux de terrassement, de bâtisse, sur les pentes où l'on ne peut installer un trépied, enfin dans l'obscurité.

C'est pourquoi l'on en a fait l'application en Angleterre dans des mines, exploitées par piliers repris, où l'on a des galeries très tortueuses à niveler. On l'a modifié en ce sens que les fioles sont remplacées par des tubes régnant sur toute la hauteur des mires qui ont 0^m90 de haut.

En dehors de ces cas spéciaux, cet appareil serait encombrant. Il a d'ailleurs l'inconvénient d'exiger deux opérateurs.

3° *Niveaux à bulle*, plusieurs appareils de nivellement sont fondés sur le principe du niveau à bulle.

A Le *niveau à pinules* est une simple règle munie de pinules à ses extrémités et portant en son milieu un niveau à bulle. Cet appareil est simplement monté sur un genou et une douille. C'est un appareil peu coûteux, mais qui ne permet pas de viser à de grandes distances.

B Les *niveaux à lunette* sont plus employés. Ils présentent différentes constructions.

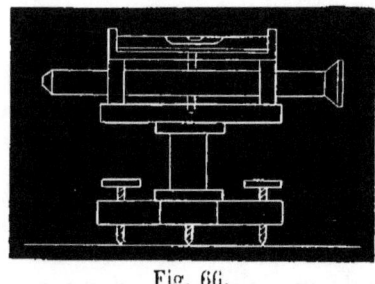

Fig. 66.

a) Le *niveau Lenoir* ou *à plateau* (fig. 66) se compose de trois parties :

1° Un plateau à vis calantes.

2° Une lunette portant en son milieu deux tourillons opposés et munie de deux collets rectangulaires par lesquels elle repose sur le plateau.

3° Un niveau à bulle dont le patin présente une ouverture circulaire dans laquelle s'engage le tourillon supérieur de la lunette ; le patin du niveau repose sur les collets de celle-ci.

Ces parties s'assemblent sur le terrain.

Le plateau se fixe sur un trépied à tablette au moyen d'une vis à ressort.

Les avantages du système sont la simplicité et la facilité du maniement; ses inconvénients sont l'usure des collets et du plateau.

L'appareil doit être vérifié chaque fois qu'on se met au travail, parce qu'il peut se déranger par le transport.

Les vérifications doivent être effectuées dans l'ordre suivant:

1° *Réglage du niveau à bulle.* Ce réglage se fait par retournement, en plaçant le niveau parallèlement à deux vis calantes. Si la bulle amenée au milieu du tube dans une première position, n'y revient pas après retournement, on corrige la moitié de la différence avec la vis de rectification du niveau et l'autre moitié avec la vis calante opposée. (Voir page 105.)

2° La *verticalité de l'axe de rotation* se vérifie en faisant faire un tour complet à la lunette, après avoir établi l'horizontalité de l'appareil.

3° L'*usure des collets*, qui peut être inégale, se vérifie en plaçant le niveau directement sur le plateau pour établir l'horizontalité de l'appareil. Celle-ci étant établie, on met ensuite le niveau sur les collets de la lunette et l'on vérifie si l'horizontalité subsiste pour un tour complet.

4° La *centration du réticule* se vérifie en visant une mire à 250 mètres environ, dans une première position de la lunette, puis après avoir retourné celle-ci sur son axe. Si l'on ne voit pas le même point de la mire après retournement, c'est que le réticule est mal centré.

On prend alors la moyenne des deux lectures et l'on modifie la position du fil horizontal du réticule jusqu'à ce que l'on vise exactement cette hauteur moyenne ; mais comme le réticule se dérange aisément pendant les opérations, on peut se dispenser de faire cette vérification en ayant soin de donner sur chaque point deux coups de niveau, le second après avoir retourné la lunette sur elle-même, et en prenant la moyenne des deux lectures. Ce procédé corrige en même temps l'effet d'une usure inégale des collets.

b) Le *niveau d'Egault* (fig. 67) est plus délicat que le pré-

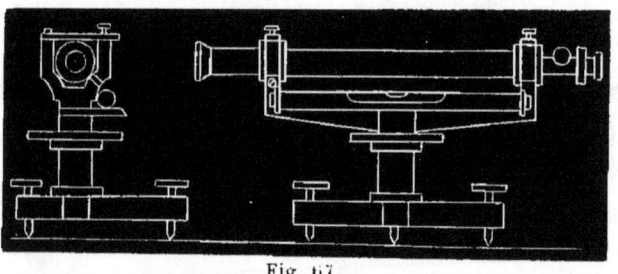

Fig. 67.

cédent et permet de corriger une usure inégale des collets. Dans le niveau d'Egault, la lunette et le niveau sont portés par un même bâti qui tourne sur un plateau de petit diamètre, parfaitement dressé.

La lunette est amovible, elle repose par deux collets cylindriques dans deux fourches, et chacun des collets n'y touche que par deux points seulement. L'un de ces points est constitué par l'extrémité d'une vis que l'on peut relever ou abaisser pour corriger, le cas échéant, l'inégalité de l'usure. Cet appareil est plus délicat, mais plus précis que le niveau Lenoir, sa lunette a une portée de 5 à 600 mètres.

Les vérifications se font dans l'ordre suivant :

1° *Réglage du niveau* comme ci-dessus.

2° *L'usure inégale des fourches et des collets* se vérifie en visant une mire au loin ; puis on tourne l'appareil horizontalement de 180° et l'on retourne la lunette bout pour bout, *en ayant soin de ne pas la renverser sens dessus dessous*. Si l'on vise un autre point de la mire que dans la première position, cela indique que celle-ci n'était pas horizontale et qu'il y a un défaut de parallélisme entre les axes de la lunette et du niveau.

On corrige ce défaut en agissant sur la vis de rectification qui permet de changer la position de la lunette dans ses supports.

3° La *centration du réticule* se vérifie comme ci-dessus, mais on opère toujours par retournement de la lunette en prenant la moyenne des deux lectures.

c) Les niveaux construits en Allemagne portent généralement le niveau à cheval sur la lunette ou suspendu sous la lunette.

On peut alors vérifier, comme dans certains théodolites, l'égalité des collets et reconnaître de plus s'ils sont rigoureusement cylindriques.

Les organes des niveaux allemands les plus soignés se rapprochent beaucoup de ceux du théodolite; ces niveaux sont souvent accompagnés d'un limbe horizontal et même d'un limbe vertical. Dans ce cas, la lunette est mobile dans le plan vertical. On obtient ainsi des appareils qui permettent d'apporter une grande précision dans les opérations du nivellement, mais qui sont massifs et lourds.

4° Le *niveau à réflexion* se compose d'un petit miroir

suspendu dans une boîte à la manière d'un pendule. Ce miroir se place donc toujours verticalement. Si on l'élève à la hauteur de l'œil, l'image de l'œil et l'œil lui-même se trouveront sur une perpendiculaire au miroir et par conséquent sur une horizontale. On pourra donc, en prolongeant cette horizontale au delà du miroir, déterminer sa hauteur sur une mire. On a ainsi un appareil d'un maniement très rapide et qui donne une approximation suffisante pour des études d'avant-projet.

Cet appareil n'est pas toutefois susceptible d'une grande précision à cause des oscillations du miroir et des mouvements de la tête. Pour y remédier, on y a annexé, en Norwège, un petit voyant percé d'un trou central par lequel on vise. (Niveau de Wrede.) C'est alors l'image de cette ouverture, et non celle de l'œil, qui détermine la ligne horizontale suivant laquelle on vise.

Si le voyant porte une graduation sur la face tournée vers le miroir, on peut s'en servir pour diriger dans l'espace une ligne d'inclinaison donnée, en visant sur l'image d'une des graduations. Cette image se formant au delà du miroir à une distance égale à celle de l'objet, il faut tenir compte de cette circonstance pour évaluer l'angle de pente de la ligne.

Si la hauteur de la graduation au-dessus de l'axe horizontal du voyant est de $1/10$ de la distance du voyant au miroir, l'inclinaison de la ligne de pente sera de $1/20$.

Pratique du nivellement.

S'il s'agit de déterminer la différence de niveau de deux points assez rapprochés, on peut procéder par *nivellement simple*.

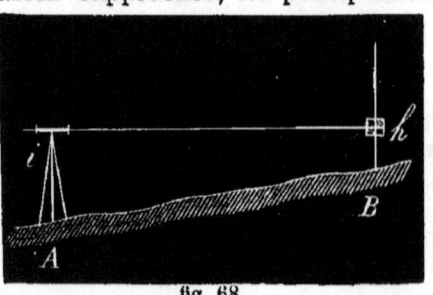

fig. 68.

On opère de deux manières :

1° En plaçant l'appareil en un des points A et la mire au second point B (fig. 68). Il faut dans ce cas mesurer la hauteur du centre de l'appareil au-dessus du sol ; la hauteur lue sur la mire étant h, la différence de niveau sera

$$d = i - h$$

Si l'on avait à tenir compte de la correction c due à la courbure de la terre et à la réfraction atmosphérique, on écrirait

$$d = i - (h - c) = i - h + c$$

Si nous mettons ensuite l'appareil en B et la mire en A, nous aurons de même

$$d = h' - c - i'$$

La moyenne de ces deux valeurs nous donnera la différence de niveau indépendante de toute correction :

$$d = \frac{h' - h}{2} + \frac{i - i'}{2}$$

2° En plaçant l'appareil à égale distance des points à niveler, la correction disparaît également.

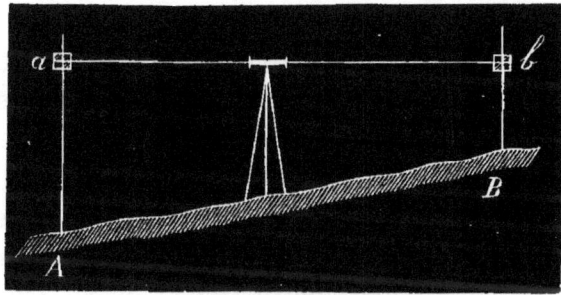

fig. 69.

Soit A et B les points à niveler (fig. 69). La différence de niveau sera donnée par Aa — Bb.

La même correction devant être soustraite de chacune de ces hauteurs, il n'y a pas lieu d'en tenir compte. Pour placer l'appareil exactement à égale distance des points nivelés, on a muni les lunettes employées dans le nivellement de précision de la Suisse, d'un réticule de stadia permettant de mesurer les distances de l'appareil à la mire.

Le coup de niveau donné sur A porte le nom de *coup d'arrière*. Le coup donné sur B est le *coup d'avant*. La différence de niveau s'obtient en soustrayant le coup d'avant du coup d'arrière. Cette différence sera positive ou négative suivant que le terrain monte ou descend.

Pour obtenir la cote du point sur lequel se donne le coup d'avant, on ajoute algébriquement cette différence à la cote du point sur lequel a été donné le coup d'arrière.

Dans certains cas, on peut renverser la mire, son indication doit alors être affectée du signe moins. Si l'on avait, par exemple, à déterminer la différence de niveau entre le point A du terrain et le couronnement d'un mur B, la mire placée en ce dernier point serait renversée (fig. 70).

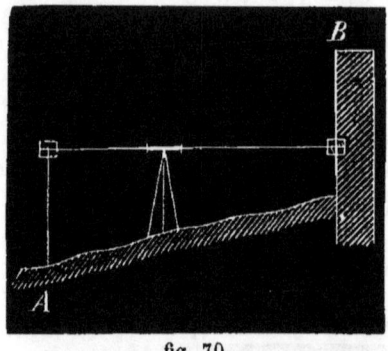

fig. 70.

On peut quelquefois déterminer la différence de niveau de plusieurs points du terrain, d'une seule station de l'appareil. C'est ce qu'on appelle faire un *nivellement rayonnant*.

Dans ce cas, les points nivelés ne seront pas à égale distance de l'appareil, mais les différences seront en général assez faibles par rapport aux longueurs pour qu'il n'y ait pas lieu d'en tenir compte.

Quand la distance est trop grande, la pente trop forte ou les inflexions trop variées pour déterminer la différence de niveau des points extrêmes par un nivellement simple, on fait entre

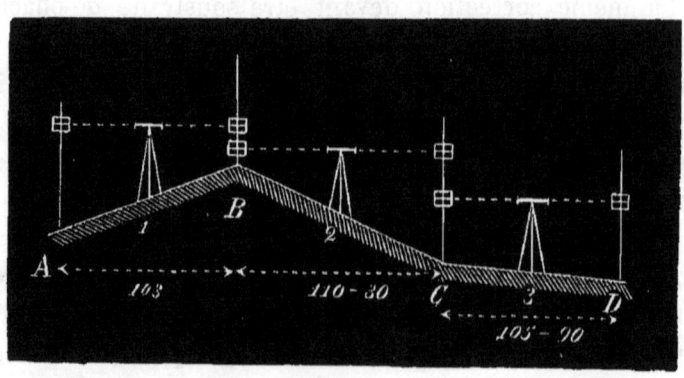

fig. 71.

ces points un *nivellement composé*, qui est formé de plusieurs nivellements simples (fig. 71).

On mesure la différence de niveau de deux points successifs en employant la méthode précédente.

Le nivellement composé peut aussi avoir pour but de déterminer les cotes d'une série de points dans le but de tracer un profil.

Le carnet du nivellement sera disposé comme l'indique le modèle suivant qui se rapporte à la fig. 71.

Nos des stations.	Points nivelés		Hauteurs de mire		Différences		Cotes		Distances des stations de la mire.	Observations.
	Coup d'arr.	Coup d'av!.	Coup d'arr.	Coup d'av!.	+	—	Primitives.	Corrigées.		
1	A	B	1.90	0.60	—	1.30	241.80	—	103^m	La cote du point de départ A est 240.50 par rapport au niveau de la mer.
2	B	C	0.30	2.10	1.80	—	240	—	110.30	
3	C	D	1.20	1.40	0.20	—	239.80	—	105.90	Points de repère.
			3.40	4.10	2.00	1.30				

La différence de niveau des points extrêmes A et D, s'obtient en faisant la somme des coups d'avant et en soustrayant la somme des coups d'arrière ; on obtient le même résultat en faisant la somme algébrique des différences, ce qui fournit un moyen de vérification qu'il ne faut pas négliger.

La colonne d'observations indiquera la surface de comparaison par rapport à laquelle la cote du point de départ est donnée ; si cette surface n'est pas prise par rapport au niveau des mers, on choisit un plan de comparaison arbitraire. Cette colonne comprend de plus l'indication des points de repère que l'on a déterminés dans le but de remplir la colonne des cotes corrigées.

Voyons comment se fait la correction des cotes.

Deux cas peuvent se présenter :

1° On nivelle le contour d'un polygone. Dans ce cas, le polygone doit fermer, c'est-à-dire qu'on doit revenir à la cote du point de départ : la somme des coups d'avant doit être égale à la somme des coups d'arrière.

2° Si l'on nivelle l'axe d'un profil longitudinal, on ne peut disposer de ce moyen. Dans ce cas, on fera un nivellement en retour à grands coups de niveau entre des points de repère laissés dans le premier nivellement. Le degré de coïncidence entre les résultats au point de départ dépend évidemment du nombre de stations. Aussi doit-on faire ce nivellement en retour par sections.

On vérifiera, à chacun des points de repère, s'il y a concordance avec le premier nivellement. S'il n'y a pas concordance, on examinera si la différence est admissible ou non. Dans le premier cas, la différence sera divisée par le nombre de sommets intermédiaires et l'on corrigera d'autant la cote de chacun d'eux. Si la différence obtenue est trop considérable, on recommencera le nivellement entre les deux repères.

On arrive facilement à une approximation de 1^{mm} par mille mètres, mais on peut tolérer généralement une différence de 3 à 5^{mm} par mille mètres, à moins qu'il ne s'agisse d'un nivellement très précis.

B. — Méthode trigonométrique.

La méthode trigonométrique est basée sur la résolution d'un triangle rectangle A B C (fig. 72), connaissant la base $AC = d$ et l'angle de pente α ou l'angle zénithal V.

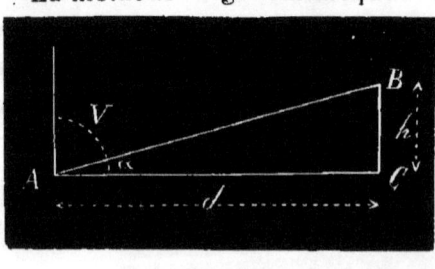

fig. 72.

La différence de niveau B C des points A et B sera donnée par $D = d.tg\,\alpha$ ou $d\,cotg\,V$.

— 169 —

Cette méthode est moins exacte que la **précédente,** parce qu'une faible erreur d'angle peut entraîner une erreur très sensible dans la différence de niveau.

Il est préférable de se servir de l'angle zénithal que de l'angle de pente, parce que ce dernier doit être affecté du signe plus ou du signe moins selon que la pente est montante ou descendante, ce qui peut donner lieu à des erreurs, tandis que l'angle zénithal sera toujours affecté du signe plus.

Appareils et pratique du nivellement trigonométrique.

Tout appareil muni d'un limbe vertical permet de faire un nivellement trigonométrique. Le zéro de ce limbe est situé différemment suivant qu'il sert à mesurer l'angle de pente ou l'angle zénithal.

On peut opérer de deux manières :

1° En visant sur un point placé à la même hauteur au-dessus du sol que l'axe optique de l'instrument; la différence de niveau est alors donnée par la formule $D = d \, tg \, \alpha$ ou $d \, cotg \, V$.

2° En visant sur un voyant fixé à une hauteur quelconque sur la mire.

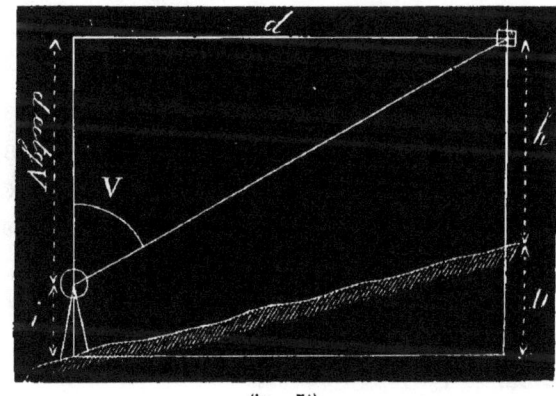

fig. 73.

1° Supposons l'angle zénithal $V < 100$ grades, (fig. 73), i la hauteur de l'instrument, h la hauteur de mire ; la différence de niveau D sera donnée par l'équation

$$i + d \, cotg \, V = D + h$$
$$D = i - h + d \, cotg \, V.$$

2° Supposons $V > 100$ grades, fig. 74, ce qui indiquera

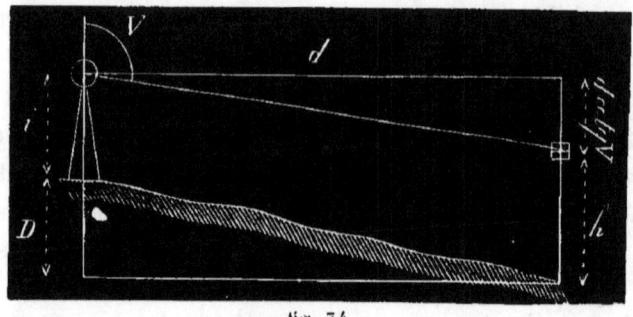

fig. 74.

généralement une pente descendante ; la différence de niveau D sera donnée par l'équation :

$$i + D = h + d\, cotg\, V$$
$$D = -i + h + d\, cotg\, V$$

Mais D doit être pris négativement, de sorte que l'on aura

$$-D = i - h - d\, cotg\, V.$$

De là la formule générale

$$\pm D = i - h \mp d\, cotg\, V.$$

Les cas intermédiaires où l'angle V serait $<$ ou $>$ 100 grades avec pente montante ou descendante donnent lieu à la même formule.

C'est de cette formule que l'on se sert dans les opérations avec le tachéomètre. Dans ce cas h est la hauteur du pointage du fil axial donnée par la moyenne des nombres interceptés sur la mire par les deux fils extrêmes. Le fil inférieur étant amené par exemple sur la division 100, le fil supérieur tombe sur une division quelconque, soit 368 ; la valeur d'une division étant de 0^m005, la hauteur h sera $\dfrac{368 + 100}{2} \times 0^m,005 = 1^m17$.

La cote de la station étant c, la cote du point sur lequel on vise sera donnée par

$$c + i - h \pm d\, cotg\, V$$

Dans l'expression de la différence de niveau, d et h sont fonctions du nombre générateur g.

p' et p étant les deux chiffres lus sur la mire,
$$g = p' - p$$
$$h = \frac{p+p'}{2} 0{,}005 = \frac{2p+g}{2} 0{,}005 = g \times 0{,}0025 + p \times 0{,}005$$
$$d = g \sin^2 V$$

d'où $d \, cotg \, V = g \sin^2 V \, cotg \, V = g \dfrac{\sin 2 V}{2}$

Substituons dans la valeur de D en prenant $d \, cotg \, V$ négatif
$$D = i - 0{,}005 \, p - g \left(\frac{\sin 2 V}{2} + 0{,}0025\right)$$

Le chiffre $p = 100$ sera lu sans erreur. S'il y a erreur de lecture, celle-ci affecte donc entièrement le terme en g. Si l'on a fait une erreur β sur la lecture de p', l'erreur de cote sera :
$$\beta \left(\frac{\sin 2 V}{2} + 0{,}0025\right)$$

α étant l'angle de pente correspondant à V, on peut écrire $\sin 2\alpha$ au lieu de $\sin 2 V$ et l'erreur devient
$$\beta \left(\frac{\sin 2\alpha}{2} + 0{,}0025\right)$$

L'erreur est donc proportionnelle à β et augmente avec α, c'est-à-dire à mesure que la lunette se relève au-dessus de l'horizon.

On évaluera de même une erreur de lecture sur l'angle V. Si on a lu V' au lieu de V, l'erreur de cote sera :
$$\frac{g}{2}\left(\sin 2 V' - \sin 2 V\right)$$

ou $\qquad \dfrac{g}{2}\left(\sin 2\alpha' - \sin 2\alpha\right)$

L'erreur proportionnelle à g diminue quand la lunette se relève, parce que la différence des sinus est d'autant moindre que α est plus grand, elle est maximum pour $\alpha = 0$.

Mais l'erreur de lecture de la mire étant plus à craindre que l'erreur de lecture du limbe, il faut incliner le moins possible la lunette sur l'horizon.

— 172 —

Il faut toutefois remarquer qu'une erreur dans la mise de niveau ou dans le réglage du limbe équivaut à une erreur de l'angle V (1).

Indépendamment des appareils à mesurer les angles qui sont munis d'un limbe vertical, il existe des *niveaux de pente* spéciaux.

1° Le niveau de maçon, muni d'une portion de limbe vertical, peut être employé comme tel.

La pente s'exprime ordinairement en millimètres par mètre, ce qui revient à prendre la tangente naturelle de l'angle de pente avec trois décimales.

On peut obtenir directement sa valeur en construisant le niveau de pente, comme l'indique la fig. 75 le perpendicule AD représentant la hauteur h d'un triangle isocèle dont la base $BC = 2h$; on a alors sur une pente donnée α

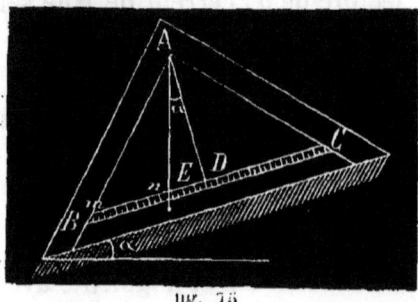

fig. 75.

$$tg\ \alpha = \frac{DE}{AD} = \frac{n}{m}$$

n étant le nombre de divisions marqué par le perpendicule et m le nombre de divisions mesurant $BD = AD$.

2° Le *niveau de pente de Chezy* n'est autre qu'un niveau à pinules dont l'une d'elles est rendue mobile verticalement au moyen d'une vis de rappel. Un des bords du cadre dans lequel cette pinule est mobile porte une graduation et sur la plaque de laiton dans laquelle est pratiquée la pinule, est gravé un vernier; lorsque ce vernier est au zéro, la visée dirigée par les pinules est horizontale; selon la hauteur du zéro, elle est plus ou moins

---

(1) Voir G. Petit Bois. *Note sur les études de chemins de fer au tachéomètre*, Revue universelle. T. 39, 1re série.

inclinée (fig. 76). La tangente de l'angle de pente suivant lequel on vise, est donnée par $\dfrac{ab}{bc}$, soit par le nombre de divisions contenu dans ab multiplié par une constante, fonction de la valeur d'une division et de la longueur bc. Généralement une division correspond à 5 m/m de pente par mètre et le vernier permet de déterminer celle-ci à 1 m/m près.

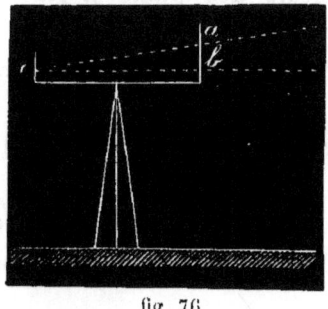

fig. 76.

3° Les *Clitographes* de M Lefebvre, constructeur à Paris, se distinguent des autres niveaux de pente en ce que leurs limbes portent une graduation correspondant aux tangentes. Cette graduation est faite au moyen de machines à diviser spéciales. Ces appareils comprennent un grand nombre de types dont les deux plus caractérisés sont le *niveau de pose* et le *niveau de pente*.

Le premier se compose d'un cadre à rainure avec une portion de limbe divisé en tangentes et une alidade portant un niveau à bulle.

Le niveau de pente est une règle à pinules munie d'une portion de limbe gradué en tangentes, sur ce limbe glisse une pinule mobile qu'on peut arrêter sur une division quelconque pour donner l'inclinaison correspondant à la ligne de visée.

CHAPITRE II.

Tracé des courbes de niveau.

Une courbe de niveau est formée de points qui ont même cote et qui sont assez rapprochés les uns des autres pour que, en les reliant par des droites, on puisse considérer que l'on obtient l'intersection d'un plan horizontal avec la surface du terrain. Le tracé des courbes de niveau consiste à déterminer des séries *équidistantes* de points satisfaisant à ces conditions.

L'*équidistance* est la distance verticale des plans horizontaux par lesquels est coupé le terrain.

On peut employer deux méthodes différentes pour tracer les courbes de niveau.

1° La *méthode régulière* qui consiste à tracer les courbes sur le terrain et à en faire le lever.

2° La *méthode irrégulière* qui consiste à recueillir sur le terrain les éléments du tracé des courbes qui ne se fait que sur le dessin du plan.

1° MÉTHODE RÉGULIÈRE.

Considérons d'abord une courbe isolée.

Pour tracer sur le terrain une courbe de niveau passant par un point de cote donnée, il faut chercher sur le terrain une série de points sur lesquels on mesurera la même hauteur de mire que sur le point de cote donnée, la position du niveau restant invariable.

Pour tracer une courbe de niveau dont la cote est différente de celle du point de cote donnée, on déterminera un premier point de cette courbe en nivelant un profil à partir du point de cote donnée. Lorsqu'on arrivera en un point dont la cote ne différera plus de celle de la courbe à tracer que d'une hauteur inférieure à celle de la mire, il suffira, pour déterminer un premier point de la courbe sans changer le niveau de place, d'abaisser ou de relever le voyant de celle-ci de la différence des deux cotes. On tracera ensuite la courbe comme ci-dessus.

Lorsque l'équidistance est considérable, on opère ainsi pour chacune des courbes isolément; mais lorsqu'elle est inférieure à la hauteur de la mire, on peut tracer, d'une seule position du niveau, un nombre de courbes représenté par $\frac{H}{E}$, H étant la hauteur maximum de la mire, E l'équidistance.

Voici la manière d'opérer décrite dans les cahiers de l'École militaire.

On coupe le terrain à niveler par une série de profils en ligne droite ou brisée distants de 3 à 500 mètres les uns des autres. Après avoir nivelé ces profils, on détermine sur eux les points de cote ronde par où seront tracées les courbes. L'équidistance étant de 1 mètre, cela se fait par une série de nivellements rayonnants.

En supposant que l'on se serve d'une mire de 4^m de hauteur, on détermine un certain nombre de points d'une courbe sur trois, distants de 50 à 80^m. On achève alors de déterminer cette courbe, ainsi que les deux autres, par points distants entre eux de 15 mètres. En choisissant la position du niveau en un point assez élevé du terrain, on peut déterminer ainsi un grand nombre de points des trois courbes, sans changer le niveau de place. Un nombre suffisant de points de la première courbe ayant été déterminés avec soin, il n'y a pas à craindre d'erreur.

Tous les points sont marqués sur le terrain par des piquets. Il reste alors à lever les courbes, ce qui se fait à la boussole, à la planchette avec ou sans équerre, ou par toute autre système.

Cette méthode est extrêmement lente. Elle constitue une véritable méthode de lever de plans, car tous les détails peuvent se rapporter aux courbes de niveau. On ne peut l'employer partout, car il faut que le terrain soit découvert.

2° Méthode irrégulière.

Cette méthode consiste à niveler sur le terrain un nombre de profils suffisant pour pouvoir en déduire les courbes de niveau soit par procédé graphique, soit par procédé numérique. Le procédé graphique ne s'emploie que quand le terrain est fortement accidenté. Il est d'ailleurs moins exact.

Soit par exemple à tracer les courbes de niveau d'une colline isolée.

On nivellera une série de profils rayonnants, suffisamment multipliés, en partant du sommet de la colline suivant les lignes de plus grande pente et de manière qu'ils correspondent aux inclinaisons les plus fortes et les plus faibles qui caractérisent le mieux le relief. Le nombre de profils dépend du caractère du relief et de l'exactitude que l'on veut obtenir.

On détermine les angles que ces profils font avec une ligne donnée pour pouvoir les figurer en projection horizontale.

On dessine ensuite séparément chacun des profils en adoptant, pour les hauteurs, une échelle de 5 à 10 fois plus grande que pour les longueurs. On mène des horizontales dont les cotes sont celles des courbes de niveau. Il est alors facile de rapporter sur le plan les points d'intersection de ces horizontales et des profils. En réunissant les points de même cote ainsi obtenus sur divers profils, on obtient les courbes de niveau cherchées.

S'il s'agit de déterminer les courbes de niveau d'une zone de terrain allongée, on procédera par profils en long et en travers. Le profil en long se trace suivant une ligne polygonale qui occupe sensiblement l'axe de la zone. Les profils en travers seront plus ou moins multipliés suivant la nature du relief.

On opère comme dans le cas précédent, en traçant le profil en long, ainsi que les différents profils en travers, puis en les coupant par des plans horizontaux qui déterminent graphiquement les points de cote ronde par où passent les courbes de niveau.

On calcule ordinairement ces points de passage au moyen de simples proportions.

Soit à intercaler sur un des profils le point de cote 32 entre deux points nivelés de cote 33.72 et 31.80 distants d'une longueur l, on aura

$$33.72 - 31.80 : 32 - 31.80 = l : x$$

x étant la distance horizontale du point de cote 31.80 au point de cote 32.

$$x = \frac{l \times 0{,}20}{1{,}92}$$

On déterminera de même les autres points de passage que l'on réunira par les courbes de niveau cherchées.

Deux employés travaillent ensemble : le premier prend les chiffres sur le plan, le second résout la soustraction et la proportion, le premier rapporte ensuite sur le plan le résultat obtenu.

C'est ainsi que l'on opère dans le tracé des plans d'avant-projets de routes, chemins de fer, etc. Cette méthode est plus exacte et plus rapide que la méthode graphique.

Si la surface ne présente pas une configuration allongée, comme celle d'une étude de route ou de chemin de fer, deux cas peuvent se présenter.

Si c'est une surface inculte (bruyères, marais, etc.), on y trace une série de profils distants de 100 à 200^m dans deux directions perpendiculaires entre elles, par exemple la méridienne et la ligne E.-O.

On nivelle alors tous les points d'intersection, ce qui peut se faire au moyen de nivellements rayonnants.

On cherche à réduire autant que possible le nombre de stations du niveau; cependant il faut se ménager des moyens de vérification en fermant des polygones.

On calcule ensuite les points de passage comme ci-dessus.

Si la surface de terrain est au contraire coupée de parcelles dont on a le plan, on peut l'assimiler à un polyèdre dont les faces polygonales correspondent généralement aux parcelles susdites. Ceci suppose que les changements d'allure du terrain ont lieu le long des limites des parcelles; s'il n'en était pas ainsi, il serait facile de déterminer quelques lignes accessoires qui complètent la division en polygones plans. Or, connaissant les cotes de trois points dans chaque polygone, il est possible de déterminer la cote d'un point quelconque du plan. En nivelant trois sommets de chaque polygone, il sera facile de déterminer, comme ci-dessus, les points de passage des courbes de cote ronde.

Enfin on peut se servir du tachéomètre pour déterminer les cotes d'un grand nombre de points dans le rayon qu'on peut embrasser d'une seule station de l'appareil. Ces points sont choisis de telle sorte qu'ils accusent bien l'allure du terrain.

Ces méthodes se répandent dans les études de chemin de fer où le tracé des courbes de niveau devient de plus en plus nécessaire, à mesure qu'on rencontre de plus grandes difficultés. Or, la plupart des chemins de fer faciles sont exécutés et l'on s'occupe surtout aujourd'hui des lignes de montagnes, des chemins de fer secondaires et industriels qui, malgré les difficultés qu'ils présentent, doivent être étudiés par les procédés les plus rapides et les plus économiques.

CHAPITRE III.

Représentation graphique du relief des surfaces.

La représentation graphique du relief des surfaces repose sur le tracé des courbes de niveau. On l'exprime soit par ce tracé même, soit par des hachures.

Le premier système est le plus simple. On peut exprimer le relief au moyen des courbes de niveau elles-mêmes, à condition qu'elles soient assez nombreuses.

Les courbes doivent être plus ou moins multipliées en raison du but à atteindre; mais, entre deux courbes, on considère toujours que l'inclinaison du terrain est constante.

Les courbes seront tracées en noir ou en couleur pour ne pas les confondre avec les lignes du terrain.

La première application de ce système remonte à 1737, époque où Ph. Buache présentait à l'Académie des sciences de Paris une carte figurative du fond de la Manche. Aujourd'hui ce système est adopté dans la plupart des pays de l'Europe pour la représentation du relief des cartes topographiques, tout au moins pour celles dont l'échelle est inférieure à 1/10000.

Ce système est extrêmement avantageux dans les cartes et les plans destinés à l'exécution de travaux d'art, ainsi que dans des plans de terrains miniers où l'on a de fréquentes études à faire pour l'emplacement des puits, voies de raccordement, etc.

En effet, les courbes de niveau ne chargent pas le plan et l'on peut y tracer un avant-projet comme sur un canevas.

Le tracé relatif à un travail d'art quelconque revient presque toujours à appliquer sur la carte une ligne de pente donnée. Or l'inclinaison du terrain étant considérée comme constante entre deux courbes de niveau, il sera toujours facile de connaître la longueur d'une droite de pente donnée comprise entre ces courbes dont l'équidistance est connue.

Le choix de l'équidistance dépend de l'échelle du plan et de l'importance du relief. Pour déterminer l'équidistance, on admet que toute pente supérieure à 45° n'appartient pas au terrain *naturel*. Or sur une telle pente les courbes de niveau seront distantes en plan l'une de l'autre d'une quantité égale à l'équidistance réduite à l'échelle. Cette pente étant considérée comme un maximum, c'est là que les courbes doivent le plus se rapprocher. Comme on ne peut, sans trop charger la carte, rapprocher les courbes de plus de 1/2 mill. à 1 mill., il faut que l'équidistance réduite à l'échelle du plan ne soit pas inférieure à 1/2 ou 1 mill.

Ainsi sur des plans de concessions au millième, l'équidistance de 1^m réduite à l'échelle donnera 1 $^m/_m$. Cette équidistance est admissible.

Sur les planchettes-minutes au 20000me de la carte topographique de la Belgique, l'équidistance est de 1^m sur la rive droite et de 5^m sur la rive gauche de la Meuse. Elle est uniformément de 5^m sur la carte au 40000me et de 20^m sur la carte au 160000me.

Si accidentellement la pente dépasse 45°, on interrompt quelques courbes intermédiaires. Quant aux rochers, aux tranchées dont la pente est supérieure, on les dessine au moyen de signes conventionnels, en supprimant complètement les courbes de niveau.

Lorsqu'on emploie le système des hachures, celles-ci sont tracées entre deux courbes de niveau suivant les lignes de plus grande pente du terrain. Une fois les hachures tracées, on peut effacer les courbes. Le relief se marque en graduant l'épaisseur ou l'espacement des hachures, ou l'un et l'autre suivant l'inclinaison du terrain. Le dessinateur suit pour cela un *diapason* de hachures gradué mathématiquement d'après l'hypothèse que la quantité de lumière qui tombe sur une surface donnée est proportionnelle au cosinus de l'angle de pente. C'est du moins le système de Lehmann adopté par l'Etat-major prussien.

L'inconvénient du système des hachures est que malgré ces diapasons, le dessinateur y manifeste son individualité et que, par suite, la représentation du relief n'y est pas exprimée avec une rigueur mathématique. Cet inconvenient est saisissant, lorsque l'on compare deux feuilles d'une carte topographique exécutée par des dessinateurs différents.

Le travail des hachures est d'ailleurs très pénible et les hachures chargent le plan au point d'en cacher les indications dans les parties très accidentées.

Généralement on adopte la lumière zénithale ; on a cependant quelquefois adopté la lumière oblique, comme dans certaines cartes de Suisse, pour représenter le relief des parties les plus accidentées. On obtient ainsi un effet plus artistique, mais où la fantaisie individuelle du dessinateur prend encore une plus grande part.

On arrive aussi à de très bons résultats en mettant entre les courbes de niveau des teintes plates diminuant d'intensité en descendant.

On construit encore des cartes et des plans en reliefs. Le système le plus rigoureux est celui de M. Bardin. Il consiste à déchiqueter une carte à courbes de niveau en suivant celles-ci, puis à empiler les différentes tranches, en adoptant une échelle des hauteurs 3 ou 4 fois plus grande que celles des longueurs. Il ne faut pas dépasser cette limite.

CHAPITRE IV.

Études de chemins de fer.

Les études de chemins de fer supposent que, par une reconnaissance préalable du terrain, on ait d'abord déterminé approximativement par où passera la ligne. Si l'on possède une bonne carte topographique avec courbes de niveau, cette étude préliminaire sera énormément facilitée et pourra se faire partiellement dans un bureau, sauf à parcourir le terrain, la carte à la main, lorsqu'elle sera achevée. Il sera en effet possible d'appliquer sur la carte, une ligne qui reste sensiblement dans les conditions de pentes, de rampes et de courbes imposées par le cahier des charges. S'il n'existe pas de carte topographique, ce travail devra se faire sur le terrain dont on représentera la configuration approximative par un croquis levé au moyen du podomètre ou de la boussole et nivelé au moyen du baromètre.

L'étude préliminaire est le véritable travail de l'ingénieur. Elle présente de grandes difficultés, quand on se trouve en pays montagneux et sans cartes. Les études préliminaires d'une ligne n'ayant pas plus de 100 kil. peuvent durer pendant plusieurs années. Les lignes mal tracées proviennent d'études préliminaires mal faites.

Le résultat des études préliminaires est un plan d'avant-projet.

L'étude préliminaire étant faite, on peut procéder de deux manières pour faire l'étude proprement dite : 1° *par profils en long et en travers* au moyen du théodolite et du niveau ; 2° *par rayonnement* au moyen du tachéomètre.

Après les études, on passe au *travail de bureau* qui consiste à figurer la ligne sur le plan d'exécution, puis au *tracé définitif* qui consiste à reporter sur le terrain la ligne ainsi figurée.

MÉTHODE PAR PROFILS EN LONG ET EN TRAVERS.

Les études par profils en long et en travers comprennent les six opérations suivantes :
1° Tracé de la polygonale.
2° Chaînage.
3° Mesure des angles.
4° Nivellement du profil en long.
5° Nivellement des profils en travers.
6° Lever du plan.

1° *Tracé de la polygonale.*

La polygonale est une ligne brisée que l'on trace sur le terrain approximativement au milieu de la zone dans laquelle passera le tracé définitif et suivant laquelle sera nivelé le profil en long. Il convient que cette ligne ne s'écarte pas trop du tracé définitif. C'est une question d'habileté pour l'ingénieur chef de section d'en choisir les sommets de manière à remplir cette condition. Elle doit autant que possible être prise dans un terrain peu accidenté et dépourvu de plantations, pour faciliter le travail. Les sommets doivent permettre l'installation du théodolite.

La brigade de la polygonale est composée d'un chef de brigade, d'un porte-mire et de deux ouvriers ; cette brigade est accompagnée d'un cheval ou d'un âne qui porte le matériel. Le théodolite seul se porte à dos d'homme.

Le premier travail du chef de brigade consiste à planter des balises de 4 m. avec drapeau blanc à tous les sommets.

Les ouvriers commandés par le porte-mire suivent à un jour de distance et coupent les arbres et les taillis le long de la polygonale sur une largeur d'environ 1^{m}50. Ce travail s'effectue sur quelques kilomètres, puis la brigade retourne au point de départ et s'occupe du jalonnement. Il se fait au théodolite, en mettant cet appareil à la place d'une des balises extrêmes ; les jalons sont placés, en se rapprochant du théodolite, à des distances de 100 à 150 mètres les uns des autres à partir de la balise suivante sur laquelle on vise. (Voir page 24.)

Le chef de section détermine pendant ce temps l'emplacement des profils en travers, de manière à obtenir une expression suffisante du relief du terrain. Il doit avoir assez de pratique pour savoir quelle largeur il doit donner à la zone à relever. Cette largeur variera de 50 à 300 mètres suivant les circonstances. Les points où seront tracés ces profils sont indiqués par des piquets ronds avec une entaille oblique sur laquelle on inscrit la distance à laquelle le profil doit être nivelé à droite ou à gauche de la ligne.

Ordinairement le chef de brigade dresse un croquis de la polygonale et de la position des piquets de profils en travers ; c'est sur ce croquis qu'il indique les longueurs à donner à ces profils.

Ces piquets sont placés, en revenant, par la brigade qui a fait le jalonnement.

2° *Chaînage.*

L'opération du chaînage est confiée à un adjoint intelligent et consciencieux.

Il part de la première balise et chaîne une longueur de 100 mètres au bout de laquelle il plante un piquet hectométrique, piquet à section carrée de 0^m06 de côté avec entaille; le piquet s'enfonce jusqu'à l'entaille. Celle-ci porte le numéro du piquet qui s'indique comme ceci :

$\begin{matrix} 0 \\ 1 \\ 0\ 0 \end{matrix}$ représente 0 kilomètre $+$ 100 mètres ;

$\begin{matrix} 2\ 6 \\ 7 \\ 0\ 0 \end{matrix}$ représente 26 kilomètres $+$ 700 mètres, etc.

Parvenu à 1000 m., il plante un piquet kilométrique, piquet

à section carrée de 0^m10 de côté ; l'indication sera de même
$\begin{smallmatrix} & 1 & \\ & 0 & \\ 0 & & 0 \end{smallmatrix}$ pour le premier kilomètre et ainsi de suite.

Les entailles de ces piquets sont tournées vers le point de départ de la ligne.

La situation des balises est relevée à un centimètre près.

En revenant, on déterminera la position des piquets de profils. La position kilométrique de ces piquets est inscrite au crayon sur l'entaille.

L'opérateur tient un carnet dont il fait le soir deux copies : l'une est destinée au sous-chef qui fait le nivellement du profil en long, l'autre à l'employé chargé du nivellement des profils en travers.

Voici le modèle de ce carnet :

KILOMÈTRES.	HECTOMÈTRES.	PROFILS EN TRAVERS.	BALISES.	OBSERVATIONS.
0 + 000	—	—	0 + 000	—
—	—	0 + 037	—	—
—	100	—	—	—
—	—	0 + 105	—	—
—	—	0 + 132	—	—
—	200	—	—	Le piquet 0 + 200, tombant au milieu du chemin, a été reporté de 3^m perpendiculairement à la ligne et vers la droite.
—	—	0 + 210	—	—
—	—	0 + 298	—	—
—	300	0 + 300	—	Le piquet 0 + 300 est à droite du piquet hectométrique.
—	—	—	0 + 627^m25	

3° *Mesure des angles.*

Cette opération étant très importante, sera confiée au chef de section qui s'en occupera dès que les balises seront plantées. Les angles sont mesurés au théodolite. En chaque sommet, on détermine l'angle compris par les alignements, en ne faisant état que des angles inférieurs à 180°. Si le théodolite est muni d'une boussole, on prend de plus l'azimut de chaque alignement. On vérifie si l'angle correspond, sauf l'approximation du vernier, à la différence des azimuts et si les azimuts correspondant au même alignement sont réciproques. C'est à ces vérifications que correspondent les colonnes intitulées *preuve* dans le tableau suivant. Les preuves se font sur le terrain.

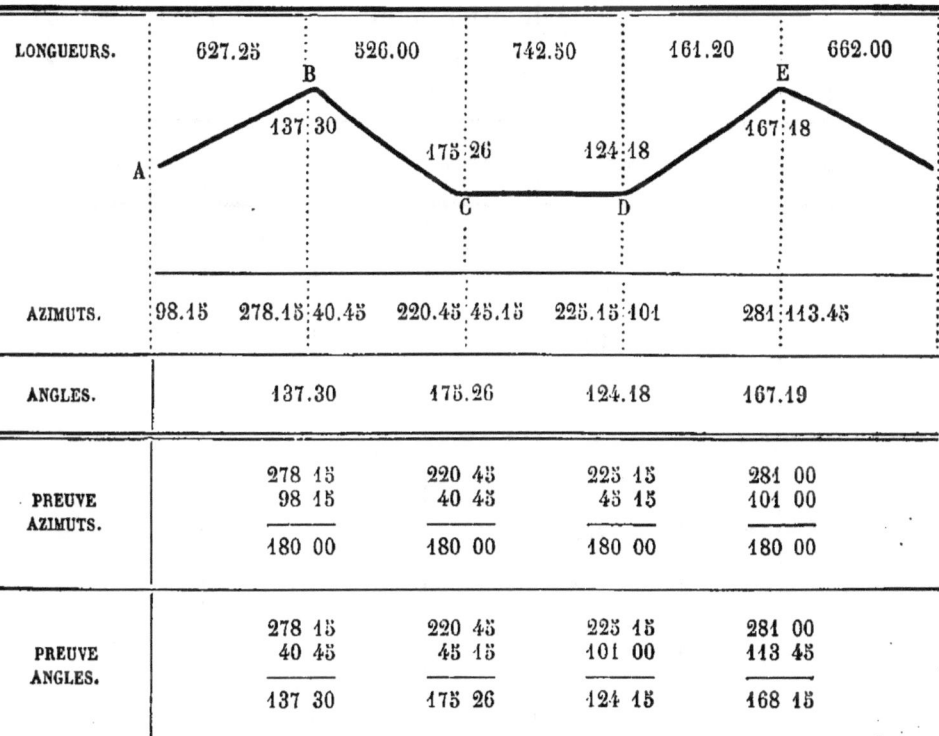

Le chef de section réunit alors les indications suivantes dans un même carnet qui sera remis à l'employé chargé de lever le plan.

SOMMETS.	LONGUEUR DES ALIGNEMENTS.	SENS DES ANGLES.	VALEUR DES ANGLES.	OBSERVATIONS.
A	627 25	—	—	
B	526 00	droite.	137 70	
C	742 50	gauche.	175 26	
D	161 20	gauche.	124 18	
E	662 00	droite.	167 19	

4° Nivellement du profil en long.

A l'aide de la copie du tableau qui lui a été remise par le chaîneur, le sous-chef de section chargé du nivellement dresse d'abord son carnet sur le modèle suivant.

Nos DES STATIONS.	KILOMÉTRAGE.	LECTURES.	CALCULS.	COTES.	OBSERVATIONS.
	0 + 000			210 25	
	037				
	100				
	105				
	132				
	200				
	210				
	298				
	300				
	627 25				Balise.

Il remplit sur le terrain la première colonne et celle des lectures. Les calculs se font au logis dans les colonnes mêmes du carnet, afin de retrouver toujours facilement une erreur.

En voici un exemple :

N°s DES STATIONS.	KILOMÉTRAGE.	LECTURES.	CALCULS.	COTES.	OBSERVATIONS.
1°	0 + 000	ar. 1.50	210.25 + 1.50	210.25	
			211.75 — 1.25		
	0 + 037	av. 1.25	210.50 211.75 — 2.10	210.50	
	0 + 100	av. 2.10	209.65	209.65	
2°	0 + 100	ar. 0.75	209.65 + 0.75	209.25	1.20 ⎫ Coups donnés ⎬ sur les 2 berges 2.02 ⎭ et le fond d'un ⎫ fossé entre 105 1.25 ⎭ et 132.
			210.40 — 1.17		
	0 + 105	av. 1.17	209.23 210.40 — 1.22	209.23	
	0 + 132	av. 1.22	209.18	209.18	Repère R₁ 1.16, cote 209.24.

Si le nivellement de certains piquets était difficile à cause de leur situation il serait préférable d'en faire abstraction, pour les rattacher dans la suite au nivellement général. On s'expose en effet à des erreurs en multipliant le nombre de stations et les erreurs faites sur ces piquets se transmettent à tout le nivellement. On choisit au moins un point de repère par kilomètre et on les désigne par R_1, R_2, etc. Après deux kilomètres on fait un nivellement en retour à grands coups de niveau entre les repères.

Le sous-chef de section prend note, en faisant ce travail, des cotes de la ligne des hautes-eaux, renseignements difficiles à se procurer et pour lesquels il faut souvent interroger les anciens du pays.

5° *Profils en travers*.

La brigade des profils en travers reçoit du sous-chef de section qui a fait le nivellement, la liste signée par ce dernier des cotes de chaque piquet de profil. Mais il arrive souvent que les brigades des profils en travers sont déjà à l'œuvre alors que l'on ne connaît pas encore les cotes des piquets. Dans ce cas, on adopte pour le piquet du profil en long une cote arbitraire, 100 par exemple.

Le chef de brigade prépare son carnet qui se compose pour chaque profil d'une feuille du format papier d'écolier, d'après le modèle ci-contre qui résume toute l'opération du nivellement d'un profil en travers. Ce nivellement se fait souvent au niveau d'eau.

Le tableau ci-contre ne demande pour ainsi dire pas d'explications. Les lectures de la mire s'inscrivent toujours du côté de la verticale correspondant au sens dans lequel elles se font par rapport à la position du niveau.

Les *différences* se prennent entre les lectures faites sur la mire dans chacune de ses positions. Ces différences servent à faire la *preuve*. Celle-ci se fait isolément pour les parties du profil présentant des déclivités inverses. Lorsque le profil n'a qu'une seule déclivité, comme dans l'exemple ci-contre, la preuve se fait en ajoutant à la cote la plus basse la hauteur de mire en ce point et le total des différences; en retranchant de cette somme la hauteur de mire au point le plus haut, on doit trouver la cote correspondant à ce dernier point.

Outre les profils qui se font aux points désignés par les piquets, on en fait souvent un aux balises suivant la bissectrice de l'angle des deux alignements.

Plusieurs brigades sont occupées simultanément au nivellement des profils en travers. Elles sont distribuées de kilomètre

	Gauche.		Profil n° 18.		Kil. 1 + 712.			Cote 617.40.			Droite.
PREUVE.				613.60 +1.20 614.80 +5.30 620.10 −0.15 619.95							
DIFFÉRENCES.		1.10		4.50		1.30			1.40			5.30
COTES.	619.95	618.00		617.40	616.00		615.95	613.90		613.82	613.60	Total.
CALCULS.	620.10 −0.15 619.95	618.00 +2.40 620.10	619.00 −1.00 618.00	617.40 +1.60 619.00	617.40 +0.10 617.50	617.50 −1.50 616.00	616.00 +0.20 616.20	616.20 −0.25 615.95	616.90 2.30 613.90	613.90 +0.90 614.80	614.80 −0.98 613.82	614.80 −1.20 613.60
LECTURES.	0.45	2.10	1.00	1.60	0.40	1.30	0.20	0.25	2.30	0.90	0.98	1.20

Piquet.

Levé par *(Signature)*

Calculé par *(Signat.)*

Nature de la surface.	Inculte.	Inculte.	Inculte.	Chemin.	Talus.	Plantation.	Berge.	Rivière.
Longueurs.	28	20	30	20	13	20	10	
Id. cumulées à partir de l'axe	48	20	30	50	63	83	93	

en kilomètre. Chacune se compose de trois hommes : un chef qui peut être simplement un ouvrier intelligent, un porte-mire et un manœuvre.

C° *Lever du plan.* L'employé chargé de lever le plan reçoit : 1° le carnet du chaîneur ; 2° le carnet des angles ; 3° le carnet des profils en travers. Il opère sur des feuilles détachées de $0^m 38$ environ de long, ce qui, à l'échelle de 1/2000, correspond à une longueur de la polygonale de 800 m. environ. Il prépare sa feuille au logis, en y traçant à l'encre la polygonale et au crayon les lignes de profils en travers sur lesquelles il note les indications relatives à la nature du terrain. Il se rend ensuite sur le terrain, muni d'un graphomètre, d'une équerre, etc. Il complète le plan à vue ou en faisant les opérations nécessaires.

Lorsque les détails à relever s'écartent trop de la polygonale pour les y rattacher par perpendiculaires, il trace une polygonale accessoire partant d'un piquet et revenant à un autre piquet de la polygonale principale. Il doit surtout travailler avec le plus grand soin, lorsqu'il relève les habitations, cours, jardins, biez de moulins, etc., au voisinage desquels la ligne doit passer.

En Allemagne, on emploie quelquefois la planchette pour lever le plan, en même temps que se fait le nivellement.

Observation générale. Indépendamment des opérations indiquées comme afférant en propre au chef de section, ce dernier doit s'assurer si chaque brigade travaille bien et il doit vérifier les carnets. Ceux-ci doivent toujours être tenus au courant. Mais il convient de remarquer que les opérations du chaînage et des profils en travers ne subissent aucun contrôle. Il faut ici avant tout des employés consciencieux.

Travail de bureau. Le plan sera dressé sur papier sans fin et à l'échelle de 1/2000. Lorsque la direction générale de la ligne se modifie, la bande de papier doit être pliée en faisant un *soufflet* (fig. 77). On commence pour cela par tracer la

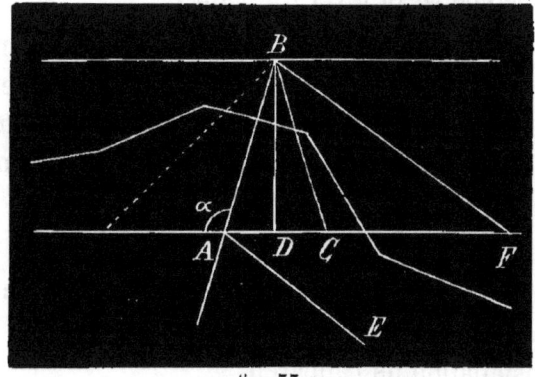
fig. 77.

polygonale à l'échelle de 1/100000, on trace de part et d'autre les limites de la bande de papier sans fin.

On examine si tous les détails du plan sont compris dans cette bande.

On mesure alors l'angle α et l'on construit sur la bande de papier sans fin le triangle isocèle ABC en pliant le papier suivant BD et en sens inverse suivant BC, la ligne CF prendra la direction AE.

On trace la polygonale à l'encre de Chine, en indiquant le kilométrage en noir ; puis on rapporte le plan en se servant des signes représentatifs ordinaires et de teintes. On y inscrit à l'encre rouge les cotes du profil en long (cotes des piquets hectométriques et des piquets de profils). On trace au crayon les lignes de profils en travers, en y inscrivant les cotes à l'encre rouge; on efface ensuite ces lignes. On peut alors tracer les courbes de niveau à l'équidistance de 1 m. ; de 5 en 5 m. les courbes sont tracées en noir, les intermédiaires en terre de Sienne et la ligne des hautes eaux en bleu.

Ce travail de bureau peut se faire par plusieurs employés. L'un trace au crayon, le deuxième remet à l'encre et passe les teintes, le troisième inscrit les cotes et le quatrième trace les courbes de niveau.

MÉTHODE TACHÉOMÉTRIQUE.

L'étude de l'avant-projet par rayonnement ou au tachéomètre comprend deux opérations ([1]).

([1]) Voir G. PETIT BOIS. Note sur les études de tracés de chemins de fer au tachéomètre, *Revue Universelle des mines*, 1ᵉ série, t. **XXXIX**.

1° Piquetage.
2° Travail au tachéomètre et lever du plan.

Tout ce travail n'exige qu'une seule brigade, qui est composée comme suit : le chef, l'opérateur, le teneur de carnet, deux porte-mires et un manœuvre pour porter l'appareil. Cette brigade ne bat le terrain qu'une fois, c'est-à-dire qu'elle ne revient pas aux endroits où elle a déjà passé.

1° *Piquetage.*

La polygonale n'est représentée ici que par ses sommets d'angles. Ils doivent satisfaire aux conditions suivantes :

1° Permettre l'installation de l'appareil.

2° Etre placés de telle sorte que la polygonale ne s'écarte pas beaucoup de la direction de la ligne future et qu'elle se trouve vers le milieu de la zone à relever.

3° Ne pas être trop distants les uns des autres. On dépasse rarement une distance de 250^m entre deux sommets successifs, parce que, l'appareil étant installé en un sommet, on doit pouvoir lire bien distinctement les indications des mires placées aux sommets immédiatement voisins. Le chef de brigade ayant déterminé un certain nombre de sommets ou *stations*, et y ayant fait planter des piquets, on procède au travail proprement dit.

2° *Travail au tachéomètre et lever du plan.*

Le tachéomètre sert à relever la distance des différents points remarquables du terrain au centre de station, l'azimut des lignes de visée et la différence de niveau entre ces points et la station. Voici l'ordre dans lequel se succèdent les opérations. Supposons que le travail soit terminé à la station X et que la brigade commence le relevé de la station XI. L'opérateur installe l'instrument au-dessus du piquet, et oriente l'appareil.

Le teneur de carnet prend ensuite la hauteur de l'instrument et l'inscrit dans la deuxième colonne du carnet. L'un des porte-mires s'étant placé au piquet X, l'opérateur donne le *coup d'arrière* et ensuite le teneur de carnet fait la *moyenne*, c'est-à-dire qu'il calcule, à l'aide de la règle logarithmique, la différence de niveau qui existe entre les stations X et XI et comme cette différence a déjà été calculée, lorsqu'on a donné le *coup d'avant* de X vers XI, il doit y avoir concordance entre les deux résultats. On tolère ordinairement un écart de 0ᵐ08. La moyenne des résultats obtenus servant à établir la cote de la station, on est donc certain que l'erreur est inférieure à 0ᵐ04. Le teneur de carnet vérifie aussi s'il y a concordance entre les angles azimutaux.

L'opérateur donne alors le *coup d'avant* vers la station XII.

Pendant ce temps, le chef de brigade fait le croquis de tout le terrain qui sera relevé de la station XI. Il indique non seulement les chemins, cours d'eau, etc.; mais il accuse, aussi exactement que possible, le relief du terrain à l'aide de courbes de niveau ou de hachures. Il importe que ce croquis soit exécuté avec soin ; car, si les opérations faites sur les stations sont contrôlées l'une par l'autre, comme on vient de le voir, il n'en est pas de même du relevé des *points de détail*. Par exemple, si l'opérateur commettait une erreur de 100 gr. dans la lecture d'un angle azimutal, c'est le croquis qui devrait la signaler.

On passe alors au relevé des points de détail. Ces points sont choisis de telle sorte que, rapportés sur le plan, ils représentent exactement les accidents du terrain. Chacun de ces points donne lieu aux opérations suivantes. L'un des porte-mires vient d'abord s'y placer, en suivant les indications du chef de brigade. Ce dernier inscrit le point sur son croquis, en lui donnant le signe distinctif qui lui appartient. Afin d'éviter toute confusion, si les points pris de la station X ont été représentés par des chiffres, on représentera par des lettres ceux de la station XI. Le teneur de carnet inscrit également le point dans la troisième colonne du carnet. L'opérateur ayant dirigé la lunette vers la mire, lit d'abord les indications données par les fils extrêmes du réticule, ensuite l'angle zénithal, et enfin l'angle azimutal. Le teneur de carnet inscrit les chiffres que lui dicte l'opérateur, en les répétant à haute voix (6°, 5° et 4° colonnes du carnet).

On passe ensuite au point suivant

Le tableau ci-contre donne un modèle pour la tenue du carnet. Les six premières colonnes se remplissent sur le terrain, les autres au logis. Nous avons inscrit au-dessus de ces colonnes les formules au moyen desquelles on calcule les chiffres qu'elles renferment, en nous servant des notations adoptées dans ce qui précède. Rappelons que tous ces calculs se font à la règle.

TENUE DU CARNET.

1	2	3	4	5	6	7	8	9	10	11	12	13	14	15
INDICATION DES STATIONS.	Hauteur de l'instrument.	POINTS RELEVÉS	ANGLE		LECTURE DES FILS.	NOMBRE G'.	HAUTEUR DU POINTAGE DU FIL AXIAL.		DISTANCE HORIZONTALE.	VALEUR $d \cot g\, V = T$.		DIFFÉRENCE DE NIVEAU.	COTES	OBSERVATIONS ET MOYENNES.
			azimutal.	zénithal.										
	I		A	V	G		moyenne des 2 lec	H	$\dfrac{d}{g \sin^2 V}$	$+\,T$	$-\,T$	$I - H \pm T$		
Station XI.	1.38												204.22	
		St. X.	217.45	103.32	238 100	138	469.0	0.84	137.62		7.17	— 6.63		
		St. XII.	23.82	96.92	355 100	255	227.5	1.14	254.41	12.32		+ 12.56		
		a.	161.54	92.48	542 100	442	321.0	1.60	435.44	53.73		+ 53.51	257.73	
		b.	372.23	106.72	251 200	51	225.0	1.13	50.44		5.34	— 5.09	199.13	
		c.	163.76	88.90	464 100	364	282.0	1.40	353.08		62.16	— 62.19	142.03	
		etc.	etc.											
Station XII.	1.33											+ 12.55	216.77	$\dfrac{12.56 + 12.54}{2} = +12.55$
		St. XI.	223.79	103.06	455 200	255	327.5	1.64	254.41	12.23		— 12.54		
		St. XIII.	31.47	97.63	226 100	126	163.0	0.81	125.84	4.67		+ 5.19		
		1'.	211.22	101.12	326 100	226	213.0	1.06	225.93		3.98	— 3.71	213.06	
		2.	215.07	105.57	735 600	135	667.0	3.33	133.97		11.74	— 13.74	203.03	

— 195 —

Travail de bureau. Au travail sur le terrain succède, comme précédemment, un travail de bureau pour dresser le plan.

Les stations de l'appareil y sont rapportées par la méthode des coordonnées, les points de détail le sont graphiquement.

L'origine des coordonnées est choisie de manière que tout le tracé se trouve dans le même quadrant; le point de départ n'est donc pas nécessairement l'origine. On convient que dans ce quadrant, les coordonnées seront positives, ce que l'on indique dans la colonne d'observations du carnet des coordonnées. Ce carnet est disposé comme l'indique le tableau ci-contre.

La rectification des angles azimutaux se fait comme dans les levers à la boussole par coup d'avant et par coup d'arrière.

On peut faire les deux preuves suivantes :

1° en désignant les coups d'arrière par Ar_1, Ar_2, etc.; les coups d'avant par Av_1, Av_2, etc., et les azimuts rectifiés par R_1, R_2, etc., on doit avoir d'une manière générale :

$$Ar_1 + Ar_2 + \ldots Ar_{m-1} + R_m = R_1 + Av_2 + Av_3 + \ldots Av_m.$$

2° Les sommes algébriques des coordonnées rapportées à la station précédente (colonnes 6, 7, 8 et 9) doivent être respectivement égales aux coordonnées du point extrême rapportées à l'origine.

Il serait avantageux de pouvoir dresser le plan immédiatement après le travail sur le terrain. Cela ne se fait pas ordinairement, et lorsqu'on dresse le plan dans un bureau central, il s'y introduit plus facilement des erreurs qu'il peut être trop tard pour rectifier. On pourrait dans tous les cas dresser en campagne, sans calculer les coordonnées, un plan provisoire qui s'expédierait au bureau central où sera dressé le plan définitif.

Les études d'avant-projet au tachéomètre présentent sur celles au théodolite et au niveau les avantages suivants :

1° Simplification du personnel.

TABLEAU DES COORDONNÉES.

Nos DES STATIONS.	ANGLE AZIMUTAL			DISTANCE HORIZON- TALE.	VALEURS $d \sin A$.		VALEURS $d \cos A$.		DISTANCE A LA		Observations.
	Avant.	Arrière.	Rectifié.		Positives.	Négatives	Positives.	Négatives	Méridienne	Ligne EO.	
XI.	Av.¹ (23.32) + 1	Ar.¹ 223.79	R.¹ 23.83	254.41			Report.		2620.5	1565.7	$\begin{array}{c\|c} \sin + & \sin - \\ \cos + & \cos + \end{array}$ 0 ──300 100── $\begin{array}{c\|c} \sin + & \sin - \\ \cos - & \cos - \end{array}$ 200
XII.	Av.² 31.17 + 4	Ar.² 231.12	R.² 31.21	125.84	93.0	»	236.8	»	2713.5	1802.5	
XIII.	Av.³ 94.90 + 9	Ar.³ 291.96	R.³ 91.99	182.10	59.2	»	114.0	»	2772.7	1913.5	
XIV.	Av.⁴ 116.14 + 3	Ar.⁴ 316.21	R.⁴ 116.17	160.42	180.6	»	22.8	»	2953.3	1936.3	
XV.	Av.⁵ 110.82 − 4	Ar.⁵ 310.80	R.⁵ 110.78	202.77	155.3	»	»	40.3	3108.6	1896.0	
XVI.	Av.⁶ 90.97 − 2	Ar.⁶ (290.92)	R.⁶ 90.95	195.90	199.9	»	»	34.4	3308.5	1861.9	
XVII.					193.9	»	27.8	»	3502.4	1889.7	
Preuves.	23.83 264.83	90.95 264.83			2620.5 881.9 3502.4		1565.7 324.0 1889.7				

2° Simplification du matériel.

3° **Rapidité plus grande.**

4° Mesure des longueurs plus exacte que par le chaînage, en pays montagneux ou couvert d'obstacles.

5° Exactitude plus grande dans les opérations qui sont entièrement faites par le chef de brigade et deux employés.

6° Grande facilité pour le chef de brigade qui commande un personnel peu nombreux avec lequel il se trouve constamment en rapport.

7° Relief du sol accusé d'une manière extrêmement fidèle.

Si l'on avait à relever un grand nombre d'habitations au milieu desquelles la ligne devrait passer, il conviendrait de faire ce travail à part en opérant avec les instruments ordinaires.

Dans la moyenne Belgique, on peut relever en un jour par la méthode tachéométrique une zone de 2 kilomètres de long sur 200 m. de large, le travail comprenant 12 stations de chacune desquelles on relève 25 points. En pays plat, on ferait le double.

Voici une comparaison des deux systèmes pour le relevé d'une polygonale de 100 kilomètres sur une zone de 400 m. L'ancienne méthode exigerait 3 mois au moins, deux employés et 8 ouvriers pour la polygonale ; 2 mois de plus et 8 brigades de 6 ouvriers et un chef pour les profils en travers ; soit en tout 660 journées d'employés et 3,600 journées d'ouvriers, sans compter les indemnités pour l'ouverture de la polygonale, abatage des arbres, dommages pour le foulage des récoltes, etc.

Au tachéomètre, le même plan exigerait 2 mois, 3 employés et 3 ou 4 ouvriers, soit 180 journées d'employés et 200 d'ouvriers. Les dommages à payer sont presque nuls.

TRACÉ DÉFINITIF.

On procède au tracé définitif sur le plan dressé au bureau. C'est un travail qui incombe à l'ingénieur en chef. D'ordinaire, ce dernier ne s'occupe que des études préliminaires et du tracé de la ligne sur le plan. Il faut tenir compte des points *forcés* où la ligne doit passer ; ces points sont forcés comme position ou comme altitude. Il faut de plus avoir égard aux remblais et aux déblais, aux conditions de rayon minimum, de longueur des alignements compris entre les courbes, de pentes et de rampes imposées par l'importance du trafic probable ou par les cahiers des charges, et enfin au niveau de la ligne des hautes eaux.

Lorsque le plan est muni de courbes de niveau, le tracé est plus rigoureux, parce qu'on peut faire immédiatement un devis approximatif de plusieurs lignes parmi lesquelles on choisit la plus avantageuse.

La ligne est tracée en rouge, on en indique le kilométrage et l'on mesure les angles au rapporteur. Les côtés de ces angles seront ensuite raccordés par des courbes que l'on trace avec soin en inscrivant au plan le kilométrage des points de contact, la mesure de l'angle, du rayon, de la tangente et du développement de la courbe. On reporte ensuite ce tracé définitif sur le terrain en se servant du théodolite ou du tachéomètre.

Ce dernier travail qui se base sur les piquets laissés sur le terrain, comprend les sept opérations suivantes :

1° *Détermination des alignements.* On élève sur le plan des perpendiculaires à la polygonale, que l'on arrête aux alignements du tracé définitif. On reporte ces alignements sur le terrain au moyen de la chaîne et de l'équerre. Les alignements du tracé définitif sont entièrement jalonnés.

2° *Vérification des angles.* On vérifie au théodolite ou au tachéomètre si les angles du terrain correspondent à ceux tracés sur le papier.

3° *Tracé des courbes.* Le tracé des courbes sur le terrain se fait au moyen de tables qui donnent les abscisses et les ordonnées, le sommet de l'angle étant pris pour origine des coordonnées.

Les plus connues sont celles de Gaunin, Jacquet, etc.

4° *Piquetage des profils en travers*. Les profils en travers que l'on se propose de niveler, ont ici pour but de fournir les éléments du cubage des déblais et des remblais. Quelquefois on plante les piquets de ces profils à une distance réglementaire maximum, soit à 20 m., les uns des autres. On doit en placer à tout changement d'allure du terrain. Ces profils en travers sont, d'ailleurs, très courts : ils ne comprennent que la zone où les travaux auront lieu.

5° *Kilométrage de la ligne*. On chaînera ensuite la ligne dont le kilométrage doit s'accorder avec celui du plan.

C'est aussi pendant cette période que l'on détermine les ouvertures des travaux d'art. Il faut parfois un travail important pour déterminer l'ouverture qu'il convient de donner à un cours d'eau qui doit passer sous la ligne.

6° *Nivellement du profil en long*. Ce nivellement ne présente rien de particulier. Le profil s'établira d'après le modèle figuré par la planche ci-contre.

7° *Nivellement des profils en travers*. Ces profils seront de simples croquis cotés (fig. 78).

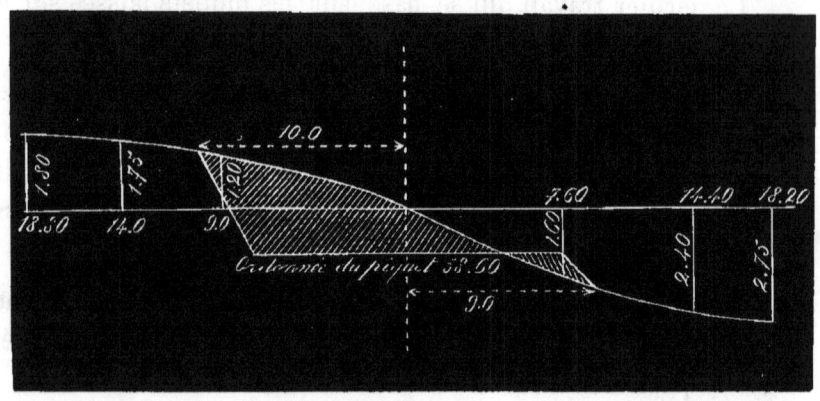

fig. 78.

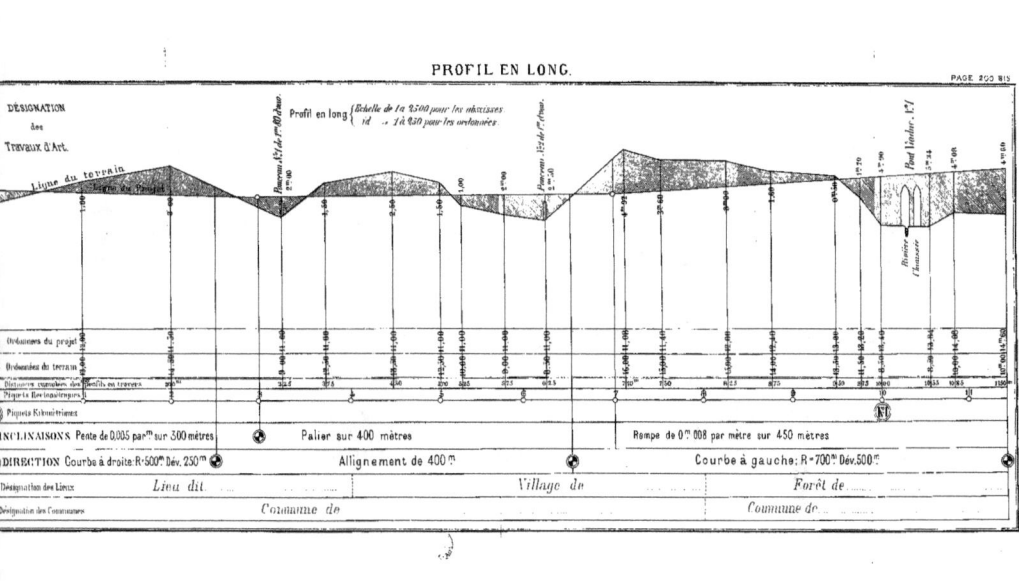

SECONDE PARTIE

LEVER DES PLANS DE MINES.

La topographie souterraine s'occupe de l'exécution des plans, projections verticales et coupes qui concourent à la représentation graphique des travaux des mines. Cette représentation doit être aussi exacte que possible, car il importe beaucoup que l'exploitant soit constamment renseigné sur la position des travaux par rapport aux choses de la surface et notamment par rapport aux limites des concessions d'où il lui est interdit de sortir. La solution de toutes les questions techniques relatives à l'exploitation repose sur la bonne tenue des plans. Les plans et coupes peuvent seuls fournir des renseignements sur certaines allures difficiles et tourmentées. Enfin, en cas d'accident, les plans sont indispensables pour organiser un sauvetage avec efficacité.

La bonne tenue des plans de mines est une nécessité à un point de vue plus général. S'il s'agit de constituer une *carte minière* embrassant l'ensemble d'un bassin, on peut y parvenir en juxtaposant les plans partiels, à condition que ceux-ci présentent la plus grande exactitude. Les défauts d'orientation et d'exactitude que présentent les anciens plans de mines, ont créé en Belgique, pour l'établissement d'une carte générale des mines, des difficultés qui ne peuvent être surmontées que par des opérations topographiques nouvelles retardant considérablement l'exécution de ce travail d'ensemble.

Dans le principe, on ne faisait pas de plans de mines et l'on se contentait de tracer à la surface les limites des concessions et d'y rapporter les points principaux. C'est l'invention de la boussole qui a permis de s'orienter au fond des mines, d'où le nom de *soleil du mineur*, qui lui a été donné en Allemagne.

La tenue des plans de mines est prescrite en Belgique, en vertu de l'instruction ministérielle du 3 août 1810, comme mesure de sûreté publique. Les plans doivent être dressés par un arpenteur-juré, mais par un arrêté royal du 3 juin 1852 obtenu par l'intervention de l'Association des Ingénieurs sortis de l'École de Liége, les ingénieurs sortis des Ecoles techniques de l'Etat peuvent exercer la profession d'arpenteur et ont qualité pour dresser les plans de mines.

Les plans sont vérifiés et certifiés exacts par l'Administration des mines qui peut faire dresser d'office aux frais des exploitants les plans non fournis dans le délai voulu ou les plans reconnus vicieux. (Arrêté du préfet de l'Ourthe du 3 juin 1812.)

Dans le Hainaut, le règlement provincial relatif à la police des mines du 24 juillet 1841 et les instructions de la Députation permanente du 13 novembre 1841 donnent, sur la tenue des plans, des prescriptions détaillées qui n'existent pas dans la province de Liége, mais qui y sont généralement suivies.

En Allemagne, il existe une classe spéciale de *géomètres de mines (Markscheider)*, indépendante des *arpenteurs (Feldmesser)*. Les ingénieurs, de quelque école qu'ils sortent, n'ont pas qualité pour lever les plans de mines. Les exploitants sont donc obligés de s'adresser à un géomètre de mines pour dresser les plans. Ces travaux sont vérifiés et contrôlés par un agent spécial de l'Administration des mines *(géomètre inspecteur)* spécialement chargé de ce service.

Il est à remarquer que dans l'exécution des plans des mines, on suit un principe absolument différent de celui qui prévaut pour les plans de surface. On arrive à la représentation de l'ensemble par la juxtaposition des détails, c'est-à-dire par le lever des excavations au fur et à mesure qu'elles sont creusées. C'est évidemment une cause d'erreur qui n'existe pas à la surface.

Les procédés de lever sont toutefois les mêmes, mais le choix des méthodes est plus limité. Les appareils étaient autrefois différents, mais aujourd'hui que l'on comprend de mieux en mieux la nécessité d'avoir des galeries assez vastes, les appareils employés dans les mines diffèrent de moins en moins de ceux que l'on emploie à la surface.

CHAPITRE Ier.

Méthode générale.

La seule méthode possible est ici le cheminement périmétrique, puisque le terrain à lever n'est pas à découvert. On doit recueillir simultanément les éléments nécessaires pour faire le plan et la projection verticale, c'est-à-dire que le lever du plan et le nivellement seront simultanés. Ce dernier est un nivellement trigonométrique.

On détermine, en conséquence, la direction de chaque alignement, sa longueur et sa pente. Les longueurs sont toujours mesurées suivant la pente qui est en général régulière.

Tout lever doit être précédé d'un lever à vue.

Il y a lieu de distinguer les levers *totaux* et les levers *partiels*. Les premiers comprennent le lever complet d'une mine. Ils ne se font que dans des cas exceptionnels; les levers partiels doivent se faire régulièrement, chaque fois que les tailles ont avancé d'une certaine longueur, variable avec les conditions de l'exploitation. Dans le bassin de Seraing, cette longueur est en général de 30 m. On désigne l'opération consistant à faire ces levers partiels par l'expression *prendre les avancements*.

Le point initial d'un lever total est toujours l'orifice d'une galerie ou le puits. Dans ce dernier cas le câble donne immédiatement un point correspondant de la surface.

Dans les levers partiels, on part du point où l'on s'est arrêté lors du lever précédent. On a marqué ce point au moyen d'une croix tracée dans la verticale sur le chapeau d'un boisage, ou au moyen d'un clou dont la tête est remplacée par un œillet servant à suspendre le fil à plomb. On détermine la position de ce point par rapport à des repères faciles à retrouver et on en fait une description exacte au carnet.

CHAPITRE II.

Tracé et mesure des alignements.

Tracé des alignements.

On se sert de lampes au lieu de jalons. Ces lampes sont sus- 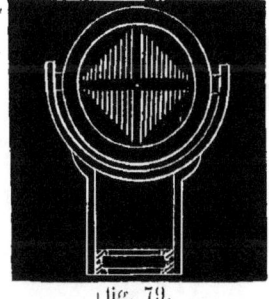 pendues au toit ou établies sur trépieds. On a aussi employé des fils à plomb blanchis et éclairés et des voyants spéciaux éclairés par réflexion ou par transparence. Ces voyants peuvent pivoter sur un axe horizontal, afin de se placer sur les pentes perpendiculairement à la ligne de visée (fig. 79).

fig. 79.

Dans les montages, l'emploi de la lampe Mueseler peut être très gênant, parce que le fond du réservoir de la lampe, tenue 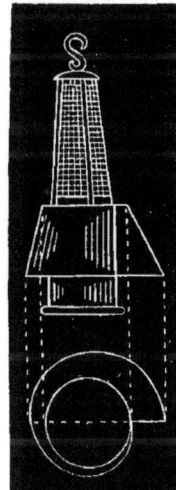 verticalement, empêche de viser sur la flamme. On emploie ordinairement dans ce cas un miroir pour envoyer un rayon de lumière réfléchi vers l'observateur qui se trouve au pied du montage, mais ce système est très imparfait ; on tâtonne longtemps et l'on s'expose à des erreurs, parce qu'on vise souvent un point assez éloigné de la mèche.

Pour remédier à cet inconvénient, M Cheneux a imaginé de munir la lampe d'un abat-jour conique dont la directrice est une spirale (fig. 80). La face interne de l'abat-jour joue le rôle de réflecteur et présente, entre deux inclinaisons

fig. 80.

de 28 et de 90°, une infinité de génératrices d'inclinaisons différentes.

En faisant pivoter la lampe sur elle-même au sommet du montage, il se présentera toujours une position du réflecteur telle qu'il enverra au pied du montage un rayon de lumière réfléchie, très voisin de la ligne de visée qu'on cherche à obtenir.

Mesure des alignements.

Lorsque l'inclinaison des galeries ne dépasse pas un cent. par mètre, on peut les considérer comme horizontales et ne pas tenir compte de la pente. On peut tolérer, dans les travaux souterrains, une erreur de $1/800$ de la longueur totale.

La mesure des alignements se fait toujours suivant la pente; on se sert des instruments suivants.

1° La *chaîne* de 10 m., en laiton, est généralement employée en Belgique avec la boussole. Elle doit être fréquemment vérifiée. Les *voleurs* sont plus difficiles à reconnaître à cause de l'obscurité. Il ne faudra donc jamais négliger de faire passer toute la chaîne par la main de l'opérateur avant de s'en servir. La chaîne est accompagnée de fiches également en laiton. Les mesures à la chaîne se prennent à un centimètre près.

2° Le *cordeau* de laiton est quelquefois employé en Allemagne, il s'enroule comme un cordeau d'étoffe sur une roulette. On s'en sert pour mesurer le long du cordon qui soutient la boussole suspendue, mais ce cordon lui-même peut être gradué et sert lui-même alors de cordeau de mesurage. Ce système est cependant moins exact, parce que ce cordeau s'allonge sous la tension. Il faut de plus tenir compte de ses inclinaisons.

En Amérique, on a employé, pour se passer de fiches, un ruban d'acier gradué de 150 mètres de longueur qui se déroule le long de l'alignement (1).

---

(1) *Transactions of the institution of mining engineers, t. II.*

3° La *règle* doit être employée pour les cas de mesurages exigeant une grande précision, par exemple pour certains levers totaux. Elle se compose d'un double mètre en bois ou en acier. Son usage est assez général dans les mines métalliques de l'Allemagne. Le mesurage se fait toujours dans ce cas le long d'un cordon tendu.

CHAPITRE III.

Mesure des angles.

On mesure simultanément les directions des alignements et leurs inclinaisons.

On se sert pour cela de la boussole ou du théodolite.

La boussole a été employée dans les mines d'Allemagne dès le XIVe siècle. C'est l'appareil le plus usité. Il l'est presque exclusivement en Belgique. Le théodolite n'est employé que dans des cas spéciaux qui réclament une grande exactitude; c'est, pour ainsi dire, le seul appareil auquel on puisse avoir recours dans les expertises judiciaires.

BOUSSOLES.

Les boussoles dont on fait usage dans les mines sont les suivantes :

1° La boussole carrée à lunette excentrique est la plus employée en Belgique. Autrefois on se servait de trépieds très bas pour pouvoir travailler à la boussole dans des galeries de peu de hauteur.

L'opérateur devait se placer dans une position gênante et il en résultait une cause d'erreurs qui aujourd'hui est en grande partie évitée par suite de l'habitude de donner aux galeries de plus grandes sections. Quelquefois on emploie des trépieds dont l'un des pieds est de longueur variable, de manière à s'installer aisément sur la pente d'un montage.

Le réticule des boussoles de mines sera muni de fils blanchis pour les rendre plus visibles dans l'obscurité.

2° La boussole suspendue (fig. 81) est presqu'exclusivement employée en Allemagne depuis le XVII° siècle (inventeur Balthazar Rœssler); elle l'est également dans quelques mines de Belgique et de France. On la suspend à un cordon attaché aux boisages par des vis à bois ou des clous en laiton. Les deux points d'attache étant à égale distance du sol, ce cordon se place parallèlement au sol de la galerie, abstraction faite de la courbure qu'il prend à vertu de la pesanteur.

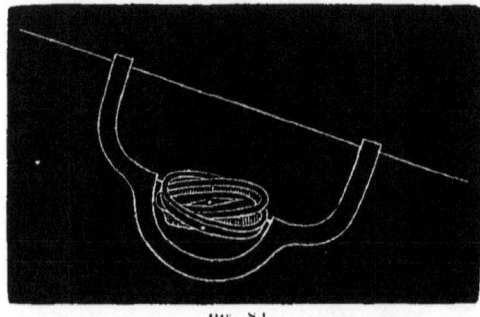

fig. 81.

On fait les alignements aussi longs que possible, sans que le cordon touche les parois de la galerie. Cependant on dépasse rarement 20^m, pour éviter que la courbure ne soit trop prononcée.

La boussole carrée permet de faire des alignements de 40^m et plus.

Il s'ensuit que les levers à la boussole suspendue sont moins rapides. La rupture du cordeau peut aussi interrompre le travail. C'est peut-être à la lenteur des opérations à la boussole suspendue qu'il faut attribuer la plus grande fréquence de l'usage du théodolite en Allemagne qu'en Belgique.

La boussole suspendue ne permet pas l'élimination des erreurs dues à la force magnétique. On ne peut employer la méthode par coups d'avant et par coups d'arrière, parce que l'instrument ne stationne pas au sommet de l'angle, comme c'est le cas lorsqu'on emploie la boussole carrée.

D'autre part la boussole suspendue présente quelques avantages.

On peut la placer à une hauteur plus grande au-dessus des rails et par conséquent diminuer l'influence de ceux-ci, mais il n'existe aucun moyen de s'en affranchir complètement. Dans les galeries très inclinées (20 à 25° de pente), il est très difficile d'employer la boussole carrée, tandis que l'emploi de la boussole suspendue ne présente pas de difficultés. Un autre avantage, c'est que le cordeau est dans la direction même de la ligne de foi de la boussole; mais le lever ne se faisant pas dans l'axe de la galerie, on est obligé de mesurer les largeurs de part et d'autre du cordeau.

Les inclinaisons se prennent au moyen d'un clinomètre indépendant de la boussole et suspendu au milieu du cordeau.

Lorsque les alignements dépassent 4 à 5 mètres, on prend les inclinaisons à égales distances des extrémités. Il ne faut pas que ces inclinaisons diffèrent de plus de 2°; ce qui indiquerait que le cordeau est mal tendu. On opère deux fois en chaque point par retournement du clinomètre.

Emploi de la boussole carrée.

L'instrument est mis en station avec les mêmes précautions qu'à la surface. Cette mise en station est plus longue.

L'instrument placé, l'aide prend la hauteur du milieu de l'alidade au-dessus du sol et va placer une lampe à la même hauteur à la station suivante. Si l'alignement a moins de 50^m, il faut tenir compte de l'excentricité de la lunette, en plaçant la lampe de telle sorte que la flamme s'écarte à droite de l'alignement d'une distance égale à l'excentricité. On peut employer pour cela des trépieds spéciaux.

L'obscurité de la mine fait naître une petite difficulté pour viser le point lumineux, parce qu'on ne peut se guider d'après d'autres objets pour amener la flamme dans le champ de la lunette. Quand on opère avec une lunette en laiton, Ponson conseille d'abaisser celle-ci jusqu'à ce que le point lumineux vienne en éclairer toute une génératrice; à ce moment la lunette se trouve approximativement dans le plan vertical de la lumière. En relevant la lunette, le point lumineux sera alors dans le champ et il sera facile de l'amener au croisement des fils du réticule.

Le réticule doit pour cela être éclairé, ce qui se fait en approchant une lampe de l'objectif, de manière à envoyer dans la lunette un rayon de lumière. En Allemagne, certains instruments portent un miroir annulaire à 45 degrés, dit *illuminateur* et fixé devant l'objectif.

Lorsque la visée a été faite, on laisse osciller l'aiguille et on lit l'inclinaison au clinomètre. On prend ensuite l'azimut. La lampe Mueseler éclaire difficilement le limbe à cause de l'ombre portée par le fond du réservoir. C'est pourquoi l'on a imaginé de construire des lampes de sûreté avec réservoir d'huile annulaire dont les faces inférieure et supérieure sont en verre (lampe Bay-Thys), ou avec réservoir d'huile supérieur alimentant la mèche, comme dans les lampes qui éclairent les compartiments des wagons de chemin de fer (lampe Marka).

Le lever se fait généralement suivant l'axe des galeries, afin de ne pas avoir à prendre de largeurs.

Pour se mettre à l'abri des influences magnétiques, on opérera toujours par coup d'avant et par coup d'arrière dans les galeries à travers bancs et les voies principales. On n'opérera par simples coups d'avant que dans les tailles ou les galeries de moindre importance.

Il faut toujours chercher à lever des polygones fermés, en revenant par la galerie d'aérage et en descendant au point de départ par une voie ménagée dans les remblais. La fermeture des polygones fournit le meilleur contrôle d'un bon travail.

Dans le cas où l'on voudrait faire un lever très rapide, on pourrait opérer par coups d'avant et coups d'arrière, en sautant une station sur deux, mais cette manière d'opérer ne fournit aucun contrôle de la mesure des azimuts.

Lorsque, dans un lever total, on part du puits, on ne peut donner que le coup d'arrière sur le point initial. Il faut dans ce cas opérer avec les plus grandes précautions.

Avant et après chaque lever, on recommande de donner un coup de boussole sur une ligne d'orientation dont l'azimut par rapport au méridien vrai est connu.

Voici le modèle du carnet d'un lever de plans de mines à la boussole :

Date du lever. Valeur de l'azimut, de la ligne d'orientation	DESCRIPTION du point DE DÉPART.	Numéros des stations.	DIRECTIONS		INCLINAISONS		LONGUEURS.	Observations
			Coups d'avant	Coups d'arre.	Voie montante.	Voie descendante.		

La page en regard de ce carnet sera consacrée à des croquis figurant les opérations topographiques effectuées, ainsi que certaines allures ou mouvements de terrain, accidents géologiques, etc.

La colonne d'observations doit être très large, parce que l'on profite des opérations du lever pour prendre les notes utiles à la direction de la mine. Il est à remarquer qu'on se trouve rarement dans d'aussi bonnes conditions pour recueillir des données dans la mine et que l'absence de notes relatives à l'exploitation de nos devanciers a retardé de plus d'un siècle la connaissance de nos bassins houillers et a entraîné la perte de capitaux considérables.

Voici les différents points qui pourront faire l'objet de notes dans la colonne d'observations : allure, nature et puissance de la couche, situation de l'intersection du mur de la couche avec le niveau de la galerie ; nature et résistance du toit et du mur ; composition des stampes ; dégagements de grisou ; direction et inclinaison des crains, failles, étreintes et autres accidents ;

rencontre d'anciens travaux ; section des galeries, modes de revêtement ; accidents survenus dans la conduite des travaux ; trous de sondage ; venues d'eau ; circonstances relatives au bosseyement ; renseignements sur les travaux devenus inaccessibles, etc. Dans les mines métalliques, on notera la composition du gîte, la nature des roches encaissantes, l'allure et la composition des salbandes, filons croiseurs et latéraux, etc.

Le carnet du lever sera mis au net à l'encre ; on tiendra dans chaque mine un carnet pour les levers exécutés dans chaque couche. Les carnets servent à la rédaction des registres d'avancement.

Influence des chemins de fer. Les rails placés bout à bout sur le sol finissent par prendre un état d'aimantation permanente, les pôles de nom contraire étant en regard. Si l'on approche du joint de deux rails une aiguille aimantée, elle s'y place parallèlement aux rails.

Des expériences sur l'influence des rails ont été faites par Combes, au moyen d'une boussole suspendue, sur le chemin de fer Laignel établi aux Champs Elysées à Paris [1].

Ces expériences ont démontré que les rails étaient polarisés et d'autant plus que leur direction est plus voisine de celle du méridien magnétique. En approchant successivement la boussole des rails, on a mesuré les déviations suivantes :

1° *Rails placés dans la direction du méridien magnétique.*

Distance des rails.	Hauteur au-dessus des rails.	Azimut observé.
6 mètres en-deçà.	1^{m}48	80°
1^{m}60 »	1^{m}20	83° 30'
Au-dessus du 1er rail.	1^{m}10	83° 15
Entre les deux rails	1^{m}10	83° 30
Au-dessus du 2° rail	1^{m}10	83° 45
2^m au delà	1^{m}10	83° 30

---

[1] *Annales des mines*, 3e série, t. IX.

2° *Rails placés perpendiculairement au méridien magnétique.*

4 mètres en-deça.	329° 45'
Au-dessus du 1ᵉʳ rail.	328
Entre les deux rails.	330
0ᵐ58 au delà.	328 30

La boussole étant à 0ᵐ40 seulement au-dessus de la voie, on a observé des déviations atteignant 7° 30'.

D'autres expériences ont été faites à Freiberg par Junge ([1]). Elles ont confirmé les résultats précédents et ont donné lieu à quelques observations supplémentaires dignes de remarque.

Voici les principaux résultats déduits de ces expériences :

1° Deux rails identiques comme poids et comme dimensions peuvent avoir une action différente sur la boussole. Il est arrivé que la déviation produite par l'un était double de celle produite par l'autre. Les circonstances de la fabrication paraissent introduire des variations importantes dans l'intensité de la polarité magnétique des rails. Il ne peut donc y avoir compensation entre les influences de deux rails placés parallèlement l'un à l'autre. Il ne peut suffire, pour annuler ces influences, de mettre exactement la boussole dans l'axe de la voie, comme certaines personnes le croient.

2° L'influence des rails est augmentée par de brusques secousses; ainsi quatre coups de marteau frappés sur le rail augmentaient de 2 degrés la déviation produite.

3° L'influence des rails a son maximum pour une direction du rail dont l'azimut est compris entre 45° et 60°30'. La déviation décroît ensuite jusqu'à ce que le rail fasse un angle de 90° avec le méridien. Pour cet angle, la déviation est intermédiaire entre le maximum et celle que l'on observe, quand le rail fait un angle de 22°30 avec le méridien.

([1]) *Bulletin de la Société d'industrie minérale*, t. V.

4° L'influence est la plus grande, quand la boussole est directement au-dessus du rail, à moins que le rail ne soit dans la direction du méridien magnétique.

5° La déviation est très considérable, lorsque la boussole est à 1^m 20 au-dessus du rail; ce dernier faisant un angle de 45° avec le méridien, on a observé des déviations qui atteignaient 3°25'.

On n'a pas fait, à notre connaissance, d'expériences sur les traverses en fer, mais il n'y a pas de doute que leur influence ne soit au moins aussi prononcée que celle des rails.

La seule conclusion pratique à tirer de l'influence des rails et des traverses métalliques, c'est qu'on ne peut faire un lever à la boussole très exact, sans les enlever.

Causes d'erreurs. — Les causes d'erreurs auxquelles est sujet l'emploi de la boussole sont plus fréquentes et plus intenses dans les mines qu'à la surface.

Il est en effet plus difficile d'éloigner tous les objets en fer qui peuvent se dissimuler dans l'obscurité : outils, clous, etc.

L'erreur due à l'excentricité de l'alidade dans la boussole carrée est d'autant plus sensible que les alignements sont plus courts. Nous avons vu plus haut comment on y remédie.

On ne peut cependant tolérer à l'extrémité d'une galerie une déviation de plus de 1/500 de sa longueur totale.

Mais la boussole a l'avantage de la rapidité et peut donner d'excellents résultats dans des mains exercées.

THÉODOLITE.

Le théodolite donne des résultats plus précis, mais à condition de consacrer beaucoup plus de temps au lever; c'est un appareil délicat, qui demande un grand entretien, surtout lorsqu'on l'emploie dans l'atmosphère des mines chargée d'humidité, de fumées et de poussières. Le théodolite ne peut être remis qu'entre des mains soigneuses. Rappelons en outre que si le théodolite est plus précis, il a d'autre part l'inconvénient de laisser s'accroître les erreurs, ce qui n'arrive pas en se servant de la boussole.

Ces inconvénients sont la cause de l'emploi moins fréquent du théodolite dans les mines.

Son usage est indispensable, là où des gisements magnétiques proscrivent absolument l'emploi de la boussole. En dehors de ces cas spéciaux, on s'en sert dans quelques mines métalliques de l'Allemagne et en général dans tous les cas où il s'agit de résoudre des problèmes exigeant des solutions très précises, tels que les problèmes de percement dans lesquels une galerie ou un puits doit nécessairement aboutir à un point parfaitement déterminé. On l'emploiera par exemple dans les travaux topographiques ayant pour objet le creusement d'un puits sous stot, le percement d'une galerie ou d'un tunnel attaqué par plusieurs chantiers, etc.

L'emploi du théodolite dans les mines date de la fin du siècle dernier (en 1798 dans les mines de Carinthie); mais c'est seulement vers 1835 que son usage se généralisa en Allemagne. Vers la même époque, Combes entreprit une campagne en France en faveur du théodolite, mais sans succès décisif ([1]). Aujourd'hui seulement on comprend mieux la nécessité de réagir contre le peu d'exactitude des anciens plans de mines, en employant, au moins dans les circonstances difficiles, un appareil plus exact que la boussole.

Autrefois, à une époque où les galeries des mines avaient des sections très restreintes, on redoutait l'emploi des appareils de grandes dimensions et l'on s'ingéniait à construire des théodolites peu volumineux.

Les théodolites de mines ne diffèrent plus aujourd'hui des théodolites de petit modèle employés à la surface. C'est un

---

([1]) *Ann. des Mines,* 3ᵉ série, T. IX.

progrès, car les appareils de trop petites dimensions donnent en général peu d'exactitude et il est avantageux de pouvoir se servir du même appareil au fond et à la surface.

Les théodolites employés dans les mines ont un limbe horizontal de 8 à 18 centimètres et un objectif de 18 à 30 millimètres. La lunette donne un grossissement de 12 à 30 fois.

Ils sont souvent munis d'une lunette excentrique et d'une boussole dont la ligne de foi est parallèle à la ligne de foi du limbe.

Dans ce cas, on peut s'en servir pour prendre des azimuts avec l'approximation donnée par le vernier. On a même construit des théodolites qui peuvent s'assembler avec la boussole suspendue, détachée de son cercle de suspension.

La lunette est quelquefois accompagnée d'un prisme triangulaire devant l'oculaire pour viser suivant des pentes assez fortes.

L'emploi du théodolite dans les mines présente peu de particularités. L'appareil s'installe sur un trépied ou sur un support à vis pénétrant dans un boisage ou simplement sur un madrier calé entre les parois de la galerie.

On a recours à ce dernier moyen dans les galeries peu élevées ou dans les galeries planchéiées qui existent dans quelques mines métalliques et sur le sol desquelles on ne pourrait établir le trépied avec une stabilité suffisante. Pour centrer le théodolite, on trace au compas sur ce madrier, un cercle capable du triangle dont les sommets sont donnés par les trois vis calantes de l'appareil.

La mise en station doit se faire avec le plus grand soin ; cette opération est longue, et l'on ne peut éviter les pertes de temps que par une grande habitude. On vise sur des lampes posées sur trépied et centrées avec le même soin que le théodolite.

On emploie aussi en Allemagne les signaux optiques en porcelaine dépolie (voir page 204) ou, pour les théodolites à lunette excentrique, des signaux métalliques dont une arête excentrique fortement éclairée sert de point de mire.

La mesure des angles ne se fait par répétition que quand leurs côtés ont de très grandes dimensions ; pour les petites distances, il est préférable de mesurer plusieurs fois le même angle, en vérifiant à chaque reprise l'horizontalité et la centration du théodolite. Comme vérification, on mesurera le complément à 360°.

Pour accélérer le travail, on peut employer trois trépieds semblables servant alternativement au théodolite et aux lampes. Ces trépieds étant une fois installés au centre de station, la mise en station du théodolite est accélérée ; on emploie quelquefois en Allemagne de petits supports à vis calantes qui se posent sur ces trépieds pour recevoir alternativement le théodolite et les signaux optiques dont le centre se trouve exactement à la même hauteur que la lunette du théodolite. Ces supports étant centrés et mis de niveau par un aide, l'opérateur n'a plus qu'à corriger la centration et l'horizontalité des appareils, ce qui se fait rapidement.

Voici la disposition du carnet d'un levé de plans de mines au théodolite :

Numéros des stations.	Longueurs.	Angles ou azimuts.	Inclinaisons		Hauteurs		Largeur		Observations.
			Montantes.	Descendantes.	Au-dessous de l'appareil.	Au-dessus de l'appareil.	Droite.	Gauche.	

Il peut se faire qu'il se présente des points inaccessibles au théodolite. Il faut alors recourir à la boussole suspendue, en s'assurant que la dernière indication du théodolite concorde avec le premier azimut déterminé par la boussole. On continue alors en déterminant par somme ou par différence d'azimut, les angles que font entre elles les directions du cordon de suspension.

M. J. Wuillaume, mécanicien à St-Etienne, a inventé un compas d'angle, destiné à mesurer directement l'angle formé par les cordeaux à l'intersection de deux directions successives. Cet appareil se compose de deux tiges à charnière ; l'une d'elles supporte à son extrémité un limbe horizontal ; l'autre est solidaire d'un axe vertical tournant au centre du limbe et portant une aiguille qui suit tous les mouvements de la tige en restant parallèle à celle-ci.

La ligne de foi du limbe reste parallèle à l'une des tiges, tandis que l'aiguille est parallèle à l'autre.

Les tiges étant respectivement suspendues aux cordeaux, on lira directement, sur le limbe, l'angle de ceux-ci réduit à l'horizon [1].

CHAPITRE IV.

Orientation des plans de mines.

Un défaut d'orientation est la principale source des erreurs que l'on rencontre souvent dans les anciens plans de mines. C'est un défaut très grave, car il ne permet pas de juger de la situation exacte des excavations souterraines par rapport aux choses de la surface, limites de concession, habitations, parcelles, etc.

Il ne permet pas de résoudre les problèmes de percement, en consultant simplement les plans.

---

[1] *Comptes rendus mensuels de la Société de l'Industrie minérale*, 1882, p. 177.

L'orientation des plans se fera par des procédés très différents, suivant que l'on peut se servir de la boussole ou que l'on est obligé d'avoir recours au théodolite.

Si l'on emploie la boussole, il suffira d'avoir dans la mine un point en concordance verticale exacte avec un point de la surface.

Si l'on emploie le théodolite, il faut établir cette concordance pour deux points.

L'emploi de la boussole étant de beaucoup le plus fréquent, c'est la première méthode qui sera généralement employée.

Pour orienter le plan des travaux par rapport au méridien vrai, il faut posséder à la surface, aux environs du puits, une ligne d'orientation, c'est-à-dire une ligne invariable dont on connaisse l'azimut par rapport au méridien vrai. Pour se donner une ligne semblable, on cherche d'abord un point qui ne soit soumis à aucune influence magnétique, ce dont il est facile de s'assurer par les moyens que nous avons indiqués. Cette vérification faite, on installera au point choisi une borne en bois ou mieux en pierre de taille, disposée de manière à recevoir la boussole. On déterminera la méridienne qui passe par ce point, à l'aide de l'un des procédés ci-dessus décrits, puis visant un point fixe et invariable, tel que la flèche d'un clocher ou une cheminée d'usine, on observera l'angle que la direction visée fait avec le méridien astronomique.

En prenant l'azimut de cette ligne d'orientation, avant et après chaque lever souterrain, on reconnaîtra si la déclinaison magnétique est restée constante pendant le travail et dans ce cas on pourra rapporter le lever à la ligne d'orientation, ce qui revient à le rapporter au méridien astronomique.

Le plan de la surface étant rapporté à ce méridien, de même que celui des travaux, il suffit d'établir la concordance verticale d'un seul point du fond et de la surface pour obtenir la superposition exacte des deux plans.

Ce procédé ne peut être mis en défaut qu'en supposant,

comme le fait M. Cornet, que les variations de la déclinaison ne sont pas les mêmes au fond et à la surface, ce qui n'est d'ailleurs rien moins que prouvé.

Si l'on est dans le cas de proscrire entièrement l'emploi de la boussole, il faudra déterminer au moyen du théodolite, l'angle d'une droite du fond avec une droite de la surface.

Si la surface communique avec les travaux souterrains par une galerie à flanc de coteau en dessous de laquelle il n'y a pas de travaux, le problème est facile à résoudre, car il suffit d'installer le théodolite en face de l'œil de la galerie et de mesurer directement l'angle du premier alignement de celle-ci avec un alignement de la surface.

Si la surface communique avec la mine par deux ou plusieurs puits réunis au fond par des galeries dont on a le plan exact, la ligne qui unit l'axe des puits à la surface permet d'établir aisément la superposition des plans de la surface et de la mine.

Mais si la surface ne communique avec le fond que par un seul puits, le problème est beaucoup plus difficile à résoudre. Il faut alors déterminer à la surface un alignement AB (fig. 82) contenu dans le périmètre du puits et relier cet alignement au réseau de la surface ABCD. On projette ensuite les points A et B au fond du puits au moyen de fils à plomb dont on fait plonger les extrémités dans des seaux d'eau, d'huile ou de boue, pour éviter le ballottement.

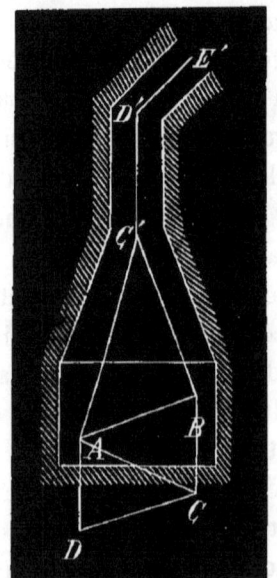

Fig. 82.

La droite AB étant projetée au fond du puits, on relie cette droite au moyen du triangle ABC'' à la polygonale C'D'E' qui fait partie du lever des travaux.

La surface étant alors orientée par le tracé d'une méridienne, le plan de la mine recevra la même orientation. Cette opération est très délicate et demande beaucoup de soins à cause du peu de longueur de l'alignement AB.

CHAPITRE V.

Nivellement souterrain.

Tout lever souterrain est accompagné d'un nivellement pour lequel on peut employer les mêmes procédés qu'à la surface. Cependant on suit ordinairement la méthode trigonométrique.

On se sert donc du clinomètre de la boussole ou du limbe vertical du théodolite, comme nous l'avons indiqué ci-dessus. On emploie quelquefois les appareils de M. Lefebvre, qui se distinguent par la graduation en tangentes des limbes verticaux. Ceux-ci donnent la tangente trigonométrique de l'angle de pente avec trois décimales, c'est-à-dire la pente en millimètres par mètre.

On n'emploie les niveaux à lunette que dans des cas tout à fait spéciaux. La grande difficulté que présentent dans la mine les nivellements proprement dits, gît dans l'éclairage. Le réticule de la lunette doit être éclairé, comme dans la boussole ou le théodolite, mais il faut de plus éclairer la mire. Dans le bassin de Seraing, on place devant la lampe une plaque de fer blanc percée d'un trou ; l'opérateur vise ainsi sur un point lumineux, en regard duquel le porte-mire glisse un index le long de la mire qui est une simple règle graduée.

Au Harz, on se sert d'une mire suspendue, de sorte qu'on prend les hauteurs à partir du faîte de la galerie, afin de ne pas salir le pied de la mire. Sur cette mire glisse un voyant formé d'une plaque de tôle percée de trois trous de différents diamètres disposés suivant une horizontale ; le plus grand de ces trous est muni d'un verre dépoli. En mettant une lampe derrière ce voyant, l'opérateur vise l'un ou l'autre des points lumineux suivant la distance à laquelle il se trouve.

En France, on a employé des mires parlantes fortement

éclairées par deux lampes à réflecteur placées sur un support glissant sur la mire.

M. Bimler, géomètre de mines à Heinitz (Saarbrück), a fait construire une mire parlante en verre coloré en rouge. Les divisions sont marquées en rouge et en blanc suivant que le verre est poli ou dépoli. Les chiffres apparaissent à côté des divisions, en rouge sur fond blanc. Cette mire s'éclaire par transparence.

Dans certains cas on se sert simplement d'un niveau à bulle que l'on suspend au milieu d'un cordeau. La bulle étant amenée entre ses repères, les points de suspension du cordeau sont rigoureusement à la même hauteur. Ce système est avantageux par exemple pour niveler une taille en gradins où il serait souvent très difficile d'installer un appareil à trépied ; on descend successivement la taille, en installant le cordeau à chaque gradin et en mesurant directement les distances verticales de chacune de ces positions.

Rappelons enfin l'application du niveau Aïta faite par MM. Galloway et Bunning, dans les mines du bassin de Newcastle ([1]).

Tout nivellement souterrain destiné à des travaux importants doit être répété plusieurs fois. Si les résultats sont suffisamment concordants, on en prend la moyenne arithmétique.

MESURE DE LA PROFONDEUR DES PUITS.

Au nivellement se rattache la mesure de la profondeur des puits.

Il faut distinguer le cas où ceux-ci sont verticaux et celui où ils sont inclinés.

Puits verticaux. Lorsque les puits sont peu profonds, on peut mesurer leur profondeur à la chaîne, à la règle ou au moyen d'un ruban d'acier.

([1]) Voir page 160.

Ce moyen a été employé récemment avec succès dans les mines de sel du bassin de Stassfurt pour des puits d'assez grande profondeur. Un opérateur se place debout sur le toit de la cage et un second à une dizaine de mètres plus haut est

Fig. 83.

assis dans un petit fauteuil solidement fixé au câble (fig. 83), ce dernier tient la poignée du cordeau d'acier et l'applique contre le guidage. L'opérateur placé sur le toit de la cage trace sur le guide un trait correspondant à l'extrémité du cordeau, puis il donne un signal pour faire descendre la cage de 10 mètres et ainsi de suite. Ce procédé a donné des résultats très précis et il est très rapide.

Le puits de Léopoldshall a été mesuré ainsi trois fois en 6 heures et les mesures ont donné les résultats suivants :

  1° Mesure . . . . 334^{m}757
  2° » . . . . 334^{m}758
  3° » . . . . 334^{m}758.

Le puits Von der Heydt, à Stassfurt, a été mesuré quatre fois dans un temps presque aussi court et l'on y a répéré en même temps les niveaux de 7 étages. On a obtenu :

  1° Mesure . . . . 353^{m}715
  2° » . . . . 353^{m}713
  3° » . . . . 353^{m}717
  4° » . . . . 353^{m}714 ([1]).

Au Harz on s'est servi de tringles en fer de 6 mill. de diamètre et de 2 m. de longueur. Ces tringles dont les extrémités sont filetées, sont assemblées bout à bout au moyen de doubles écrous percés d'un trou pour s'assurer que les tringles sont en contact. On réunit ainsi 10 à 20 tringles et on les suspend à des

---

([1]) *Berg-und Hüttenmännische Zeitung*, n° 1, 1883.

broches fixées aux boisages. Ces tiges ont été au préalable soumises à une forte tension pour ne pas avoir à tenir compte de l'allongement.

On peut faire, de distance en distance, les corrections relatives à la température.

On pourra aussi transformer la mesure verticale en une mesure horizontale ou oblique qui se fait à la surface.

Lorsque le câble d'extraction a fonctionné assez longtemps, on mesurera la profondeur du puits en mesurant la longueur du câble depuis la surface jusqu'au fond ; on y fait des marques au moyen de ligatures au niveau de chaque galerie aboutissant dans le puits. Ces marques sont répérées au moyen d'un niveau installé dans chaque galerie. On mesure le câble, en le retirant lentement à la surface.

On opérera de même sur un vieux fil à plomb chargé d'un poids assez fort et l'on mesurera à la règle ce fil sous tension, en le faisant remonter au jour.

On peut aussi mesurer ce fil pendant qu'il est tendu verticalement dans le puits.

Pour les puits profonds, on pourra employer le procédé dit de Firminy. Il consiste à transformer la mesure verticale en une mesure horizontale, en se servant non plus du câble d'extraction, ni d'un fil à plomb, mais d'un fil de laiton de 1.5 mill. ou d'un fil d'acier (corde de piano) d'un mill. tendu par un poids de 15 kil. (fig. 84) Ce fil s'enroule sur un treuil à manivelle placé à plus

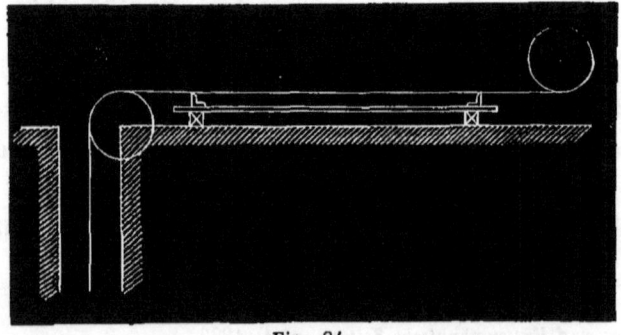

Fig. 84.

de 5 m. de l'orifice du puits. La manivelle est munie d'une roue à rochet dont le cliquet permet de l'arrêter dans une position quelconque.

Au-dessus du puits, le fil s'infléchit sur une molette.

Entre celle-ci et le treuil, le fil métallique est horizontal et passe au-dessus d'une règle de 5 m. de longueur, qui glisse sur deux tasseaux en bois.

Il faut deux opérateurs et un manœuvre au treuil.

Le poids de 15 kil. se trouvant devant un repère tracé près de l'orifice sur une des parois du puits, le premier opérateur pince le fil entre ses deux doigts au-dessus d'une des extrémités de la règle et le maintient pincé pendant qu'on déroule le fil en faisant tourner le treuil. Il suit donc le fil en marchant. On arrête la manivelle du treuil, lorsqu'il arrive à l'autre extrémité de la règle ; mais comme il serait impossible au manœuvre d'arrêter le treuil juste au moment où l'opérateur tenant le fil pincé aurait ses doigts au-dessus de l'extrémité même de la règle, les doigts de l'opérateur se trouvent au moment de l'arrêt un peu en-deçà ou au delà de l'extrémité de la règle. On fait alors glisser horizontalement la règle jusqu'à ce que son extrémité se trouve sous les doigts de l'opérateur.

Le second opérateur va alors à son tour pincer le fil sur l'autre extrémité de la règle et opère comme ci-dessus. On fait chaque fois glisser la règle pour mettre son extrémité en dessous des doigts de l'opérateur au point où se fait l'arrêt.

Quand le poids tendeur est arrivé à une quinzaine de mètres du fond, un homme placé dans le puits donne un signal. Avant de mesurer la dernière fraction de 5 mètres, il faut prendre la précaution de placer la règle exactement dans la position qu'elle occupait au début de l'opération et l'on a soin cette fois d'arrêter le déroulement du fil, lorsque les doigts de l'opérateur se trouvent exactement au-dessus de l'extrémité de la règle qui doit cette fois rester immobile.

Il est clair qu'en remettant la règle dans sa position initiale on compense toutes les quantités mesurées en trop ou en trop peu dont on n'a pas tenu compte.

Le poids s'arrête à une distance du fond inférieure à 5 m. On trace un repère sur la paroi du puits en face de cette position et on mesure directement sa distance au fond du puits, de même que l'on mesure directement la distance de l'orifice au repère du point de départ.

L'opération se répétera en faisant remonter le fil.

Ce procédé donne, d'après les expériences faites à Firminy, une approximation de 5 mill. par 100 m. Il est très rapide; on a mesuré ainsi à Firminy une profondeur de 260 m. en une demi-heure. Ce système peut être également employé pour la pose des pompes et des guidonnages.

Les différents niveaux seront marqués sur le fil métallique au moyen de coups de lime.

Puits inclinés. La mesure de la profondeur des puits inclinés présente les plus grandes difficultés. On doit opérer dans ces puits au moyen de fils à plomb dont les points de suspension sont repérés à l'aide d'un niveau (fig. 85). Ces puits sont souvent sinueux en inclinaison et en direction; dans ce cas on doit y opérer comme dans les galeries, en en faisant le lever au théodolite, en même temps qu'on les nivelle au fil à plomb. C'est une opération de la plus haute difficulté qui a dû être faite à différentes reprises au Harz, à l'époque encore peu reculée où les mines n'y communiquaient avec la surface qu'à l'aide de puits inclinés.

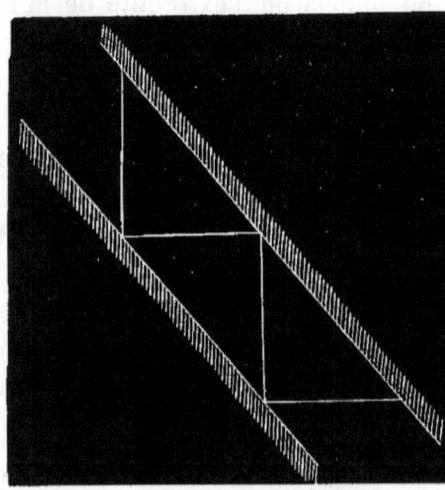

Fig. 85.

CHAPITRE VI.

Problèmes divers relatifs à l'exploitation des mines

Les problèmes relatifs à l'exploitation des mines reçoivent des solutions graphiques ou numériques.

Les solutions graphiques sont les plus simples, mais elles exigent que les plans qui leur servent de base, soient d'une exactitude irréprochable. On peut alors résoudre un grand nombre de problèmes en appliquant les procédés ordinaires de la géométrie descriptive.

DÉTERMINATION DES DIRECTIONS ET DES INCLINAISONS DES COUCHES.

Étant données en plan et en projection verticale, deux galeries qui se croisent tracées dans la couche, déterminer la direction et l'inclinaison de cette couche.

Les galeries étant figurées au plan et à la projection verticale par deux droites représentant leurs axes, ce problème revient à déterminer la trace et l'inclinaison du plan passant par ces deux droites.

La trace du plan correspond en effet à une horizontale tracée dans le plan de la couche, c'est-à-dire à la direction.

On résoudrait de même ce problème si l'on ne connaissait qu'une galerie tracée dans la couche et un point de cette couche, car on peut faire passer par ce point une droite appartenant au plan de la couche et coupant la droite représentant l'axe de la galerie.

Il en serait encore de même si l'on donnait simplement trois points de la couche. Trois points d'une couche étant par exemple reconnus par des sondages dont on possède le plan et la projection verticale, il sera possible de faire passer par ces points deux droites appartenant au plan de la couche et de chercher la direction et la ligne de plus grande pente de celle-ci. Si le relief de la surface est déterminé par ses courbes de niveau, on pourra de plus tracer l'affleurement de cette couche, en traçant dans la couche des horizontales de même cote que les lignes de niveau, dont on cherchera l'intersection avec celles-ci.

Dans une note sur *les dérangements géologiques*, M. H. Höfer, professeur à l'Académie des mines de Leoben, indique un moyen d'opérer le tracé hypothétique d'une couche au delà d'une faille ou d'un crain en opérant graphiquement sur une projection cotée. Cette manière d'opérer conduit à démontrer que les glissements ont souvent été accompagnés de torsions. Nous ne pouvons que renvoyer le lecteur à la note de M. Höfer publiée dans le T. X, 2° série de la *Revue universelle des mines*.

Dans d'autres cas, on aura recours à des solutions numériques. Soit par exemple à résoudre le problème suivant :

Connaissant l'inclinaison d'une couche, déterminer la longueur x et la direction δ d'une voie d'inclinaison donnée β destinée à relier deux galeries de niveau tracées dans cette couche.

C'est là un problème qui se rencontre fréquemment dans l'exploitation du Borinage par voies demi-thiernes ou dans celle de la Westphalie par diagonales.

Soit fig. 86 AB la voie d'inclinaison donnée β et soit CB = a la ligne de plus grande pente de la couche d'inclinaison α.

Soit AB = x. Soit BD la verticale et le triangle ACD la projection horizontale du triangle ABC.

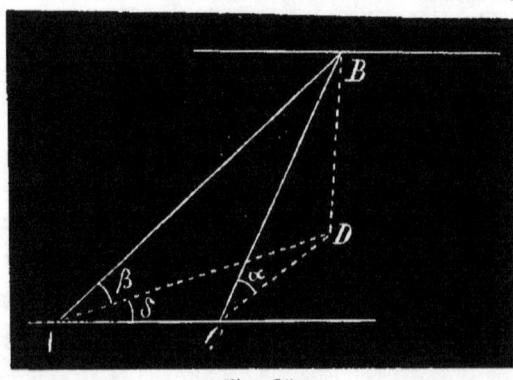

Fig. 86.

$$BD = x \sin \beta = a \sin \alpha$$

d'où la longueur cherchée

$$x = \frac{a \sin \alpha}{\sin \beta}$$

Soit $AD = x'$ et $CD = a'$

$$\sin \delta = \frac{a'}{x'}$$

or $BD = x' tg \beta = a' tg \alpha$.

d'où $\sin \delta = \dfrac{tg \beta}{tg \alpha}$

équation qui fait connaître la direction cherchée δ.

PERCEMENTS.

Problème général.

Le problème général relatif aux percements consiste à déterminer les éléments de l'axe d'une galerie unissant deux points donnés, c'est-à-dire sa longueur, sa direction et son inclinaison.

On peut résoudre ce problème par la méthode graphique ou par la méthode numérique.

Dans la méthode graphique, on opère sur les plans et les projections verticales des travaux. On y trace l'axe du percement, droit ou courbe, et l'on en mesure directement les éléments sur le dessin. Mais, pour employer ce procédé, il est indispensable d'opérer sur des plans rigoureusement exacts.

Dans la méthode numérique, on déduit ces éléments des coordonnées des points extrêmes.

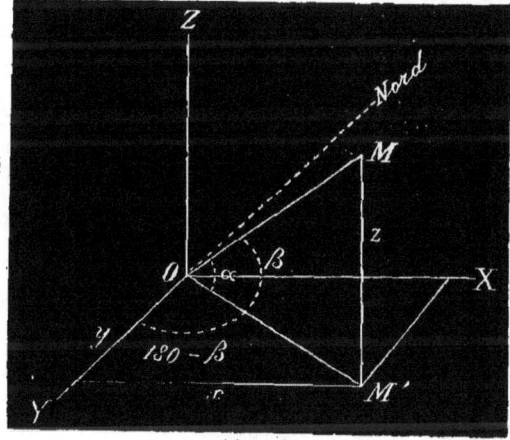

Fig. 87.

Soit fig. 87 en OX, OY, OZ trois axes de coordonnées orthogonales.

Soit OM l'axe du percement à établir. L'un des points O à relier étant pris comme origine, l'autre M ayant pour coordonnées x, y et z, on a OM $= d = \sqrt{x^2+y^2+z^2}$.

Soit β l'azimut de OM, ce qui suppose que le Nord se trouve sur l'axe des y en arrière du tableau

$$tg\,(180 - β) = \frac{x}{y}$$

d'où $\quad tg\,β = -\dfrac{x}{y}$

Soit α l'inclinaison de OM.

$$sin\,α = \frac{z}{\sqrt{x^2 + y^2 + z^2}}$$

Si l'un des points à relier n'était pas pris comme origine, et si l'on appelait $x'\,y'\,z'$ et $x''\,y''\,z''$ les coordonnées des points à relier, on aurait comme formules générales

$$d = \sqrt{(x'-x'')^2 + (y'-y'')^2 + (z'-z'')^2}$$

$$tg\,β = -\frac{x'-x''}{y'-y''}$$

$$sin\,α = \frac{z'-z''}{\sqrt{(x'-x'')^2 + (y'-y'')^2 + (z'-z'')^2}}$$

Il faut faire grande attention aux signes des coordonnées qui indiquent toujours la position dans l'espace de l'axe considéré. Les conventions relatives aux signes sont les mêmes qu'en trigonométrie plane, mais diffèrent de celles qui sont admises en géométrie analytique des trois dimensions.

Opérations topographiques nécessaires pour le percement des galeries, des tunnels et des puits.

Étant donné le point de départ de la galerie, on rapporte en ce point la direction déterminée. On se sert généralement pour cela de la boussole et l'on commence à creuser dans cette direction. Quand on est avancé de quelques mètres, on suspend un fil à plomb dans l'axe de la galerie et l'on vérifie si cet axe correspond à la direction donnée. On place ainsi de distance en distance des fils à plomb qui doivent se recouvrir comme des jalons.

On se sert quelquefois de lampes suspendues au lieu de fils à plomb.

L'inclinaison se détermine au moyen d'un niveau à béquilles qui donne la pente en mill. par mètre.

La direction ne peut être déterminée au théodolite que pour autant qu'elle puisse être prise par rapport à une direction connue.

Lorsque la direction doit être prise souterrainement, on peut la rapporter à une direction de la surface, en déterminant une base dans la section même du puits par le procédé que nous avons indiqué à propos de l'orientation des plans de mines.

Lorsqu'il s'agit de transporter au fond d'un puits une direction prise à la surface dans le périmètre du puits, si le puits n'est pas très profond, on peut contrôler les points déterminés au fond au moyen des fils à plomb plongeant dans de l'eau ; à l'aide d'un théodolite installé dans le fond successivement aux points 1, 2, 3 et 4, on vise dans deux positions différentes chacun des points A et B de la surface où s'attachent les fils à plomb, fig. 88. On obtient ainsi des lignes de visée faciles à repérer en aa', bb' sur les parois opposées du puits et dont les intersections correspondent exactement à la projection verticale des points A et B au fond du puits.

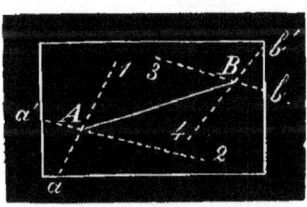

Fig. 88.

Tunnels attaquables par plusieurs puits. — Lorsque les tunnels peuvent être attaqués par plusieurs puits, il faut déterminer :

1° L'emplacement des puits à la surface ; 2° la profondeur qu'il faut leur donner ; 3° la direction à donner aux chantiers établis de part et d'autre.

Pour fixer l'emplacement des puits, il faut jalonner à la surface la direction du tunnel ou procéder par un cheminement périmétrique ou par une triangulation réunissant les deux extrémités du tunnel. Connaissant la direction du percement, il est facile de la rapporter à la polygonale du cheminement ou au réseau trigonométrique et par conséquent de déterminer l'emplacement où les puits doivent être creusés.

Connaissant cet emplacement, un nivellement fera connaître les différences de niveau entre les extrémités du tunnel et les orifices de ces puits. Pour obtenir la profondeur des puits, il faut en déduire une certaine hauteur dépendant de la pente que l'on doit donner à la galerie.

La direction des chantiers au fond de chaque puits se prend alors, comme ci-dessus, à la boussole ou au théodolite. Les distances entre les puits n'étant pas très longues, on peut en général se contenter d'employer la boussole ou de projeter au fond du puits la direction du percement au moyen de deux fils à plomb plongeant dans des baquets.

Il arrive souvent que les puits sont creusés latéralement à l'axe; dans ce cas, il faut ramener la direction dans l'axe de la galerie au moyen de perpendiculaires de longueurs déterminées.

La base tracée dans le puits étant toujours très courte par rapport à la longueur du percement, on ne peut y avoir grande confiance si le percement doit recevoir une grande étendue.

Pour éluder cette difficulté, M. Richardson, directeur des travaux du tunnel sous la Severn percé en 1881, a imaginé un procédé nouveau qui peut recevoir des applications dans des circonstances analogues.

Le point le plus bas du tunnel se trouve en dessous du thalweg; à partir de là, on a une rampe de 3218^m jusqu'au puits creusé sur la rive galloise et une rampe de 1400^m vers le puits creusé sur la rive anglaise.

On ne pouvait disposer dans le puits gallois que d'une base de 4^m, pour déterminer l'alignement de 3218^m ; cette base était absolument insuffisante et toute erreur se fût amplifiée 800 fois au point de rencontre.

Les difficultés étaient d'ailleurs accrues par l'état d'humidité du puits et par le mouvement des pompes qui rendaient fort difficile l'installation des fils à plomb.

On établit un théodolite à la surface sur la margelle du puits, en ayant soin de faire coïncider l'axe optique avec la direction du tunnel soigneusement jalonnée en avant et en arrière du théodolite. Lorsqu'on eut creusé 90^m de galerie, on tendit un fil de fer de 90^m de long dans l'axe de la galerie à partir de la paroi du puits la plus éloignée du front de taille. On pouvait ainsi voir du dessus une longueur de fil de 4^{m}60. Les extrémités du fil étaient fixées à des vis horizontales, de manière à faire varier dans une certaine mesure leur position. En éclairant ce fil à la lumière électrique, on pouvait viser successivement vers les deux extrémités de sa partie visible et faire placer ces extrémités dans le plan de l'axe optique en agissant successivement sur les vis horizontales.

On mettait ainsi le fil de 90^m tout entier dans la direction jalonnée à la surface. Les résultats ont été parfaits, et les deux galeries se sont rencontrées le 21 septembre 1881 avec une exactitude pratiquement rigoureuse.

Tunnels attaquables par leurs extrémités seulement. — Lorsque les tunnels sont très longs et ne peuvent être attaqués que par leurs extrémités, le problème est beaucoup plus difficile et il faut des opérations extrêmement précises pour ne pas commettre d'erreur grossière dans la rencontre des deux chantiers qui marchent en sens inverse l'un de l'autre.

La détermination de la direction de l'axe s'appuie sur un cheminement perimétrique ou sur une triangulation réunissant les extrémités; on en déduit les coordonnées de ces extrémités et la direction de l'axe au moyen des formules ci-dessus indiquées.

Pour les très longs tunnels tels que ceux des Alpes, un simple cheminement périmétrique ne suffit pas à cause des erreurs provenant de la mesure des longueurs. Il faut dans ce cas recourir à une triangulation, comme on l'a fait au Mont Cenis et au Gothard.

M. Borchers a imaginé une intéressante méthode fondée sur l'emploi d'un aimant puissant, pour reconnaître avant que la réunion des chantiers n'ait eu lieu, la direction et la longueur de la ligne qui unit l'axe des deux fronts de taille et même la différence de niveau du sol des deux galeries; cette opération étant faite lorsqu'il reste 10 à 15 m. à percer, il est encore possible en cas d'erreur de faire une rectification de l'axe du percement ([1]).

Creusement des puits attaquables par plusieurs niveaux. — Des problèmes analogues à ceux des galeries se présentent pour les puits qui doivent être attaqués par plusieurs niveaux.

Si le puits à creuser est voisin d'un puits existant, le problème est relativement simple. Il s'agit de partir de ce puits à différents niveaux par des galeries ou *piersures* jusqu'à ce que leur extrémité soit parvenue dans l'axe du puits à creuser.

Les éléments de l'axe d'une de ces galeries sont faciles à déterminer. On connaît en effet la distance des orifices des deux puits qu'on peut mesurer à la surface. Cette distance est égale à la longueur de l'axe des galeries à percer. On prend à la surface la direction de cet axe et on la reporte aux différents niveaux au moyen de deux fils à plomb suspendus dans le puits et plongeant dans des baquets.

Mais on ne se trouve pas toujours dans des conditions aussi favorables; le puits à creuser peut se trouver à une distance considérable des puits existants ; les travaux de la mine peuvent conduire à différents étages à peu près dans l'aplomb

---

[1] Voir *Die praktische Markscheidekunst*, par E. BORCHERS.

du puits à creuser. On doit alors à chaque étage partir d'un point voisin pour percer une galerie qui conduise dans l'axe du puits.

Les éléments de l'axe de cette galerie seront déduits graphiquement des plans de chaque étage de la mine, mais il est indispensable pour cela que ces plans soient d'une exactitude rigoureuse, c'est-à-dire qu'ils aient été levés au théodolite et rapportés par coordonnées.

Cette méthode a été employée au Harz pour le creusement du puits *Königin-Marie*, le premier puits vertical creusé dans ces mines.

Les puits les plus voisins étaient les anciens puits inclinés *Ste-Élisabeth* et *Dorothée* respectivement distants du nouveau puits de 242 et de 384^m. Or nous avons vu quelles difficultés présente le lever de ces anciens puits dont l'axe est en réalité une courbe gauche.

Voici néanmoins quels ont été les déviations observées aux points de rencontre des chantiers :

	Déviation	
	Longues parois.	Courtes parois.
Niveau de 280^m	0.03	0.04
» 388^m	0.00	0.07
» 518^m	0.04	0.02

Les *percements sous stot* donnent lieu à des opérations analogues.

Il s'agit de déterminer les éléments de l'axe d'une petite galerie destinée à réunir un bouxhtay latéral avec l'axe du puits à percer sous stot. La longueur de cette galerie se déduit de la distance d'axe en axe du bouxhtay et du puits et sa direction se détermine à la boussole ou au moyen de deux fils à plomb qu'on fait descendre dans le bouxhtay.

Avant de commencer le percement, on peut d'ailleurs vérifier au moyen d'un trou de sonde si l'on se trouve bien dans l'axe du puits à creuser. Ce trou de sonde se fait à partir de cet axe;

la sonde pénètre plus ou moins obliquement, mais il est facile de déterminer la déviation que présentera le point où la sonde sortira, connaissant la longueur de cette sonde, son inclinaison et l'épaisseur du stot. Un fil à plomb suspendu au point de sortie de la tige de sonde et le bout même de cette tige déterminent le plan dans lequel la longueur de la déviation doit être portée pour déterminer exactement l'axe du puits.

CHAPITRE VII.

Tracé des plans souterrains.

Registres d'avancement. — Avant de s'occuper du tracé proprement dit, il faut transformer les éléments recueillis pendant le lever en éléments graphiques. On commencera par rectifier les directions en les rapportant au méridien vrai.

Si l'on emploie la méthode graphique, on calculera ensuite :

1° Les projections horizontales, lorsque les mesures de longueur auront été prises sur des pentes de plus de 1 degré.

2° La hauteur verticale de chaque station au-dessus de la précédente, ce qui conduit à déterminer la cote de chaque station par rapport au plan de comparaison.

Si l'on emploie la méthode numérique, ces calculs sont remplacés par celui des trois coordonnées.

Pour tous ces calculs, on se sert de la règle ou **des tables de lignes trigonométriques naturelles**.

Les résultats obtenus sont inscrits dans les *registres d'avancement* qui doivent être en nombre égal à celui des carnets. La conservation de ces registres a une importance aussi grande que celle des plans eux-mêmes, car ils permettent de refaire en tout temps les plans qui auraient été détruits.

Voici les titres des colonnes d'un registre d'avancement :

Date du lever. Azimut de la ligne d'orientation.	Numéro de la boussole.	Description du point de départ.	Numéros des stations.	Directions mesurées à la boussole			Inclinaisons		Longueurs			Hauteurs ou cotes.	Coordonnées			Observations et croquis.
				Coup d'avant.	Coup d'arrière.	Rectifiées par rapport au N. vrai.	Voie montante.	Voie descendante.	Suivant l'inclinaison.	Projection horizontale.			x	y	z	

Dans le cas d'un lever au théodolite, la colonne des directions sera remplacée par celle des angles.

Ce registre doit être établi aussitôt que possible après le lever. Il ne doit contenir ni ratures, ni corrections. Si l'on se trouvait dans le cas d'en faire, il faudrait les indiquer à l'encre rouge et inscrire au registre pourquoi on les a faites.

A la fin de chaque année, on notera au registre les faits principaux relatifs à l'exploitation : Production de la mine, poids ou volume des matières extraites, nature, quantité et richesse des minerais préparés, quantité d'eau épuisée, système et dimensions des machines installées dans l'année, etc.

Tracé des plans. — Pour tracer les plans souterrains, il convient d'employer la méthode graphique, lorsqu'on s'est servi de la boussole dans le lever, et la méthode numérique, lorsqu'on a employé le théodolite.

Méthode graphique. — Cette méthode est basée sur l'emploi

du transporteur ou du rapporteur. Nous n'avons rien à ajouter à ce que nous avons dit de l'usage de ces appareils en traitant du tracé des plans de surface.

Méthode numérique. — Dans le tracé des plans de mines, nous devrons tenir compte non seulement des coordonnées horizontales, mais encore de la coordonnée verticale. Soient, fig. 89, trois axes coordonnés rectangulaires disposés de telle sorte que l'axe des y se trouve dans le méridien vrai, le Nord étant en avant. Soient $x\ y\ z$ les coordonnées du point M.

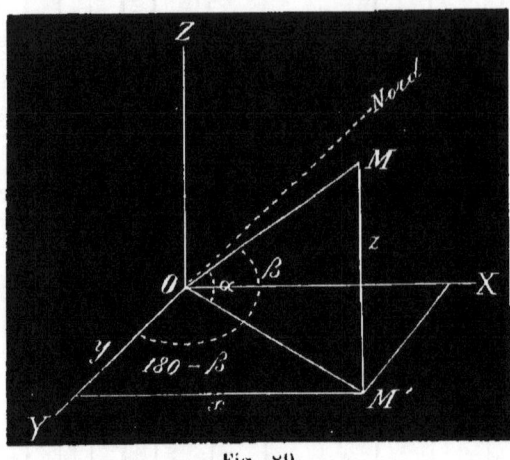

Fig. 89.

Nous connaissons $OM = d$ la longueur mesurée suivant l'inclinaison, α l'inclinaison et β la direction, c'est-à-dire l'azimut vrai de OM. Nous avons :

$$z = d \sin \alpha$$
$$OM' = d \cos \alpha$$

d'où
$$x = d \cos \alpha \sin (180 - \beta) = d \cos \alpha \sin \beta$$
$$y = d \cos \alpha \cos (180 - \beta) = - d \cos \alpha \cos \beta$$

Les coordonnées sont supposées positives vers le Nord, l'Est et le Zénith. Rappelons qu'en ce qui concerne le Nord et l'Est, cette convention est la même que celle qui régit le signe des lignes trigonométriques.

Le point M étant pris à son tour comme origine, on calculera de proche en proche les coordonnées de tous les sommets qui seront rapportées à une même origine par sommes algébriques.

On combine parfois la méthode graphique et la méthode numérique, de même que l'on combine dans le lever l'emploi de la boussole et du théodolite. On rapporte les avancements par la méthode graphique et l'on se sert de la méthode des coordonnées pour rapporter au plan les points essentiels du fond et de la surface.

Les plans sont dessinés sur du papier quadrillé au décimètre. Un quadrillage plus serré aurait l'inconvénient de trop charger le plan.

L'origine du quadrillage sera prise comme origine des coordonnées et les axes seront tracés en rouge. De cette manière le plan pourra servir à déterminer *graphiquement* les coordonnées de certains points intéressants qui y auraient été rapportés par la méthode graphique.

Le quadrillage a pour avantage de servir d'échelle pour évaluer les distances sur le plan, d'autant plus avantageusement que le papier subit souvent un retrait suivant certaines directions.

Quelle que soit la méthode que l'on emploie, il est bon que ce soit la même personne qui fasse le lever et qui trace le plan. De là l'utilité dans les grandes exploitations de posséder des employés spéciaux pour ce double travail.

Pour faciliter les vérifications, on inscrit le long des galeries figurées au plan le folio correspondant du registre d'avancement ou même la date du lever, si l'on ne craint pas de trop charger le plan.

Plans cotés. — Autrefois on multipliait inutilement les projections verticales. Cependant ces projections sont très insuffisantes, notamment au point de vue de la représentation des exploitations en plateures. L'usage de plus en plus général de coter les plans permet de s'en dispenser et de ne faire des projections verticales que pour les dressants dont l'inclinaison dépasse 65°.

On calcule les cotes de toutes les stations, mais on n'indique au plan que les points de cote ronde que l'on détermine de mètre en mètre par le calcul. Les seules cotes fractionnaires inscrites au plan sont celles des rencontres des bacnures avec les couches, puits, plans inclinés, etc. Ces cotes seront prises à un décimètre près.

Les plans cotés présentent l'avantage de pouvoir multiplier les coupes sans difficulté. Cet avantage est très grand, parce que rien mieux que les coupes ne montre l'allure des couches, rien ne fait mieux connaître *l'anatomie* du terrain.

Les coupes multipliées fournissent un moyen précieux de vérifier l'exactitude des plans, en y faisant apparaître, lorsqu'ils sont défectueux, des impossibilités au point de vue du parallélisme des couches.

L'usage était autrefois dans une mine de ne posséder qu'une seule coupe passant par le puits. Aujourd'hui on a souvent un album de coupes faites de 100 en 100^m suivant le méridien ou la ligne Est-Ouest. Dans les allures tourmentées, il peut même être utile de faire des coupes suivant des directions intermédiaires.

Les plans cotés ont de plus l'avantage d'indiquer toujours à quelle distance on se trouve de la surface, des morts-terrains, de certains bains, etc.

Les cotes sont calculées par rapport à l'orifice du puits le plus élevé de la concession, orifice dont on est supposé connaître la cote par rapport au niveau de la mer.

Les projections verticales seront cotées de même que les plans.

Projections verticales et coupes.—Pour tracer les projections verticales et les coupes, on se sert des procédés graphique ou numérique.

La direction générale des couches étant dans le bassin belge du Nord-Est au Sud-Ouest, les projections verticales sur le plan Est-Ouest montreront clairement la superposition des travaux, tandis que les coupes suivant le plan Nord-Sud montreront le mieux l'allure des couches.

Les plans de projection et les lignes de coupe correspondront par conséquent aux lignes du quadrillage. Cette observation ne présente toutefois rien d'absolu, car la direction générale des couches du bassin peut ne pas être celle d'une concession déterminée. Mais, à moins de circonstances spéciales, le mieux est de faire les projections et les coupes suivant les lignes du quadrillage, afin de ne pas introduire d'hypothèses par rapport à l'allure des couches.

La méthode graphique consiste à projeter les points de la projection horizontale sur la ligne de terre ou la ligne de coupe, puis à élever au-dessus de cette ligne des ordonnées correspondant à l'altitude des divers points par rapport au niveau de la ligne de terre.

Les projections verticales diffèrent des coupes, en ce que dans les premières on relève tous les points du plan, tandis que dans les coupes on ne relève que les points qui se trouvent dans le plan de coupe.

Les coupes se font à l'aide du plan et de la projection verticale ou simplement du plan coté, en rabattant les points cotés autour de la ligne de coupe prise comme ligne de terre.

Dans la méthode numérique, on opère sur les plans des XZ et de YZ, de la même manière que l'on a opéré sur le plan des XY pour faire la projection horizontale. Si l'on voulait prendre un plan intermédiaire, on ferait de même en appliquant les formules de transformation des coordonnées.

Les avantages de la méthode numérique ne présentent plus la même importance, lorsqu'il s'agit de projections verticales et de coupes ; la méthode graphique est suffisante, à condition toutefois que le plan horizontal ait été très exactement établi.

CHAPITRE VIII.

Représentation graphique des travaux de mines.

MODES DE REPRÉSENTATION.

Les exploitations minières sont représentées par un plan d'ensemble général, ou par des plans par étages, ou encore par des plans et des projections verticales par couche, ou enfin par la combinaison de ces différents systèmes.

Un plan d'ensemble a l'avantage de présenter un tableau de tous les travaux exécutés dans la mine, ce qui est utile au point de vue des questions qui intéressent la marche générale des exploitations, par exemple l'aérage, l'écoulement des eaux, l'étude des mouvements et des accidents de terrain affectant l'ensemble des couches.

Lorsque la mine exploite plusieurs plateures superposées, les plans d'ensemble, même par étages, deviennent tellement confus qu'il faut y joindre de toute nécessité des plans par couche.

On en est arrivé ainsi, dans un grand nombre de mines, à supprimer entièrement les plans d'ensemble et à ne plus faire que des plans par couche.

D'autre part dans les mines à dressants, les indications générales du plan d'ensemble sont assez claires; mais il est impossible d'y représenter les détails de l'exploitation, dès que l'inclinaison des couches atteint 65°. Il faut alors recourir aux projections verticales par couche. L'usage des plans et des projections verticales par couche est aujourd'hui très répandu et doit devenir général; mais à moins de circonstances exceptionnelles, il ne doit pas empêcher de faire des plans d'ensemble qui pourront dès lors être déchargés de tous les détails d'exploitation.

Dans le cas où les couches se redoublent par des glissements ou des plissements, on peut représenter ces redoublements de deux manières. On peut créer pour les parties redoublées des feuilles supplémentaires correspondant aux feuilles du plan par couche ou de la projection verticale, en ayant soin d'indiquer dans les unes et dans les autres la position exacte des lignes synclinales et anticlinales ou des fractures qui limitent les parties redoublées.

On doit dans tous les cas éviter soigneusement qu'une même partie de couche ne se trouve à la fois sur deux feuilles différentes.

On peut aussi superposer sur la même feuille les parties redoublées, en y passant une teinte double. Ce dernier procédé n'offre pas d'inconvénients au point de vue de la clarté, lorsqu'il n'y a qu'une couche représentée, et il a l'avantage de ne pas multiplier le nombre de feuilles.

Lorsqu'on fait la projection verticale d'un dressant, il est inutile de le figurer au plan horizontal; on se contente d'indiquer soigneusement ses limites, c'est-à-dire le crochon et l'ennoyage. Le plan horizontal s'arrête à ces limites et l'on se contente de tracer sur ce plan les galeries qui traversent le dressant et conduisent à la plateure suivante. Ces galeries seront tracées à traits interrompus. On évitera de la sorte tout double emploi sur des feuilles différentes. En dessous de la projection verticale du dressant, on en tracera sur la même feuille la projection horizontale détaillée.

Les plans et les projections verticales par couche se font en plusieurs feuilles grand aigle de 1^m04 sur 0^m70. Les dimensions plus grandes sont gênantes pour le dessin, le transport et le maniement. On cherchera à avoir le moins grand nombre de feuilles possible dans le périmètre de la concession. Chaque feuille est numérotée et porte un quadrillage au décimètre. Le Nord vrai est en tête et les axes de coordonnées sont tracés en carmin. La ligne d'orientation est aussi tracée en rouge, les lignes du quadrillage sont numérotées par un chiffre indiquant la valeur de leur abscisse ou de leur ordonnée, avec une lettre indiquant vers lequel des points cardinaux cette abscisse ou cette ordonnée se dirige par rapport à l'origine. Pour assembler les différentes feuilles entre elles, chacune d'elles porte à droite et au-dessous un rebord de 4 à 5 centimètres sur lequel se continue le dessin des parties de la feuille qui doit se juxtaposer. Deux ouvertures circulaires percées aux extrémités du rebord doivent se superposer à deux ouvertures correspondantes de la feuille voisine.

Echelle des plans. — En Belgique et en France, l'échelle des plans de mines est de 1 à 1000.

Le plan de la surface est dressé à la même échelle que le plan de la mine. Les plans d'ensemble le sont quelquefois à des échelles moindres dans le but d'être plus maniables.

Dans les autres pays, l'échelle dépend surtout des mesures locales. Il est utile qu'elle soit un multiple exact de celle de la carte d'État-Major, afin de faciliter les comparaisons et les études sur le terrain.

En Prusse, au delà du Rhin, l'échelle varie suivant les bassins de 1/800 à 1/1600. L'échelle est imposée dans chaque district.

En Autriche, l'échelle des plans de mines est généralement 1/720.

En Angleterre, il n'y a pas d'échelle imposée. Mais dans les cas où les plans sont dressés d'office par l'administration des mines, l'échelle ne peut être inférieure à 1/1584. La variété des échelles offre de grands inconvénients au point de vue de la comparaison des plans de différentes mines voisines.

Il est désirable non seulement d'avoir une échelle uniforme, mais encore d'avoir des types uniformes. M. J. Van Scherpenzeel Thim, ingénieur en chef des mines, a publié dans ce but des *plans-types* destinés à servir de modèles aux exploitants. Si l'on parvenait à se mettre d'accord sur un modèle de ce genre, il est évident que l'unité d'exploitation y gagnerait et qu'un directeur de travaux aurait plus de facilité pour déchiffrer les travaux de ses prédécesseurs. Or, aujourd'hui les plans anciens sont souvent tout à fait insuffisants pour rendre compte des allures tourmentées.

L'uniformité dans les plans faciliterait enfin beaucoup le tracé des cartes minières qui est aujourd'hui à l'ordre du jour dans tous les pays de mines.

EXÉCUTION DES PLANS DE MINES.

Au point de vue du système de représentation, il existe deux manières de voir : ou bien l'on représente les excavations existant dans la mine, ou bien, comme le propose M. J. Van Scherpenzeel Thim, on remplace le tracé des travaux proprement dits par celui de la projection horizontale du mur de la couche coté par rapport au niveau de la mer. Dans ce cas, les voies d'exploitation ne sont pas représentées, et l'on en remplace le tracé par celui d'une ligne abstraite, intersection du mur de la couche avec le plan de niveau de la galerie. Cette considération a l'inconvénient d'introduire une abstraction nouvelle dans le tracé des plans. C'est là un danger et il est plus intéressant, en somme, de connaître la position exacte des excavations par rapport aux choses de la surface que de connaître celle de certaines lignes fictives, quelque rapprochées d'ailleurs qu'elles puissent être de l'axe des galeries.

L'avantage du système proposé, c'est que les coupes seront plus exactes. En effet, lorsqu'on se contente de représenter les voies, on admet généralement en traçant les coupes que l'axe de la voie au niveau du mur appartient à la couche ; or celle-ci peut être assez éloignée de cet axe à ce niveau, comme dans la figure 90.

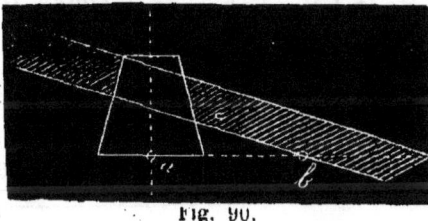
Fig. 90.

Il est clair qu'au point de vue de l'exactitude de la coupe, il importe beaucoup de ne pas confondre les points a et b; mais on peut prévoir les cas où le mur de la couche est assez éloigné de l'axe de la galerie, au niveau considéré, pour fausser la coupe et il est facile d'en tenir note dans la colonne d'observations du carnet et du registre d'avancement.

Nous croyons préférable de représenter en plan, la galerie elle-même ou simplement son axe suivant lequel a généralement été fait le lever.

Dans le premier cas, la galerie est représentée par deux lignes parallèles; dans le second cas, par une ligne unique.

Ce second procédé est le meilleur.

En effet, dans le premier cas, il peut y avoir confusion lorsqu'il se présente au plan deux galeries superposées suivant à peu près la même direction. Dans les plans par couche, ces galeries sont teintées de même, ce qui augmente la confusion; le dessin peut toutefois indiquer nettement laquelle des deux galeries est inférieure à l'autre.

Lorsque les galeries sont simplement représentées par leur axe, il n'y a pas de confusion possible, mais pour reconnaître l'ordre de superposition, il faut recourir aux cotes et au raisonnement.

Au surplus, les deux systèmes ont leurs avantages, mais nous accordons la préférence au second qui donne lieu à des dessins moins chargés.

Les indications suivantes, relatives aux conventions admises dans l'exécution des plans souterrains sont en grande partie empruntées aux plans-types de M. J. Van Scherpenzeel Thim [1].

Mines métalliques.

On figurera au plan les puits, bouxhtays et galeries. On y renseignera la nature, la direction et l'inclinaison des roches

---

[1] Voir Note pour servir à l'intelligence des plans-types des travaux de mines dressés par M. Van Scherpenzeel Thim. Bruxelles, 1875.

recoupées, la composition des gisements et la nature des roches encaissantes.

Pour les amas, on fera un plan coté de chaque étage d'exploitation et des coupes verticales en nombre suffisant pour faire saisir l'allure et la composition du gîte.

Pour les filons, on se contente d'un plan coté et d'une projection verticale suivant la direction générale; on aura de plus des coupes transversales à l'échelle de 1 à 100 pour montrer la composition des gisements, au moyen du système de teintes suivant :

Minerais de plomb oxydés — carmin.
Minerais de plomb sulfurés — carmin avec pointillé noir.
Minerais de zinc oxydés — jaune.
    Id.   id. sulfurés — jaune avec pointillé noir.
Minerais de fer oxydés — ocre.
Minerais de fer sulfurés — ocre avec pointillé noir.
Sable — pointillé noir sans couleur.
Sable avec cailloux — pointillé avec cercles représentant les cailloux.
Terres de gîte — violet.

Quand les minerais sont mélangés, on divise la surface en losanges qui seront teintés d'après la nature du mélange proportionnellement aux éléments contenus.

Les parties exploitées sont hachurées.

Les roches encaissantes seront teintées comme suit au plan général :

Calcaire carbonifère — bleu de Prusse.
Dolomie carbonifère — bleu de Prusse, mêlé d'encre de Chine.
Schistes condrusiens — jaune.
Calcaire eifélien — violet.
Dolomie eifélienne — violet avec pointillé noir.
Eifélien quartzoschisteux supérieur — vermillon.
Eifélien quartzoschisteux inférieur — vermillon avec pointillé noir.
Terrain houiller — gris.

La texture des roches sera indiquée par des hachures ou par un pointillé.

Les plans seront accompagnés au besoin d'une légende explicative.

Charbonnages.

Plans. — Les plans indiqueront le périmètre de la concession avec la limite de l'esponte, marquée par deux traits noirs d'inégale épaisseur. Les points-limites définis dans l'acte de concession seront figurés par des carrés avec leurs diagonales.

Le périmètre de la concession sera liseré à l'intérieur en vert de chrôme.

L'orifice des puits et des bouxhtays sera figuré à l'échelle : les premiers, avec une ombre intérieure ; les seconds, teintés en noir.

Les puits en réserve seront indiqués par une croix légèrement tracée; les puits abandonnés, par une croix en traits pleins et par une teinte d'encre de Chine adoucie représentant le *terris*.

Les galeries à travers bancs seront figurées par un trait plein en bleu de Prusse, de $1/2^{mm}$ d'épaisseur. Les galeries principales et les plans automoteurs seront figurés en traits de $1/2^{mm}$; les autres galeries en traits de $1/4^{mm}$ et les limites de l'exploitation, c'est-à-dire l'état des tailles à la fin de l'année, par un trait plus fin.

Le point de rencontre d'une bacnure avec le mur de la couche sera entouré d'une petite circonférence. Les galeries tracées d'après simples renseignements seront pointillées.

Si plusieurs couches sont figurées sur le même plan, les traits représentant les galeries de niveau en veine auront des teintes différentes. Le nom de chaque couche sera inscrit le long de ces galeries. Mais ce système tend à disparaître depuis l'adoption des plans par couche.

Dans ceux-ci, les traits représentant les galeries de niveau sont noirs et les surfaces exploitées sont teintées en couleur ou en gris. Pour éviter le retrait du papier, on recommande de laver par petites portions à la fois.

On a souvent l'habitude de représenter par une teinte différente la partie exploitée pendant chaque année. On adopte pour cela un roulement de sept couleurs. Cela peut donner lieu à une confusion, lorsque deux portions de couches exploitées à sept années de distance se trouvent juxtaposées.

Il est préférable d'adopter pour les parties exploitées une teinte grise uniforme; le périmètre de l'exploitation d'une année étant entouré d'un liseré gris foncé; l'année est inscrite en assez forts caractères à l'intérieur du périmètre.

S'il y avait un redoublement de couche, on pourrait adopter pour les liserés et l'inscription des dates, deux couleurs différentes.

Si l'on ne craignait pas de trop charger le plan, on pourrait y représenter les crochons et les ennoyages par des traits pointillés.

Les anciens travaux seront teintés en gris avec hachures recroisées en losanges. Si l'on n'a sur ceux-ci que des renseignements vagues, on les teintera en gris, en marquant leur limite hypothétique par un liseré noir adouci.

Les parties inexploitables, étreintes, étranglements, seront pointillées en noir, s'il n'y a qu'une couche figurée, et s'il y en a plusieurs, en une couleur correspondant à celle de la couche. Les cassures de terrain avec ou sans dénivellation sont représentées par un liseré bistre, et s'il y a remplissage, par une teinte bistre clair.

Dans les anciens plans de mines, on adoptait souvent la teinte bistre chaque fois qu'on arrivait à la pierre. On ne peut ainsi se rendre compte de la nature de l'accident, étreinte ou faille, qui affecte la couche et il peut en surgir des erreurs au point de vue de la composition du terrain houiller.

Les trous de sonde exécutés au front d'une taille abandonnée sont figurés au plan en grandeur et direction.

Coupes.—Dans les coupes, on convient de mettre le Nord en avant et l'Ouest à gauche; on y figure le profil du sol, les limites de concession.

Les coupes porteront deux lignes perpendiculaires : l'une horizontale tracée en bleu représente le niveau de la mer, la deuxième en carmin représente l'axe vertical passant par l'origine des coordonnées, point de départ du quadrillage.

Tous les points de rencontre du plan de coupe avec les galeries, crochons, fractures, etc., seront cotés. La projection du puits et des bacnures qui ont servi à exploiter la région où la coupe a été faite, sera figurée en pointillé. Si le puits se trouve dans le plan de coupe, sa section sera teintée en gris et ombrée du côté Nord.

L'altitude de l'orifice par rapport au niveau de la mer sera inscrite en bleu près de l'orifice.

Les couches exploitables sont figurées par deux traits espacés selon la puissance de la couche; les parties exploitées sont teintées en noir.

Une coupe ne doit d'ailleurs représenter que ce qui est connu, les parties hypothétiques sujettes à être modifiées au fur et à mesure de l'avancement de l'exploitation ne doivent être tracées qu'au crayon.

Dans la coupe du puits ou des bacnures les couches inexploitables sont figurées par trait simple. Le nom et la puissance de chaque couche sont inscrits parallèlement à sa coupe.

La composition des morts-terrains, si elle est bien reconnue, sera indiquée par des teintes appropriées.

Les roches du terrain houiller peuvent aussi être figurées, mais là seulement où elles sont parfaitement reconnues, c'est-à-dire lorsque le profil d'un puits ou d'une bacnure se trouve dans le plan de coupe. Le second cas sera d'ailleurs très exceptionnel.

On peut cependant figurer avec utilité dans la coupe le toit et le mur de la couche par des teintes appropriées à la nature des roches.

On doit réserver la représentation des stampes par des teintes appropriées pour les plans d'études ou pour les coupes des puits et le développement des bacnures que l'on doit toujours dessiner à l'échelle de 1 à 100 au fur et à mesure de leur exécution.

Lorsqu'on fait un profil suivant le développement d'une galerie, il faut indiquer par leurs coordonnées tous les points où la galerie change de direction.

On représentera alors par des couleurs différentes les roches principales du terrain houiller. Le grès sera teinté en jaune; le psammite en bleu grisâtre ; le schiste en gris ; le schiste bitumineux en gris avec hachures parallèles à la stratification.

Pour les puits, on peut adopter le même système. M. J. Van Scherpenzeel Thim en propose un autre, consistant à développer sur un seul plan les parois des puits. On obtient les éléments de ce développement en relevant la cote des joints de stratification suivant des fils à plomb suspendus à égale distance les uns des autres contre les parois. L'inclinaison exacte des roches, très difficile à déterminer dans un puits en creusement, se déduit alors mathématiquement du tracé. En enroulant le dessin sur un mandrin en bois, de forme correspondante à la section du puits, on arrive à la représentation en relief du volume de terrain sorti du puits à l'état de déblai.

Ce système est très favorable à l'étude des failles et peut être avantageusement appliqué à l'étude des bacnures très obliques par rapport à la stratification.

Plans de surface. — Dans chaque exploitation, on aura un plan de surface au $1/1000$, divisé en feuilles correspondantes aux feuilles du plan souterrain et portant les mêmes numéros.

Les plans de surface doivent indiquer tous les détails fournis par la triangulation et par les plans cadastraux.

On y indiquera la situation, le nom, l'altitude et la section des puits en activité ou abandonnés, les terris, les sondages, les galeries, tant anciennes que nouvelles, aboutissant au jour et servant soit à l'écoulement des eaux, soit au transport, les dépendances des exploitations, telles que voies de communication, raccordements, dépôts de charbon ou de minerai, embarcadères, affleurements des gîtes et des failles (mais sans introduire au plan d'hypothèses géologiques), les limites bien reconnues des assises géologiques, ainsi que les observations faites sur la nature, la direction et l'inclinaison des roches à la surface.

Ce plan sera dessiné sur du papier quadrillé au décimètre, l'origine des coordonnées étant la même qu'au plan souterrain. Le relief sera exprimé par des courbes de niveau à 5^m d'équidistance, cotées par rapport au niveau de la mer.

Indépendamment de ces plans spéciaux, on indique d'ailleurs sur les plans souterrains les points intéressants de la surface avec leurs cotes : limites des concessions, chemins de fer, tunnels, routes, rivières, étangs, propriétés bâties, orifices des puits, terris, puits domestiques, etc.

On doit en effet toujours connaître la position des travaux par rapport aux propriétés bâties, aux limites, etc.

Si les objets de la surface à figurer sur le plan souterrain étaient trop nombreux, on pourrait se contenter d'appliquer sur le plan de la mine un calque du plan de la surface.

Calligraphie des plans. — La calligraphie des plans est un art tout spécial. Il faut toujours se proposer de faire le moins de légendes et le moins d'écritures possible. Les mêmes caractères seront toujours employés pour les mêmes objets.

Conservation des plans. — Les plans doivent être conservés sans être roulés ni pliés. Le mieux est de les conserver dans des cartons. A Freiberg, les plans sont conservés, enroulés sur des étagères s'élevant jusqu'au plafond de la salle, ce système est très encombrant. A Przibram, ils sont conservés dans un meuble à tiroirs, chaque tiroir forme le cadre d'une feuille placée entre deux glaces.

Les plans doivent être conservés à chaque siège d'exploitation et non au siège central, afin de pouvoir les consulter sans retard en cas d'accident.

TRACÉ DES COURBES DE NIVEAU DES SURFACES SOUTERRAINES.

Les courbes de niveau permettent, mieux encore que les coupes multipliées, de se figurer le relief des couches. Pour tracer les courbes de niveau du mur d'une couche, on emploiera la méthode des profils. Ces profils seront établis suivant des coupes verticales distantes de 50 en 50 mètres, ou même plus multipliées, si les couches sont très irrégulières.

On tracera sur chacune de ces coupes les plans horizontaux équidistants correspondant aux courbes de niveau et l'on rapportera sur le plan horizontal les points d'intersection de chaque plan avec le mur de la couche dans chacune des coupes. En joignant les points de même cote, on obtiendra les courbes de niveau.

On pourra figurer les fonds de bassin et les lignes de selle, en tenant compte de ce que ces lignes sont en général des lignes droites ou des courbes de grand rayon. On pourra d'ailleurs dans chaque coupe projeter sur la ligne de terre le point correspondant.

On tracera non seulement les courbes de niveau des couches, mais encore celles des failles; l'intersection des couches et des failles se marquera ainsi d'une manière saisissante.

PLANS EN RELIEF.

On a souvent cherché à représenter les trois dimensions des excavations d'une mine sur une même projection. On a proposé de remplacer la projection verticale par une projection sur un plan oblique. On obtient ainsi une image assez satisfaisante. L'axonométrie donnerait des résultats préférables au point de vue de la représentation des puits et des galeries, mais non au point de vue des allures de terrains.

Par suite de cette difficulté, on est quelquefois obligé de faire de véritables reliefs en plâtre, en verre ou en fils métalliques.

Voici les procédés suivis pour confectionner le relief en plâtre d'une couche :

1° On prend des pièces de bois de hauteur correspondante à la hauteur d'un étage. On trace sur la surface horizontale de ces pièces de bois, le plan des galeries de niveau et on les découpe suivant ce tracé. On les superpose ensuite conformément aux indications du plan de la couche. On obtient ainsi une série de gradins limités par une courbe directrice de la surface gauche représentant le relief de la couche. On raccorde les différents niveaux avec du plâtre.

Ce procédé est coûteux et l'on n'y tient pas compte de l'inclinaison des voies.

2° Aux mines de la Loire, à St-Etienne, on a imaginé un procédé plus simple et plus économique. On dessine sur une table un plan de la couche avec courbes de niveau; puis, sur chaque courbe, on élève, en différents points, des ordonnées proportionnelles à la cote au moyen de petites tiges de fer. On fait alors, au moyen de sable, un moulage grossier, en laissant dépasser chaque tige de 7 à 8 centimètres. Le moulage définitif s'obtient en coulant du plâtre sur le sable jusqu'à l'extrémité des tiges; lorsque le plâtre s'est solidifié, on retire le sable et on colorie le relief obtenu, de manière à représenter la couche, les excavations, les accidents, etc.

Ce procédé a été employé à l'Exposition de Paris en 1878, pour représenter la couche n° 8 des Mines de la Loire coupée par un inextricable réseau de failles de différents âges. Le modèle exposé avait été fait pour l'instruction des maîtres-mineurs qui avaient peine à se rendre compte des rejettements produits par ces failles et surtout des rejettements des failles par d'autres failles d'âge différent.

Les reliefs en verre s'exécutent en réunissant dans une caisse de verre les coupes des travaux peintes sur des plaques de verre.

Ce système ne convient que pour des allures faciles. A l'École des mines de Stockholm, on exerce ainsi les élèves à se rendre compte de l'allure des filons. L'avantage du système est de pouvoir représenter simultanément le fond et la surface.

Les reliefs en fils métalliques arrivent mieux encore à ce résultat; ils conduisent à une représentation complète du relief du fond et de la surface, des travaux et des accidents géologiques.

Le relief de la surface est représenté par des fils de laiton simulant ses courbes de niveau. Ces fils sont maintenus provisoirement en place par des planchettes verticales. Le parcellaire de la surface est ensuite représenté par un réseau de fils plus minces. Il en est de même des chemins, routes, voies ferrées. Le réseau ainsi construit est assez résistant pour porter le modèle des constructions de la surface et assez rigide pour se maintenir sur quelques points d'appui seulement. On peut dès lors enlever les planchettes de support et les remplacer par quelques tiges de fer.

La géologie de la surface est représentée en teintant les courbes de niveau suivant les terrains sur lesquels elles passent.

On emploie les mêmes méthodes pour exprimer le relief des surfaces souterraines également représentées par leurs courbes de niveau. On représente ainsi les couches exploitées, la surface des failles, les limites géologiques, etc. Les puits et les galeries sont figurés par des fils métalliques plus gros, de couleur spéciale.

Le plan en relief des mines de houille de Lalle et des mines de fer du Travers, exécuté par cette méthode, a été très remarqué à l'Exposition de 1878.

CHAPITRE IX.

Cartes minières.

Une carte minière représente l'ensemble des exploitations d'un même bassin, de manière à établir la synonymie des couches. Les études de synonymie sont encore peu avancées dans les bassins houillers comprenant un grand nombre de couches. Dans certains bassins, par exemple en Silésie, on estime qu'il y a actuellement une impossibilité réelle à établir des raccordements, par suite du peu d'avancement des connaissances relatives au terrain houiller. Il faut en effet des travaux considérables pour arriver à un résultat, et ces travaux ont été entrepris jusqu'ici dans peu de pays.

La Belgique a été des premières à l'entreprendre en décidant, dès 1861, l'exécution d'une Carte générale des mines.

Les systèmes employés pour tracer les cartes minières sont nombreux.

1° On peut faire le plan de la surface et y tracer les affleurements. Ce système est peu intéressant pour l'exploitation souterraine.

2° Généralement, on trace sur la carte les plans sommaires des exploitations faites à différents niveaux. C'est le système suivi en Westphalie, à Aix-la-Chapelle, à Saarbruck. Dans ce système, on a peine à suivre une couche sur une étendue quelque peu grande. Il faut, pour le faire, consulter les cotes, et les raccordements ne peuvent être établis que par le raisonnement.

En Westphalie, pour faciliter ce travail, on a représenté dans chaque exploitation, par des couleurs spéciales, trois couches caractéristiques (*Leitflötze*).

Les parties non exploitées sont laissées en blanc. On peut les représenter par des lignes pointillées, mais en général ces raccordements hypothétiques reposent plus sur le sentiment du dessinateur que sur des données scientifiques.

3° On peut adopter un niveau de coupe horizontal, mais ce niveau n'est pas en général celui de toutes les exploitations, et alors il est indispensable de tracer sur la carte les parties hypothétiques. C'est le système qui a été suivi pour la carte du bassin de Liége, publiée au 1/20000. Cette carte représente une coupe horizontale faite à 200^m sous la Meuse, et pour le bassin de Herve, à 75^m au-dessus du fleuve. On y a également fait figurer par des couleurs spéciales certaines couches caractéristiques.

4° Le système proposé par M. J. Van Scherpenzeel Thim, pour l'exécution de la Carte générale des mines de Belgique au 1/5000, est le suivant : cette carte représentera en projection horizontale, en supposant toutes les stampes stériles enlevées ou transparentes, une tranche horizontale du terrain houiller prise entre les niveaux de 310 et de 360^m en dessous du niveau de la mer, ce qui correspond à 200 et 250^m sous la Meuse, à Liége,

Le relief de cette tranche sera représenté dans chaque couche par ses courbes de niveau, tracées de 10 en 10 mètres.

Pour tracer ces courbes, il fallait se procurer des coupes verticales assez rapprochées, soit de 100 en 100^m, faites à travers toutes les concessions suivant des parallèles au méridien.

Ces coupes furent d'abord établies en juxtaposant les coupes partielles faites dans chaque concession. Un nivellement général de tous les orifices des puits permit de ramener ces coupes à un niveau uniforme.

Il fallait ensuite un plan de surface exact. Celui-ci fut basé sur les cartes de l'Etat-major agrandies au 1/5000 et complétées par une nouvelle triangulation, pour y reporter les orifices des puits et les limites des concessions. Mais ce travail fit découvrir de nombreuses erreurs dans l'orientation des plans d'où les coupes avaient été déduites. On a en conséquence abandonné le système de la juxtaposition des coupes partielles, pour faire des coupes à nouveau, de 100 en 100 mètres, à travers toutes les concessions, en vérifiant et en corrigeant l'orientation des plans de mines. Ce travail n'est pas encore entièrement terminé.

Les coupes représentent en traits pleins les parties exploitées et en pointillé les parties hypothétiques.

La carte sera dessinée sur du papier quadrillé à 2 centimètres. L'échelle étant de 1/5000, chaque côté représente 100 m. Les lignes Nord-Sud sont donc les traces des plans de coupe sur lesquels on reporte les points d'intersection des niveaux.

Les couches seront distinguées par une série de teintes plates graduées qui indiqueront le sens du pendage.

Lorsque des couches se recouvrent dans la tranche considérée, on ne figure que la couche supérieure, mais comme le recouvrement n'est jamais complet, l'esprit supplée à l'aide des teintes et l'on suit parfaitement dans les couches représentées au plan l'allure des couches qui n'y sont pas figurées. Il en est de même, dans les plissements, pour les parties renversées qui peuvent être recouvertes par des couches inférieures.

Des spécimens de ce mode de représentation ont figuré dans diverses expositions internationales depuis celle de Paris en 1867. Un spécimen emprunté au bassin de Charleroi figurait à l'Exposition nationale de 1880, les courbes de niveau y étaient représentées jusqu'à toute profondeur à partir de 150^m sous la mer Le relief était figuré par un lavis à teintes fondues avec lumière à 45°.

Le *tracé des parties hypothétiques* [1] repose sur l'applica-

---

[1] Voir notice de M. R. MALHERBE. *Annales des Travaux publics*, t. 25, 1867. Voir aussi *Revue universelle*, t. 25 et 26, 1869 et t. 33, 1873.

tion des caractères géométrique, minéralogique, paléontologique ou chimique.

1° *Caractère géométrique.* Le caractère géométrique se résume dans les deux observations suivantes :

1° L'épaisseur des stampes est généralement constante sur de grandes distances, lorsqu'il n'y a pas d'importants changements dans les allures.

2° Les fonds de bassin et les lignes de selle sont généralement des lignes droites ou des courbes de grand rayon. Connaissant par suite le fond d'un bassin ou une ligne de selle dans deux ou trois coupes prises à assez grande distance l'une de l'autre, on peut en déduire la position hypothétique des points intermédiaires.

L'application des caractères géométriques a donné des résultats inespérés pour l'étude des raccordements. Ce sont les plus certains à condition que les parties à réunir par un tracé hypothétique ne soient pas trop éloignées les unes des autres.

2° *Caractère minéralogique.* — La composition minéralogique des stampes se maintient à de grandes distances. Malheureusement cette composition est loin d'être connue pour les intervalles compris entre chacune des couches du bassin, parce qu'on n'a pas pris la précaution de dresser des coupes des puits et des bacnures, au fur et à mesure de leur creusement. Certaines stampes présentent des horizons caractéristiques pour toute l'étendue d'un bassin, c'est ainsi que M. R. Malherbe a reconnu six horizons de grès caractéristiques dans le bassin de Liége.

3° *Caractère paléontologique.* — Ce caractère est beaucoup moins fécond. L'étude paléontologique du terrain houiller est peu avancée. Les études de M. Grand'Eury ont pour la première fois classé les espèces de la flore houillère d'après l'âge relatif des assises où on les rencontre. Ces études ont permis de reconnaître que le terrain houiller de la Belgique appartient à une assise moyenne, inférieure aux bassins du Centre de la France et de Saarbruck, qui font partie du terrain houiller supérieur. Dans tous les cas, les végétaux fossiles ne sont pas caractéristiques de telle couche ou de telle stampe. Il peut en être autrement des fossiles animaux, *Cardinia (Anthracosia)*, qui, dans le bassin de Liége, se trouvent en abondance au toit de certaines couches.

L'étude des insectes houillers, à peine commencée, fournira peut-être aussi des résultats utiles. Dans le bassin de Commentry, on en a recueilli un très grand nombre d'espèces.

4° *Caractère chimique.*—M. Hilt, directeur général des mines de la Wurm, a classé les charbons en posant en loi que les matières volatiles seraient constantes pour une houille de qualité donnée. C'est ainsi que, d'après M. Hilt, les différentes qualités de charbon contiendraient les proportions suivantes de matières volatiles :

L'anthracite	5 à 10 %
Les demi-gras	10 à 15.5 %
Les charbons gras à coke	15.5 à 33.3 %
Les charbons gras à gaz.	33.3 à 40 %
Les charbons demi-gras à gaz. . . .	40 à 44.4 %
Les charbons à gaz	44 à 48 %

Cette classification valable pour le bassin de Saarbruck, où elle a été établie, ne paraît pas applicable à tous les bassins. Mais il est probable que l'on pourrait y établir des classifications analogues; malheureusement, dans le bassin belge, la qualité d'une houille varie souvent dans une seule et même couche et ce caractère perd ainsi beaucoup de sa valeur.

Quant aux caractères chimiques des stampes, on peut citer ce fait que certaines stampes contiennent des traces appréciables de chlorures, que l'on considère à tort ou à raison comme les restes de la salure des mers anciennes où elles se sont déposées.

ERRATA

Page 6 ligne 11 lire : La question est assez importante pour qu'il se soit créé, en 1864,

„ 10 ligne 11 au lieu de : $\dfrac{m}{8000}$, il faut lire : $\dfrac{m}{8000}$

„ 15 ligne 33 au lieu de : mesurer, il faut lire : donner

„ 50 ligne 18 au lieu de : H sin V, il faut lire : $\dfrac{H}{2\ tg\ \dfrac{\omega}{2}}\ sin\ V$

„ 52 ligne 27 au lieu de : $^{1}/_{2}\ tg\ \dfrac{\omega}{2}$, il faut lire : $\dfrac{1}{2\ tg\ \dfrac{\omega}{2}}$

„ 59 ligne 6 au lieu de : (fig. 23), il faut lire : (fig. 24)

„ 66 ligne 12 au lieu de : fétu, il faut lire : fétus

„ 71 ligne 28 il faut lire : et, indépendamment de la plus grande difficulté de lecture, l'on obtient

„ 118 ligne 6 au lieu de :

Mesure graphique des angles.

il faut lire :

C. — MESURE GRAPHIQUE DES ANGLES.

„ 128 ligne 15 au lieu de : $\dfrac{1}{n} = \dfrac{c'}{m}$, il faut lire : $\dfrac{1}{n} \times \dfrac{c'}{m}$

„ 129 ligne 7 au lieu de : $\dfrac{c'}{m}\left(\dfrac{m-1}{2}\right)^{2}$, il faut lire : $\dfrac{1}{n} \times \dfrac{c'}{m}\left(\dfrac{m-1}{2}\right)$

Page 129 ligne 8 au lieu de : à l'échelle du plan. On pose pour cela cette différence égale à 0.05, il faut lire : On pose pour cela $\dfrac{c'}{m}\left(\dfrac{m-1}{2}\right)^2 = 0.05$

„ 134 ligne 6 au lieu de: *Transporteur*, il faut lire:1° *Transporteur*

„ 156 ligne 8 au lieu de : 0,4347 $\dfrac{a^2}{2R}$, il faut lire : 0,4347 $\dfrac{a^2}{R}$

„ 158 ligne 3 au lieu de : un niveau d'eau à bulle d'air fixé, il faut lire : un niveau à bulle fixé

„ 174 ligne 29 au lieu de : $\dfrac{H}{E}$ H, il faut lire : $\dfrac{H}{E} - 1$

„ 185 ligne 11 et ligne 5 en partant du bas, au lieu de : 40, 45, il faut lire : 40, 85

„ 191 ligne 31 au lieu de : L'étude de l'avant-projet par rayonnement, il faut lire : L'étude par rayonnement

„ 195 colonne 7 au lieu de : G, il faut lire : *g*

„ 196 ligne 31 au lieu de : Les études d'avant-projet au tachéomètre, il faut lire : Les études au tachéomètre

N. B. Les fig. 32 (page 82) à 89 doivent être numérotées 39 à 96.

TABLE DES MATIÈRES.

                                                                                       Pages.

INTRODUCTION   5
Limites de la géodésie et de la topographie — Quelle erreur commet-on en substituant le plan tangent à la surface du sphéroïde terrestre ? — Erreurs négligeables — Définitions.

Première Partie

LEVER DES PLANS DE SURFACE.

Iʳᵉ SECTION.

PLANIMÉTRIE.

CHAPITRE I.

Méthodes générales de lever des plans.   12

MÉTHODES GÉOMÉTRIQUES.   13
Lever à vue — Lever du canevas topographique — 1. Cheminement périmétrique — 2. Décomposition en triangles — 3. Coordonnées — Lever des détails.

MÉTHODE TRIGONOMÉTRIQUE   17
Triangulation — Choix de la base et des sommets — Lever des détails — Application de la triangulation en géodésie — Cartes topographiques.

CHAPITRE II.

Tracé et mesure des alignements   23

A. — TRACÉ DES ALIGNEMENTS   23
Jalonnage — Tracer un alignement entre deux points A et B.

	Pages.
B. — MESURE DES ALIGNEMENTS.	26

1. — Mesure directe des alignements — 26

Règle — Chaîne — Levers à la chaîne — Cordeau — Roue — Podomètre — Exactitude des mesures directes de longueur

2. — Mesure indirecte des alignements — 35

Principe — Appareils de deux catégories.

Première catégorie 36

Stadia — Lunette astronomique — Procédé de M. Liagre — Procédé de Reichenbach — Procédé de Porro.

Seconde catégorie. 54

Appareil de Stampfer — Chorismomètre.

CHAPITRE III.

Tracé et mesure des angles 56

A. — TRACÉ DES ANGLES 56

Equerre à pinules — Equerre à miroirs — Equerre à prismes — Usage des équerres.

B. — MESURE NUMÉRIQUE DES ANGLES 65

Mesure des directions — Boussoles 65

Boussoles sur trépied 67

Boussoles à alidade excentrique — Boussoles à alidade centrale.

Boussole suspendue 72

Erreurs dues à la nature de la force magnétique 73

Recherche des minerais magnétiques — Variations de la déclinaison.

Erreurs dues à la mauvaise construction de l'instrument . . . 81

Vérifications et corrections de la boussole, de l'alidade et du clinomètre.

Levers à la boussole. 85

Mesure numérique des angles proprement dits . . 89

Goniomètres à réflexion 90

Théodolite 92

Description et classification des théodolites — Mise en station et lecture des angles.

	Pages.
Tachéomètre	100
Graphomètres	101
Pantomètre.	103
Vérification des goniomètres	103
Usage des goniomètres	110
C. — MESURE GRAPHIQUE DES ANGLES	118
Planchette	118
Tachygraphomètre et tachymètre	123
Emploi de la photographie	130

CHAPITRE IV.

Tracé des plans 133

1º — MÉTHODE GRAPHIQUE.

Mesure des droites 133
Mesure des angles 134

1º Transporteur — 2º Rapporteur — 3º Emploi des tables.

Copie et réduction des plans 137
Calligraphie des plans 140

2º — MÉTHODE NUMÉRIQUE 141

Calcul des coordonnées — Applications — Règle et cercle à calculs.

Tracé de la méridienne. 146

1º Méthode des ombres — 2º Méthode des hauteurs correspondantes — 3º Méthode des hauteurs non correspondantes — 4º Observation de l'étoile polaire — 5º Méthode de Francœur — 6º Méthode cartographique.

2ᵉ SECTION.

HYPSOMÉTRIE.

Définitions. 152

CHAPITRE I.

Méthodes générales de nivellement. 153

1º MÉTHODE BAROMÉTRIQUE 153

	Pages.
2º MÉTHODE REPOSANT SUR LA DÉTERMINATION D'UN PLAN HORIZONTAL	155
A. — **Méthode géométrique ou des nivellements proprement dits**	156
Appareils de nivellement	156

Mires — Niveaux : 1º Niveau de maçon — 2º Niveau d'eau — 3º Niveaux à bulle : *A*. Niveau à pinnules — *B*. Niveaux à lunette : *a*) Niveau Lenoir — *b*) Niveau d'Egault — *c*) Niveaux allemands — 4º Niveau à réflexion.

Pratique du nivellement 164

Nivellement simple — Nivellement composé.

B. — **Méthode trigonométrique** 168

Appareils et pratique du nivellement trigonométrique 169

CHAPITRE II.

Tracé des courbes de niveau 173
1º MÉTHODE RÉGULIÈRE 174
2º MÉTHODE IRRÉGULIÈRE 175

CHAPITRE III.

Représentation graphique du relief des surfaces . 178

CHAPITRE IV.

Études de chemins de fer 181
MÉTHODE PAR PROFILS EN LONG ET EN TRAVERS. 182

1º Tracé de la polygonale — 2º Chaînage — 3º Mesure des angles — 4º Nivellement du profil en long — 5º Profils en travers — 6º Lever du plan — Travail de bureau.

MÉTHODE TACHÉOMÉTRIQUE 191

1º Piquetage — 2º Travail au tachéomètre et lever du plan.

TRACÉ DÉFINITIF 199

1º Détermination des alignements — 2º Vérification des angles — 3º Tracé des courbes — 4º Piquetage des profils en travers — 5º Kilométrage de la ligne — 6º Nivellement du profil en long — 7º Nivellement des profils en travers.

Seconde Partie

LEVER DES PLANS DE MINES.

CHAPITRE I.

	Pages.
Méthode générale	203

CHAPITRE II.

Tracé et mesure des alignements	204
TRACÉ DES ALIGNEMENTS	204
MESURE DES ALIGNEMENTS	205

CHAPITRE III.

Mesure des angles	206
BOUSSOLES	206
Emploi de la boussole carrée.	208
Influence des chemins de fer — Causes d'erreurs.	
THÉODOLITE	213

CHAPITRE IV.

Orientation des plans de mines.	217

CHAPITRE V.

Nivellement souterrain	220
MESURE DE LA PROFONDEUR DES PUITS	221
Puits verticaux — Puits inclinés.	

CHAPITRE VI.

Problèmes divers relatifs à l'exploitation des mines	226
DÉTERMINATION DES DIRECTIONS ET DES INCLINAISONS DES COUCHES.	226
PERCEMENTS	228
Problème général.	228
Opérations topographiques nécessaires pour le percement des galeries, des tunnels et des puits	229

Tunnels attaquables par plusieurs puits — Tunnels attaquables par leurs extrémités seulement — Creusement des puits attaquables par plusieurs niveaux — Percements sous stot.

CHAPITRE VII.

Tracé des plans souterrains 235

Registres d'avancement — Méthode graphique — Méthode numérique — Plans cotés — Projections verticales et coupes.

CHAPITRE VIII.

Représentation graphique des travaux des mines. 241

MODES DE REPRÉSENTATION.
Echelle des plans.

EXÉCUTION DES PLANS DE MINES. 244
Mines métalliques 245
Charbonnages. 247
Plans — Coupes — Plans de surface — Calligraphie des plans — Conservation des plans.

TRACÉ DES COURBES DE NIVEAU DES SURFACES SOUTERRAINES 252
PLANS EN RELIEF 252

CHAPITRE IX.

Cartes minières 255

Différents systèmes de représentation de l'ensemble d'un bassin — Tracé des parties hypothétiques.

www.ingramcontent.com/pod-product-compliance
Lightning Source LLC
Chambersburg PA
CBHW050331170426
43200CB00009BA/1542